W0288566

DAVID JORDAN

SCHLACHT IN DEN ARDENNEN

DIE OFFENSIVE – DEZEMBER 1944

tosa

BILDNACHWEIS

(I.W.M. = Imperial War Museum; U.S.N.A. = United States National Archives)

Amber Books Ltd: 14, 179

Aerospace Publishing: 10, 67, 75, 78, 106, 115, 130

POPPERFOTO: 62, 66, 70–71, 74, 118, 119, 122–123, 129, 134, 177, 181

Süddeutscher Verlag: 9, 24, 43, 45, 49, 53, 54, 65, 68, 73, 76, 79, 81, 93, 114, 121, 132–133, 144, 149

TRH Pictures: 6–7, 11, 13, 15 (U.S.N.A.), 16–17, 18 (U.S. Army), 25, 26–2, 28, 29 (I.W.M.), 30, 31, 32–33, 34–35 (Bundesarchiv), 36, 37 (I.W.M.), 38, 39, 41 (U.S.N.A.), 42, 50, 51 (U.S.N.A.), 55, 63, 69 (U.S.N.A.), 72 (U.S.N.A.), 84–85, 88–89, 104, 108–109, 110–111 (I.W.M.), 113, 116, 120, 125, 126, 127, 128, 136, 137, 140, 141, 142, 146–147, 152–153, 158, 160, 161, 164–165, 167, 168, 169, 170, 173 (U.S. Army), 174, 175, 176, 184–185, 186, 187

The U.S. National Archives: 40, 46, 52, 57, 58–59, 61, 64, 77, 80, 82, 86, 91, 92, 95, 96, 98, 99, 101, 102, 103, 105, 107, 139, 145, 151, 155, 157, 163, 178, 180

Alle Rechte vorbehalten
Copyright © 2003 der englischsprachigen Originalausgabe by Amber Books Ltd, London
Copyright © 2006 der deutschsprachigen Erstausgabe bei tosa in der
Verlag Carl Ueberreuter Ges. m. b. H., Wien
Übersetzung: Die Textwerkstatt/Werner K. Müller mit Caroline Klima
Covergestaltung: Joseph Koó
Druck: MKT Print d.d., Slovenia

www.tosa-verlag.com

Inhalt

KAPITEL EINS

ANKUNFT IN DEN ARDENNEN

Nach den überraschenden Erfolgen des Blitzkrieges kam Hitlers Bemühen zur Sicherung seiner Vorherrschaft in Europa ins Stocken. Seit Anfang 1944 war Deutschland auf dem Rückzug. Als sich im Frühsommer die zweite Front im Westen etablierte, wurde die deutsche Streitmacht bis an die eigenen Landesgrenzen zurückgedrängt. Als das Jahr zu Ende ging, war der Sieg der Alliierten nur noch eine Frage der Zeit.

IM DEZEMBER 1944 hatte der Zweite Weltkrieg über fünf Jahre gedauert. Die antifaschistische Allianz unter der Führung der „Drei Großen", der USA, der Sowjetunion und Großbritanniens, hatte sich von den Niederlagen durch die unbesiegbar scheinende deutsche Armee erholt und brachte Hitlers Truppen eine Schlappe nach der anderen bei. In der Ukraine hatten die sowjetischen Truppen am Weihnachtsabend 1943 eine Winteroffensive gestartet, die für die Deutschen zum Desaster wurde. Mitte Februar endete die Schlacht von Korsun-Schewtschenkowski mit einer wilden Flucht größerer Teile der Wehrmacht: Tausende von Soldaten ertranken in Panik beim Versuch, den Gniloi Tikitsch zu überqueren. Die 6. Armee erlitt im Frontbogen von Nikopol schreckliche Verluste und die einst unaufhaltsame deutsche Armee musste zwei größere Niederlagen gleichzeitig ver-

Deutsche Panzer III und IV, die wichtigsten Träger der deutschen Panzerstreitkräfte zu Beginn des Krieges, rollen durch eine französische Stadt. Die deutsche Blitzkriegtaktik – ein koordinierter Einsatz aller Waffen – brach in der ersten Phase des Krieges jeden Widerstand.

GERD VON RUNDSTEDT

Gerd von Rundstedt, 1873 geboren, entstammte einer alten preußischen Militärfamilie; eine Karriere beim Militär war für ihn selbstverständlich. Er trat 1893 in die deutsche Armee ein und war Stabsoffizier, als der Erste Weltkrieg ausbrach. Bei Kriegsende war er Stabschef des XV. Korps. Er blieb nach dem Friedensvertrag von Versailles in verschiedenen Kommandos bis zu seiner Pensionierung im Jahre 1938 in der Armee tätig. Im Juni 1939 wurde er wieder einberufen und befehligte die Heeresgruppe Süd zuerst in Frankreich und später in Russland. Im Dezember 1941 dankte er wieder ab, um einer Entlassung durch Hitler zuvorzukommen. Der Ruhestand war nur kurz, denn im März 1942 wurde er zum Oberbefehlshaber West und zeitweilig zum Befehlshaber der Heeresgruppe B ernannt. Im Juli 1944 wurde er seines Kommandos wieder enthoben, weil er sich mit Hitler nicht über den Rückzug angesichts des alliierten Vormarsches in der Normandie einigen konnte. Nach dem Juli-Attentat auf Hitler leitete er das Ehrengericht gegen Offiziere, die der Komplizenschaft mit den Attentätern verdächtigt wurden. Er tat dies aber mehr aus Pflichtgefühl gegenüber der Wehrmacht als aus Ergebenheit gegenüber dem Führer, von dem er nicht viel hielt.

Hitler ernannte ihn schließlich wiederum zum Oberbefehlshaber West, doch er war eher ein Aushängeschild ohne Entscheidungsbefugnis. Nach der Ardennenschlacht befehligte von Rundstedt die Truppen zur Verteidigung des Reiches, wurde aber im März 1945 wieder entlassen. Im Mai 1945 wurde er von den Amerikanern festgenommen und verbrachte drei Jahre als Kriegsgefangener in einem Lager in Großbritannien. Nach seiner Entlassung konnte er einen ruhigen Lebensabend in Hannover verbringen, wo er 1953 starb.

kraften. Trotzdem fürchtete Stalin, die Deutschen könnten im Sommer 1944 neue Offensiven starten, wenn die Alliierten nicht eine zweite Front in Europa eröffneten. Zwar stieg die Stimmung im deutschen Hauptquartier, als die sowjetischen Offensiven zum Stillstand kamen, doch glaubten die Deutschen nicht daran, dass sich das Kriegsglück zu ihren Gunsten wenden würde. Sie wussten, dass eine Invasion Europas bevorstand, der sie begegnen mussten. Das strategische Ziel war, die Ostfront zu stabilisieren und gleichzeitig die angloamerikanische Invasion über den Kanal zurückzuwerfen. Dies war durchaus möglich, denn der Ausbau von Verteidigungsanlagen entlang der französischen Küste war seit März 1942 voll im Gange.

FESTUNG EUROPA

Einer der wichtigsten Wendepunkte für den Krieg in Europa war die Kriegserklärung Deutschlands an die USA im Dezember 1941 als Folge des japanischen Angriffs auf Pearl Harbour. Die USA, die sich nun mit dem Krieg gegen Japan konfrontiert sahen, waren unschlüssig darüber, ob sie in Europa eingreifen sollten, als ihnen Hitler diese Entscheidung aus nie geklärten Gründen drei Tage nach Pearl Harbour abnahm. Dies brachte dem deutschen Oberkommando der Wehrmacht (OKW) einige Planungsprobleme, zumal man schon wegen der völlig unerwarteten sowjetischen Offensive gegen die deutschen Streitkräfte in Russland am 5. Dezember 1941 unter Druck geraten war. Das OKW musste akzeptieren, dass ein kurzer Krieg durch den Kriegseintritt der USA und die wieder erstarkte Rote Armee im Osten nicht mehr möglich war, und seine Pläne auf einen mehrjährigen Krieg einstellen.

Die USA bildeten für die Deutschen in Europa keine unmittelbare Bedrohung, weil ihre Armee relativ klein war und ihr Aufbau Zeit erforderte. Die Deutschen rechneten nicht vor Anfang 1943 mit der Stationierung amerikanischer Truppen in Großbritannien, dem einzigen Ort, von dem aus eine Invasion zur Errichtung einer zweiten Front in Europa möglich war. Als logische Schlussfolgerung konnte sich Deutschland also weiterhin auf die Ostfront konzentrieren, musste aber gleichzeitig Verteidigungsanlagen entlang der besetzten europäischen Westküste aufbauen, um jeden Landungsversuch zu unterbinden.

Diese Entscheidung wurde im März 1942 amtlich, als Hitler den Aufbau einer gigantischen Bunkerlinie anordnete, die sich von der spanischen Grenze bis zum Nordkap in Norwegen erstrecken sollte. Zu diesem Zeitpunkt war er davon überzeugt, dass die Briten versuchen würden, in Norwegen zu landen, um ihre arktischen Konvois besser gegen die verheerenden U-Boot-Angriffe schützen zu können. Er gab den Befehl, dass dem Ausbau der norwegischen Küste oberste Priorität einzuräumen war, und seinen Anordnungen wurde peinlichst genau Folge geleistet: Ende 1943 besaß Norwegen die stärkste Küstenverteidigung der Welt. Die verstärkten Anstrengungen in Norwegen führten zwangsläufig zu einer Vernachlässigung des Anlagenbaus an der französischen Küste. Dieser begann relativ schleppend; die Verteidigungsanlagen bei Dieppe waren nur zum Teil fertig, als britische und kanadische Truppen hier am 18. August 1942 einen Landungsversuch unternahmen.

Das Unternehmen Dieppe war ein Fehlschlag, aus dem die Briten viele wertvolle Lektionen lernten. Hitler ordnete nun mit Nachdruck den beschleunigten Bau von weit reichenden Verteidigungsanlagen entlang der französischen Küste an, aber die mit der Durchführung betrauten Stellen hielten Hitlers Eile für übertrieben. Schließlich hatte man doch einen größeren Angriff mit halbfertigen Befestigungsanlagen und unerfahrenen, überalterten Reservisten abwehren können. Der Ausbau erfolgte deshalb nicht gerade hektisch. Diese selbstzufriedene Haltung änderte sich im Herbst 1943, nachdem die Alliierten bis Ende September erfolgreich in Tunesien, Sizilien und Salerno gelandet waren. Hitler reagierte außerdem mit einer weiteren Anordnung, wonach eine Reihe von Befestigungsanlagen gebaut werden sollte, mit deren Hilfe jede Invasion vor, spätestens aber bei der Landung vereitelt werden könnte. Am 1. Januar 1944 veranlasste ihn seine Sorge um den Stand des Ausbaus dazu, Generalfeldmarschall Erwin Rommel zur Inspektion des so genannten Atlantikwalls abzustellen und ihn gleichzeitig zum Befehlshaber der Heeresgruppe B zu ernennen, was ihm das Kommando über die deutschen Truppen in Nordfrankreich eintrug. Zu diesem Zeitpunkt war bereits klar, dass die Alliierten in der Lage waren, in naher Zukunft zu landen, wenn auch der genaue Zeitpunkt und – was noch wichtiger war – der genaue Ort der Invasion noch unbekannt waren.

Rommel war grundsätzlich anderer Meinung darüber, wie die Küste im Falle einer alliierten Invasion verteidigt werden sollte, als der Oberbefehlshaber West, Generalfeldmarschall Gerd von Rundstedt. Letzterer wollte die Alliierten zuerst an Land kommen lassen, um sie dann mit sechs Panzerdivisionen anzugreifen, während sie ihren Brückenkopf aufbauten. Rommel hielt nichts davon; er wusste aus seiner Zeit als Kommandant des Afrikakorps nur zu gut, wie verwundbar Panzerkolonnen gegenüber Luftangriffen waren. Sobald die Panzer auf den Brückenkopf zurollten, würden sie durch Bomben und Schiffsartillerie zerstört. Rommel meinte, dass eine Invasion nur durch Vernichtung der Landungstruppen auf dem Weg zum Strand vereitelt werden könnte.

Der heftige Disput zwischen von Rundstedt und Rommel rief Hitler selbst auf den Plan, der einen Kompromiss vor-

Hitler und von Rundstedt bei der Lagebesprechung. Mitte 1944 gab Hitler nur noch wenig auf das Wort seiner Generäle, sondern bestand darauf, dass seine Befehle aufs Wort ausgeführt wurden. Ihre berechtigten Einwände gegen immer fantastischere Pläne ignorierte er – mit fatalen Folgen.

schlug: Die Panzer sollten unter seinem Kommando stehen und er würde den Einsatzbefehl geben. Dies wurde zwar akzeptiert, bedeutete aber, dass die Befehlsstruktur bei einer alliierten Landung unter Umständen verwirrender und schlechter war als nötig. Rommels Auffassung von der Notwendigkeit starker Befestigungen setzte sich durch und ab 1944 wurden sie auch angelegt. Offen blieb die Frage, wann und wo die Landung erfolgen würde? Die erste Teilfrage konnte man mit „bald“ beantworten; zum Nachteil der deutschen Strategen gaben die Alliierten nicht mehr preis.

DIE PLANUNG DER INVASION

Nach dem Treffen von Premierminister Churchill, Präsident Roosevelt und ihren Stabschefs in Casablanca im Januar 1943 wurden die ersten Pläne für eine Invasion skizziert. Zwei Monate später wurde auf der „Trident“-Konferenz in Washington festgelegt, dass die Landung unter dem Codenamen Overlord am 1. Mai 1944 erfolgen sollte. Die Planung wurde dem britischen Stabschef des alliierten Oberkommandierenden (COSSAC), General Sir Frederick Morgan, anvertraut. Morgans Titel war missverständlich, weil noch gar kein Oberkommandierender ernannt war. Unbeeindruckt davon machten sich Morgan und sein angloamerikanischer Stab trotzdem daran, die Details für die Invasion auszuarbeiten.

Das Aussuchen eines geeigneten Landungsgebietes bildete die erste Aufgabe für COSSAC. Drei Gebiete an der französischen Küste boten sich an: das Gebiet um Calais, die Bretagne und die Normandie. Obwohl der Pas de Calais den kürzesten Weg über den Kanal bot (mit dem zusätzlichen Vorteil des ständigen Luftschutzes und der Logistik für die Versorgung der gelandeten Truppen), kam er als Invasionsgebiet nicht in Frage. Die Topografie war alles andere als ideal und die

MITTELSCHWERER PANZER M4 „SHERMAN“

Der Sherman war die Hauptstütze der alliierten Panzerstreitmacht in den beiden letzten Kriegsjahren, obwohl er schon seit September 1941 gebaut wurde. Nach Pearl Harbor wurde er Anfang 1942 rasch in Dienst gestellt. Im Oktober 1942 setzten ihn die Briten erstmals bei El Alamein ein, wo er die Deutschen in erhebliche Schwierigkeiten brachte, weil seine 75-mm-Kanone jeden damals von den Deutschen eingesetzten Panzer vernichten konnte. Das Aufkommen der Tiger- und Panther-Panzer auf deutscher Seite glich diesen Vorteil jedoch nach kurzer Zeit aus. Als der Europafeldzug im Juni 1944 begann, war der Sherman etlichen deutschen Panzern unterlegen; die große Zahl der Shermans kompensierte diesen Nachteil jedoch. Obwohl der Sherman ungenügend gepanzert war und seine Bewaffnung nicht mit den deutschen Panzern mithalten konnte, gestattete ihre große Zahl den britischen und amerikanischen Streitkräften jedoch den Einsatz auf breitester Front, was oft entscheidende Resultate einbrachte, als sie sich Deutschland selbst näherten.

Wahl so naheliegend, dass die Deutschen begonnen hatten, die Region mit Nachdruck zu befestigen. Die Bretagne wurde zeitweilig von einigen Amerikanern wegen ihrer geeigneten Strände favorisiert, dann aber wegen der logistischen Probleme verworfen, da sie weit westlich der Niederlande lag, was lange Nachschubwege für die Alliierten bedeutet hätte. Seitens der britischen Marine wurde auf das unsichere Wetter und die Gefährlichkeit des umgebenden Seegebietes hingewiesen. Daher wurde die Bretagne zugunsten der Normandie verworfen.

Nach der Festlegung des Landungsgebietes fingen die Vorbereitungen an. Immer mehr Truppen trafen in England ein und ihr Training wurde verstärkt. Man baute Landungsfahrzeuge, erstellte Karten und konstruierte spezielle Panzer, die schwimmen, Minen räumen oder schwere Feuerschäden anrichten konnten. Im Mai

Ein mittelschwerer M4-Sherman-Panzer. Diese bildeten ab 1942 das Gros der britisch-amerikanischen Panzerformationen. In drei Jahren wurden 53.362 ständig verbesserte Einheiten gebaut.

Deutsche Soldaten in einem MG-Nest an der französischen Kanalküste nach der Kapitulation Frankreichs. Die Waffe ist ein MG34, die erste „Universalmaschinenpistole"; man konnte sie mit einem Zweibein als leichtes MG und mit einem Dreibein für Dauerfeuer einsetzen.

1944 warteten über drei Millionen Soldaten, Seeleute und Flieger aus Großbritannien, Amerika, Kanada, Neuseeland, Australien, Polen, Frankreich, Belgien, Norwegen, Holland, und der Tschechoslowakei auf das Signal zur Invasion.

COSSAC hatte inzwischen auch einen Oberkommandierenden. Nach einer gewissen Unschlüssigkeit wurde schließlich General Dwight D. Eisenhower am 7. Dezember 1943 zum alliierten Oberkommandierenden der Invasion bestellt. Churchill wollte ursprünglich einen britischen Oberbefehlshaber; als er aber sah, dass die Amerikaner die Hauptlast der Operation tragen würden, war er mit einem Amerikaner einverstanden. Eisenhower machte sich gleich an die Vorbereitungen zur Invasion. Diese Vorbereitungen würden ein eigenes Buch verdienen; dennoch sollen hier einige der wichtigsten Stationen im Aufbau der Operation Overlord erwähnt werden. Eisenhowers erste Aufgabe bestand darin, sich

> Eine unserer am besten ausgerüsteten Infanteriedivisionen wurde Ende 1941 auf die Kanalinseln geschickt und kam während des ganzen Krieges nicht mehr zurück. Diese Einheit ist schon so lange auf Jersey, Guernsey und Alderney, dass das Gerücht umgeht, dass die Soldaten bald mit einer Armbinde ausgestattet würden mit der Aufschrift: „Königlich-deutsche Grenadiere".
>
> *Generalfeldmarschall Gerd von Rundstedt, über Hitlers Truppendispositionen vor D-Day*

GENERAL GEORGE S. PATTON

Der wohl auffälligste amerikanische General des Krieges war wohl George S. Patton, der sich schon im Ersten Weltkrieg als Offizier des US Panzer-Korps ausgezeichnet hatte. Im Zweiten Weltkrieg befehligte er zunächst das 2. Korps in Nordafrika und übernahm dann das Kommando über die 7. US-Armee bei der Landung auf Sizilien. Patton wurde entlassen, weil er einen Soldaten in einem Lazarett geschlagen hatte, der wegen Kriegsmüdigkeit eingeliefert worden war. Patton bezichtigte den Mann der Feigheit; der Aufruhr in der Presse kostete ihn sein Kommando. Nach seiner Wiedereinstellung als Kommandeur der 3. Armee war er seinem früheren Untergebenen Omar Bradley unterstellt, was den beiden aber keine Probleme bereitete. Bei der Schlacht in der Normandie bestätigte Patton seinen Ruf als beherzter Angreifer. Die 3. Armee kämpfte sich durch Europa und spielte in der Ardennenschlacht eine entscheidende Rolle. Im Frühjahr 1945 überquerten Pattons Einheiten den Rhein und stießen bis zur Tschechoslowakei vor. Politischer Druck zwang ihn zum Rückzug. Seinen Job als Militärgouverneur fand er nach dem Krieg extrem langweilig. Im Dezember 1945 kam er bei einem Verkehrsunfall ums Leben.

mit den ausgeprägten Charakteren seiner Kommandeure zu befassen: angesichts von Leuten wie General Bernard Montgomery und General George S. Patton keine leichte Aufgabe.

Anfang Juni 1944 war alles in Bereitschaft. Nach einer Verschiebung um 24 Stunden wegen schlechten Wetters begann der Angriff am 6. Juni kurz nach Mitternacht.

D-DAY

Die ersten Aktionen zur Invasion liefen schon am Vorabend des 6. Juni, als die französische Resistance durch verschlüsselte Meldungen der französischen BBC alarmiert wurden. Kurz nach Mitternacht startete eine Armada von Transportmaschinen und Lastenseglern in Richtung Normandie. Obwohl die Luftlandung chaotisch ablief, weil die Fallschirmjäger teilweise meilenweit von ihrem Bestimmungsort (und von anderen Elementen ihrer Einheit) entfernt niedergingen, griffen sie die Deutschen sofort an. Auf die Luftlandungen folgte die eigentliche Landung der amphibischen Streitkräfte. Die Operationen verliefen relativ glatt, bis auf die Landung am Abschnitt „Omaha Beach", wo es zeitweilig danach aussah, als müsse man sich zurückziehen. Brigadegeneral Norman Cota, stellvertretender Kommandeur der 29. Division, konnte jedoch die Situation retten, indem er die Verwirrung am Strand ausnützte. Er zog eine Gruppe aus Rangern, Pionieren und Infanteristen zusammen und führte sie vom Strand aus in eine Falte in den Klippen, wo sie vor dem Feuer der Maschinengewehre sicher waren. Cota stellte zunächst Kontakt zu den Schiffen her und ließ dann seine Leute die deutschen Stellungen angreifen. Um 11:00 Uhr hatte man den Strandausgang bei Vierville erobert und eine halbe Stunde später den bei Saint-Laurent. Von nun an rückten die Amerikaner massiv vom Strand aus vor. An den anderen Landungsstränden „Sword", „Juno" und „Gold" marschierten Engländer und Kanadier landeinwärts; am „Utah Beach" waren die amerikanischen Landungstruppen mit wesentlich geringeren Verlusten davongekommen als ihre Kameraden am „Omaha Beach".

Die Deutschen reagierten konfus. Die Luftlandeaktion wurde als eine Unterstützungsaktion für die Resistance angesehen, die Landung selbst als ein Ablenkungsmanöver. Die eigentliche Invasion erwartete man im Gebiet von Calais, wovon weder von Rundstedt noch Hitler abzubringen waren. Hitler zögerte, den Panzern den Angriffsbefehl zu geben, obwohl der Kommandeur der 21. Panzerdivision auf eigene Faust die Luftlandetruppen bei den Orne-Brücken angriff. Gegen Abend des 6. Juni wurden die Reaktionen der Deutschen koordinierter, die Alliierten hatten sich aber schon an Land festgesetzt.

DER AUSBRUCH

Die Brückenköpfe waren nur der Beginn der Invasion; vor den Alliierten lag nun das Problem, ins Hinterland einzubrechen, was sich als sehr schwierig erweisen sollte. Der Hauptgrund dafür war die Landschaft. Zwischen Carpiquet und der Halbinsel Cotentin lag die „Bocage" mit ihren engen, tiefer liegenden und von dichten Hecken umgebenen Feldwegen, die zu kleinen, solide gebauten Ortschaften oder isolierten Höfen aus Stein führten, kurz: ein ideales Terrain für die Verteidiger. Der Versuch der Alliierten, die Erfolge ihrer Landung fortzusetzen, stieß auf ganzer Linie auf erbitterten Widerstand. Die Erfahrungen der 7. britischen Panzerdivision sprechen für den harten Kampf, welcher auf die Landung in der Normandie folgte.

Montgomery wollte mit der 7. Panzerdivision, den berühmten „Wüstenratten", durch eine Öffnung im Gebiet von Villers-Bocage stoßen, um nach Fühlungnahme mit der 51. schottischen Division Caen einzuschließen. Am 10. Juni brach die 7. Panzerdivision von Tilly in Richtung Villers-Bocage auf. Die Gegend wurde von der Panzerdivision Lehr gehalten, die zwar in der Unterzahl, in dem schwierigem Gelände jedoch ein gefährlicher Gegner war. Die Entscheidung der Briten, auf relativ engem Raum anzugreifen, kam den Deutschen entgegen, denen die Abwehr eines Angriffs auf breiter Front Probleme bereitet hätte. Schließlich kam es zu erbitterten Kämpfen. Drei Tage brauchte die 7. Division, bis ihre Spitzen in Villers-Bocage eindringen konnten. Kaum war diese Einheit durch die Stadt gerollt, geriet sie auch schon in den Hinterhalt eines einzelnen Tiger-Panzers unter dem Kommando von Michael Wittmann, einem „Panzer-Ass" von der Ostfront. Wittman hatte bis zum 13. Juni 1944 nachweislich 117 feindliche Panzer zerstört und wollte seinem Konto weitere hinzufügen. Er zerschoss zunächst den Führungspanzer der 4. County of London Yeonmanry (Scharfschützen) und danach die letzten Panzer der Gruppe. Dadurch blockierte er jeden einfachen Fluchtweg. Dann fuhr er die Kolonne entlang und nahm die Panzer einzeln aufs Korn. Einer zur Rettung herbeieilenden Panzergruppe der 8. Husaren erging es nicht besser, bis schließlich ein Panzerabwehrgeschütz (das gegen die Panzerung des Tigers nichts ausrichten konnte) eine Kette von Wittmanns Panzer durchschoss und diesen damit unbeweglich machte. Er flüchtete zu Fuß (und fiel später, als RAF-Jagdbomber seinen Panzer zerstörten), hinterließ jedoch ein Inferno. Am Nachmittag warf ein Gegenangriff der Lehr-Panzer die 7. Panzerdivision nach Tilly zurück. Die Briten hatten 25 Panzer, 28 andere Fahrzeuge und viele Soldaten verloren. Das Muster wiederholte sich laufend, weil die Deutschen jeden Fußbreit französischen Bodens verbissen verteidigten. Die Briten standen einem erheblichen Teil der deutschen Wehrmacht gegenüber, was ihren Vormarsch schwierig und verlustreich machte. Dies war für den Kampf in der Normandie bezeichnend.

Britische Truppen landen am 6. Juni 1944 am „Gold Beach". Die See war offenbar etwas rau, was auf den Landungsfahrzeugen zu ernsten Problemen wegen der Seekrankheit führte, während sich diese der französischen Küste näherten.

Anfang Juli war weder das alliierte noch das deutsche Oberkommando zufrieden. Die Alliierten kamen nicht so schnell voran, wie sie gehofft hatten, während die Deutschen vor einem großen Problem standen, denn ihr Versuch einer Gegenoffensive war gescheitert. Am 3. Juli entließ Hitler von Rundstedt; sein Nachfolger, Generalfeldmarschall Gunther von Kluge, hatte den Ruf, ein Ja-Sager zu sein, der den zunehmend unrealistischen Forderungen Hitlers, dem starken Druck der Alliierten standzuhalten, kaum entgegentreten würde. Die größere Gefahr für Hitler ging jedoch nicht von den Alliierten oder von rückzugswilligen Generälen aus, sondern von denen, die nach einem direkteren Weg suchten, um dem Führer das Kommando aus der Hand zu nehmen.

> Wenn es uns gelingt, die Invasion zurückzuschlagen, wird so schnell kein weiterer Versuch erfolgen. Dies heißt, dass dann unsere Reserven verfügbar werden ... Wenn wir die Invasoren nicht zurückschlagen, können wir einen langen Stellungskrieg nicht gewinnen ... Die Invasoren müssen daher beim ersten Versuch zurückgeschlagen werden.
>
> *Adolf Hitler, Anfang 1944*

20. JULI

Am 20. Juli 1944 hielt Hitler wie üblich eine Planungskonferenz in seinem Befehlsstand in der Nähe von Rastenburg in Ostpreußen (heute Ketrzyn, Polen) ab. Dieser lag tief in den Wäldern verborgen und die düstere Umgebung erschien wie eine Metapher für den Fortgang des Krieges zu dieser Zeit. Bekannt unter dem Namen „Wolfsschanze" erinnerte er an Hitlers Verwendung des Decknamens „Wolf" in der Frühzeit der Nazibewegung. Das Hauptquartier war ständig im Umbau begriffen. Für gewöhnlich befand sich Hitlers Aufenthalt in einem Betonbunker einige Fuß unter der Erde. Da die Briten kurz zuvor Bomben mit hoher Durchschlagskraft entwickelt hatten, gab es Bedenken bezüglich der Sicherheit des Bunkers. Deswegen verstärkte man aufwändig die Decke und in der Ausbauzeit fanden die Besprechungen in einer Holzbaracke statt. Außerdem fand die Besprechung am 20. Juli eine Stunde früher als sonst statt, weil Hitler Mussolini zum Essen treffen wollte und den Termin deshalb vorverlegt hatte.

Die Konferenz begann pünktlich, aber ohne Generalfeldmarschall Wilhelm Keitel, den Chef des deutschen Oberkommandos (OKW). Keitels Abwesenheit klärte sich kurze Zeit später, als er mit Oberst Graf Claus von Stauffenberg eintraf, dem Beauftragten für Ausbildung und Ersatz, der einen Bericht über die Aufstellung neuer Divisionen geben sollte. Keitel stellte von Stauffenberg formell vor, obwohl Hitler ihn schon von früher kannte. Hitler konnte den Neuankömmling auch kaum vergessen haben, weil von Stauffenberg durch schwere Verwundungen an der Ostfront ein Auge, eine Hand und einige Finger der anderen Hand verloren hatte. Von Stauffenberg nahm seinen Platz am Konferenztisch ein und stellte seine unverwechselbare gelbe Ledertasche unter seinen Stuhl. Einige Augenblicke später murmelte er seinem Sitznachbarn eine Entschuldigung zu, er müsse einen Anruf erledigen. Er verließ die Baracke eben, als Hitler sich über die Situation an der Ostfront ausließ. Einige Minuten später wurde Keitel wegen von Stauffenbergs Abwesenheit nervös, denn die Diskussion über die Ostfront ging dem Ende zu und der fehlende Oberst war danach mit seiner Präsentation an der Reihe.

Ein Panzergrenadier einer Panzerdivision im Tarnanzug mit seinem MG42, einer hervorragenden Waffe, deren Produktion als Maschinengewehr MG3 (mit anderem Kaliber) für die Bundeswehr wieder aufgenommen wurde.

Keitel wurde langsam ungehalten, als die Gedanken des Führeres durch eine ohrenbetäubende Explosion unterbrochen wurden. Keitel sah einen grellen Blitz nahe bei Hitler und beobachtete wie gelähmt, dass eine Lampenhalterung von der Decke auf dem Kopf des Diktators landete. Der Lärm der Explosion rief rasch die Wachen herbei.

Als ersten Überlebenden sahen sie Keitels Adjutanten, der aufstand und sich schwankend von der Baracke entfernte. Er war als Erster nach draußen gelangt, weil ihn die Wucht der Explosion durch das Fenster geschleudert hatte. Eine weitere Person folgte ihm durch das Fenster, andere kamen durch die Tür. Zum Schluss kam Keitel mit Hitler, den er stützte, als sie die Trümmerstätte verließen. Hitler blutete aus Wunden im Gesicht, seine Hosen waren zerrissen und glimmten noch von der Explosion; Ärzte holten ihm später Hunderte Holzsplitter aus den Beinen.

Während Hitler behandelt wurde, dachte er über die Explosion nach. Sein erster Gedanke war, dass die Baracke Ziel eines Luftangriffes gewesen sein müsste. Bald verwarf er diese Annahme, weil in der

Ein britischer Sherman Firefly rollt durch die französische Landschaft. Der Firefly war mit einer 17-Pfünder-Pak ausgestattet, was ihn so gut wie allen Gegern ebenbürtig machte. Das größte Problem mit den Firefly-Modellen war, dass nie genügend von ihnen verfügbar waren.

Gegend keine Angriffe gemeldet wurden. Daraufhin vermutete er ein Attentat mit einer an der Baracke installierten Ladung, die einer der Arbeiter montiert hätte, die am Bunker arbeiteten. Deshalb schickte er eine Gruppe von Offizieren aus, die nach einem Fernzündungskabel für die Ladung suchen sollte. Die Gruppe fand nichts dergleichen und untersuchte deshalb die Baracke etwas eingehender. Man kam schnell zu dem Schluss, dass die Ladung nicht außerhalb, sondern in der Baracke selbst gezündet worden sein müsse, wahrscheinlich unter dem Kartentisch, um welchen die Konferenzteilnehmer gesessen hatten.

Die Untersuchung der Explosion wurde jetzt intensiviert; auf von Stauffenberg fiel zu Recht sofort Verdacht. Er hatte sich offenbar zum nahen Flugplatz abgesetzt und Teile seiner Aktentasche – erkennbar am gelben Leder – konnte man von allen Trümmern im Konferenzraum auflesen. Von Stauffenbergs Herkunft machte ihn ebenfalls verdächtig. Er stammte aus dem Offizierskorps der alten Reichswehr, war katholisch und ein Aristokrat. Einer dieser Punkte hätte gereicht, um Zweifel über seine Loyalität gegenüber Hitler zu wecken; alle drei zusammen mit den Fetzen der Aktentasche und seinem Verschwinden machten ihn zum Hauptverdächtigen. Nachdem man Hitler hierüber informiert hatte, glaubte dieser, dass von Stauffenberg, ein Offizier, der genügend Gründe

> Das Schlachtgeld in Falaise war vermutlich eines der „mörderischsten" Gebiete in diesem Krieg … Achtundvierzig Stunden nach Schließen des Spaltes wurde ich zu Fuß hindurchgeführt, wo ich Szenen sah, die nur Dante beschreiben kann. Es war praktisch möglich, hunderte Meter weit auf nichts als auf totem und verwesendem Fleisch zu gehen.
>
> *General Dwight D. Eisenhower*

Hitler zeigt dem abgesetzten italienischen Diktator Benito Mussolini die Verwüstungen der Bombe, die ihn am 20. Juli 1944 hätte töten sollen. Der Fehlschlag des Attentats bestärkte Hitlers Vorstellung, dass er zum Siegen bestimmt sei, und inspirierte ihn zur Ardennenoffensive.

hatte, ihn zu hassen, ihn ermorden wollte und sich nun nach Moskau abgesetzt habe. Dieser ziemlich unplausible Schluss wurde von den weiteren Entwicklungen überholt.

Am Nachmittag trafen in der Wolfsschanze Meldungen aus Berlin ein, wonach eine Gruppe von gewissenlosen Offizieren und Politikern den Führer ermordet habe und dass die Regierung den Notstand ausgerufen habe. In dieser Zeit liege die Autorität voll in den Händen der Unterzeichner des Telegramms, allen voran Feldmarschall von Witzleben (den Hitler 1942 abgesetzt hatte). Von Stauffenbergs Aufscheinen als Mitunterzeichner bestätigte, dass das Attentat Teil eines versuchten Staatsstreiches gewesen war. Die Verschwörer kontrollierten das Hauptquartier in der Bendlerstraße in Berlin und einige weitere Schlüsselpositionen. Einige Stunden lang schien es, als ob der Staatsstreich gelingen würde: Hitler war irgendwo an einem isolierten Ort und alle ihm treuen Offiziere waren klarerweise an der Front. Es hatte den Anschein, als ob der Putsch aus Mangel an Gegenwehr gelingen würde.

DER STAATSSTREICH MISSLINGT

Hitlers Glückssträhne endete nicht mit dem Scheitern des Attentats. Um 18.30 Uhr rief ihn Propagandaminister Joseph Goebbels an, um ihm unter Schwierigkeiten – Hitler war von der Explosion noch fast taub – zu erklären, er habe Major Renner, den Chef des Gardebataillons, der einzigen zur Zeit in Berlin stationierten Kampfeinheit, bei sich. Dieser sei – so Goebbels – völlig verwirrt, weil er Weisungen erhalten habe, einerseits die Mitglieder der Regierung unter Hausarrest zu stellen und andererseits von Witzleben und von Stauffenberg festzunehmen. Goebbels fragte, ob Hitler selbst mit Renner sprechen wolle. Hitler bejahte dies. Er beauftragte Renner, die Ordnung in Berlin wiederherzustellen und jeden, der sich widersetzte, sofort zu erschießen.

Renner erledigte seine Aufgabe gewissenhaft. Um Mitternacht waren von Stauffenberg und drei weitere Verschwörer tot. Generalfeldmarschall Ludwig Beck, der in die Verschwörung verwickelt war, verübte Selbstmord; eine Verhaftungswelle kam in Gang. Verdächtige wurden brutal verhört, wobei Unbeteiligte oder kaum Beteiligte mit einbezogen wurden. Unter den Namen fand sich auch der Erwin Rommels, den man vor die Wahl stellte, entweder Selbstmord zu begehen und ein Staatbegräbnis zu erhalten oder vor Gericht gestellt zu werden, was mit Schikanen für seine ganze Familie verbunden gewesen wäre. Rommel wählte die Giftpille. Später haben Rommels Bewunderer behauptet, er allein hätte Deutschland vor einer totalen Niederlage retten können, was natürlich strittig ist. Feststeht, dass das Komplott Deutschland eines seiner besten Heerführer beraubte und darüber hinaus Hitler den Rücken stärkte.

Bereits eine Stunde nach dem Attentat speiste Hitler mit Mussolini zu Mittag. Dabei betonte er aufgeregt, dass sein Überleben ein Zeichen für seine und Deutschlands Sendung wäre. Dies sei göttliche Vorsehung und wie widrig die Umstände für Deutschland zurzeit auch seien, letztlich würde es

siegen. Zeugen sagten, dass Hitler unbeeindruckt davon, knapp dem Tode entronnen zu sein, euphorisch und überzeugt war, am Ende zu triumphieren. Dieses gestärkte Selbstvertrauen hatte auch weitere Konsequenzen. Seinen Militärs traute er bis auf ein, zwei Ausnahmen gar nicht mehr, was bedeutete, dass er selbst immer stärkeren Einfluss auf das militärische Geschehen nahm. Er akzeptierte immer weniger Ratschläge von seinen Generälen und war immer weniger bereit, sich Vorschläge anzuhören, die nicht mit seinen Vorstellungen über die Situation auf dem Schlachtfeld übereinstimmten. Dies blieb nicht ohne Auswirkungen auf den weiteren Kriegsverlauf. Die Lage war schon schlimm genug, da die Alliierten nun kurz vor dem Durchbruch standen, auf den sie in Wochen erbitterter Kämpfe hingearbeitet hatten.

OPERATION COBRA

General Montgomery hatte gehofft, dass sein Unternehmen Goodwood vom britischen Flügel ausgehend den Alliierten ermöglichen würde, die deutsche Front zu durchbrechen, wurde aber bitter enttäuscht. Goodwood erreichte ihr Ziel nicht und zog obendrein den Verlust eines Drittels der britischen Panzer in der Normandie nach sich. Die Offensive erzielte zwar bloß 9 km Geländegewinn, erreichte jedoch mehr, als diese Zahl vermuten lässt, denn man hatte die ohnehin überdehnte deutsche Front geschwächt und die Deutschen davon überzeugt, dass der alliierte Hauptangriff vom britischen Flügel ausgehen würde.

Als sich herausstellte, dass die deutsche Abwehr vor allem im amerikanischen Abschnitt nicht in die Tiefe ging, legte General Omar Bradley, Kommandeur der 1. US-Armee, den Plan für das Unternehmen Cobra vor. Die Operation sollte mit der Flächenbombardierung der deutschen Stellungen vor dem 7. US-Korps unter General „Lightning Joe" Collins beginnen. Das 7. Korps sollte dann die deutschen Abwehrstellungen angreifen, den Durchbruch versuchen und damit die erste Phase von Cobra abschließen. Den US-Einheiten sollte so der Weg in die Bretagne und zu den dortigen Häfen geöffnet werden. Dieser Vormarsch bedurfte weiterer Kräfte, die General Patton mit seiner 3. Armee stellen sollte.

Cobra sollte am 24. Juli um 13.00 Uhr beginnen, aber der dicht mit Wolken verhangene Himmel erzwang den Abbruch der Operation. Dies löste allerdings einiges an Verwirrung aus. Einige Bomber hatten den Abbruchbefehl offenbar nicht erhalten und an die 300 Flugzeuge warfen ihre Bomben ab, eine Einheit sogar auf die 30. US-Division. 25 Tote und über 100 Verwundete waren die Bilanz. Bradley war wütend, nicht nur wegen der Toten, sondern auch, weil er fürchtete, die Deutschen könnten nun die alliierten Offensivpläne erkannt haben. Die Deutschen reagierten jedoch nicht. Der Kommandeur der 7. deutschen Armee, General Hausser, schien nicht besonders besorgt, als er den Tagesbericht an von Kluge durchgab. Der Kommandeur der Panzerdivision Lehr, Fritz Bayerlein, war sogar überzeugt, dass seine Leute einen größe-

Eine Kolonne marschiert während des Kampfes in der Normandie bei Fontainbleau vorbei. Nur ein Soldat würdigt den toten Deutschen eines Blickes; man hatte so viele Tote gesehen, dass einer mehr nicht auffiel. Trotz US-Uniform gehören die Soldaten zur Armee Freies Frankreich.

LAGE IN EUROPA, DEZEMBER 1944

Ende 1944 wurde Deutschland an drei Fronten eingeengt, von der Roten Armee im Osten, von den Alliierten, die in Italien nur langsam vorrückten, und von der Westfront, wo die Alliierten an der französischen und belgischen Grenze vorübergehend anhielten. Hitler sah darin eine Chance zum Angriff, da er hoffte, den Erfolg von 1940 wiederholen zu können, indem er die Alliierten spaltete und auf diese Weise England und die USA zum Separatfrieden zwang. Die deutschen Truppen wären dann für den Kampf im Osten frei.

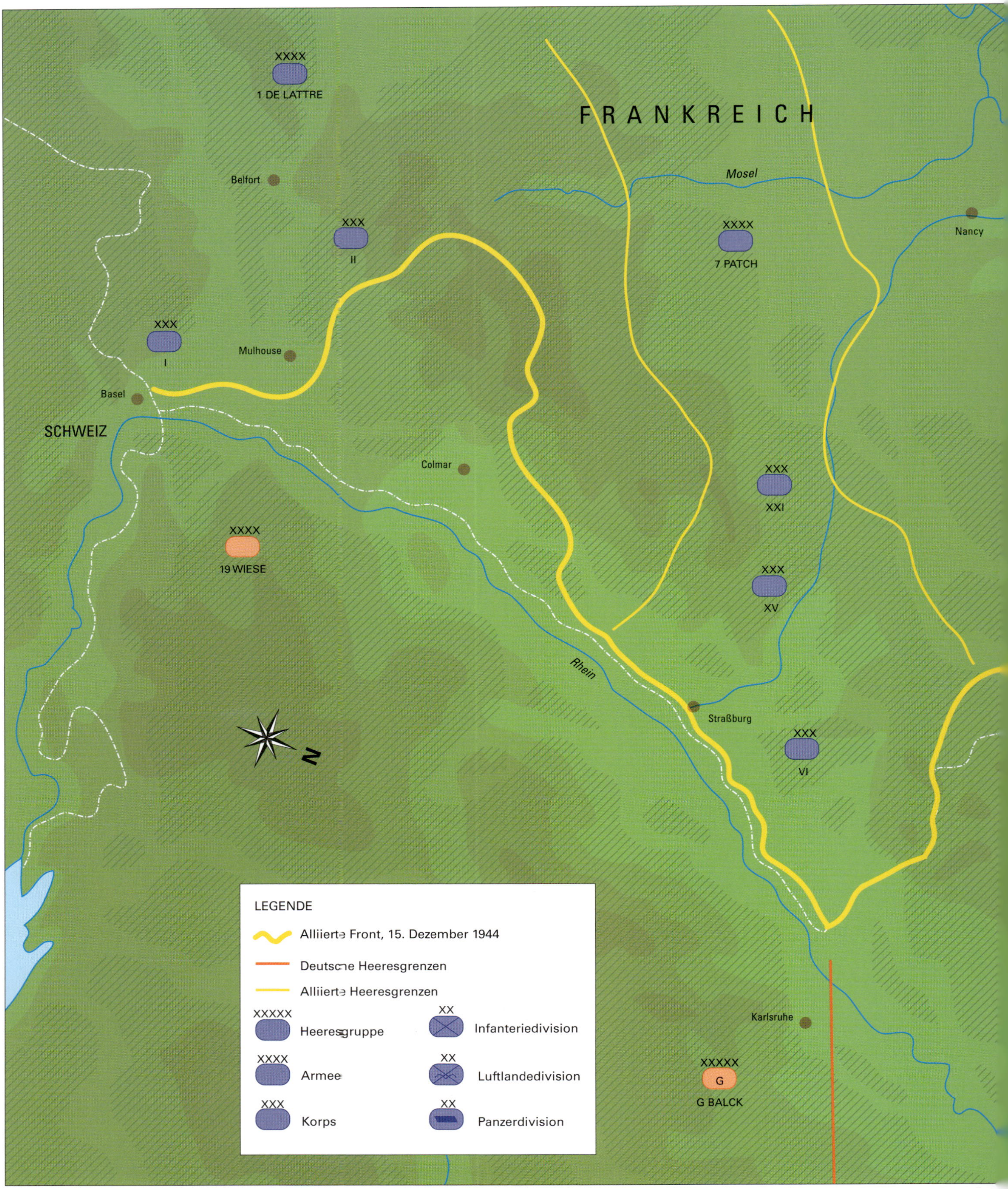
XXXX
1 DE LATTRE
FRANKREICH
Belfort
Mosel
XXX
II
XXXX
7 PATCH
Nancy
XXX
I
Mulhouse
Basel
SCHWEIZ
Colmar
XXX
XXI
XXXX
19 WIESE
XXX
XV
Rhein
Straßburg
XXX
VI
N
LEGENDE
Alliierte Front, 15. Dezember 1944
Deutsche Heeresgrenzen
Alliierte Heeresgrenzen
XXXXX
Heeresgruppe
XX
Infanteriedivision
XXXX
Armee
XX
Luftlandedivision
XXX
Korps
XX
Panzerdivision
Karlsruhe
XXXXX
G
G BALCK

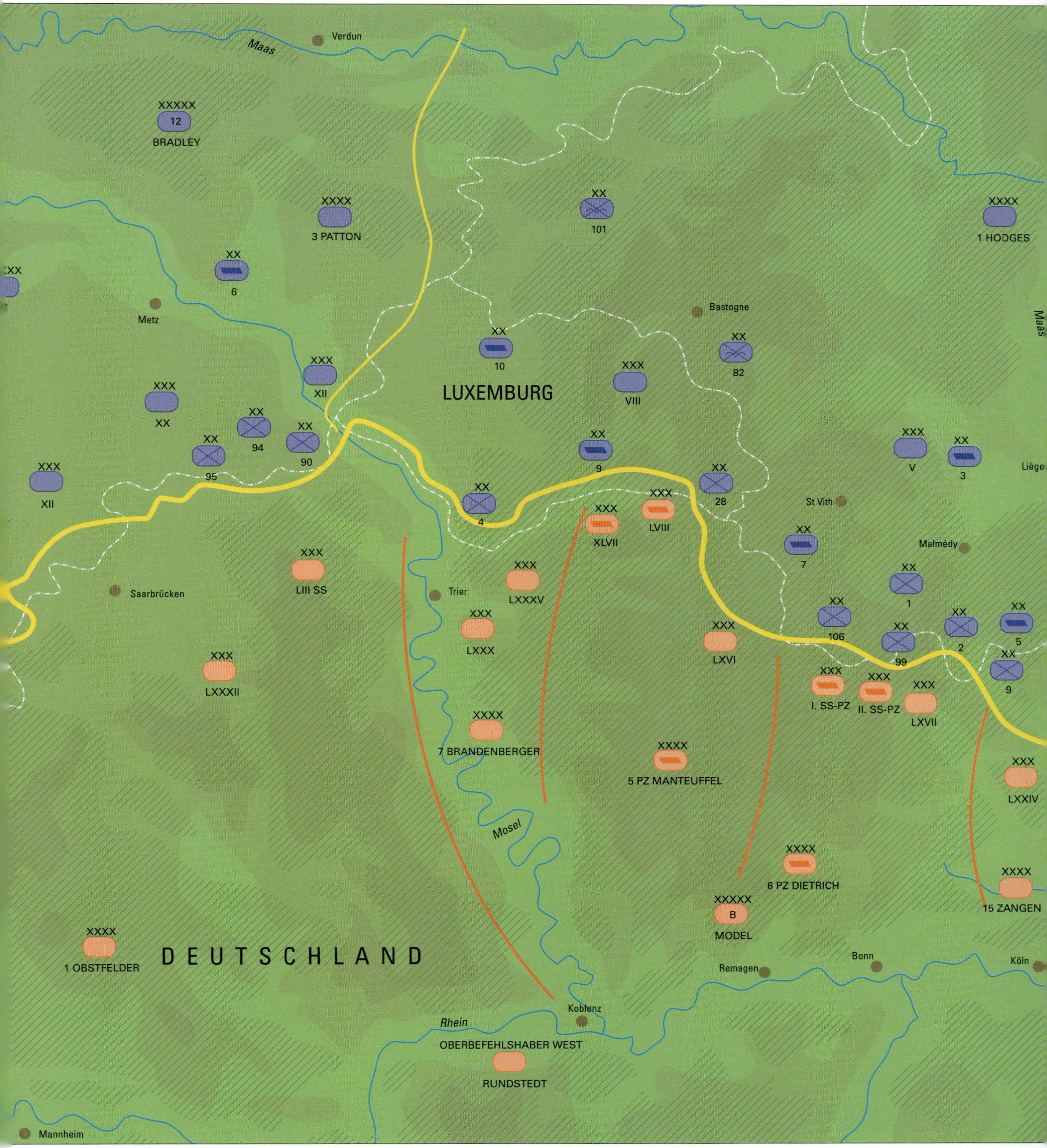
Verdun
Maas
XXXXX
12
BRADLEY
XXXX
3 PATTON
XX
101
XXXX
1 HODGES
XX
6
Metz
Bastogne
Maas
XX
10
XX
82
XXX
XII
XXX
XX
XXX
VIII
LUXEMBURG
XX
94
XX
90
XX
95
XX
9
XXX
XII
XX
4
XX
28
XXX
V
XX
3
Liège
St Vith
XXX
XLVII
XXX
LVIII
XX
7
Malmédy
XXX
LIII SS
Saarbrücken
Trier
XXX
LXXXV
XX
1
XXX
LXXX
XXX
LXVI
XX
106
XX
99
XX
2
XX
5
XX
9
XXX
LXXXII
XXX
I. SS-PZ
XXX
II. SS-PZ
XXX
LXVII
XXXX
7 BRANDENBERGER
XXXX
5 PZ MANTEUFFEL
XXX
LXXIV
Mosel
XXXX
6 PZ DIETRICH
XXXX
15 ZANGEN
XXXXX
B
MODEL
XXXX
1 OBSTFELDER
DEUTSCHLAND
Remagen
Bonn
Köln
Koblenz
Rhein
OBERBEFEHLSHABER WEST
RUNDSTEDT
Mannheim

Nordsee
XXXXX
21
MONTGOMERY
Brüssel
Namur
BELGIEN
Antwerpen
XXXX
9 SIMPSON
XXXX
1 CRERAR
Den Haag
Rotterdam
Niederrhein
XXXX
2 DEMPSEY
Maas
Neerpelt
XXX
I
Maas
Waal
XXXX
25 CHRISTIANSEN
Maastricht
XXX
XII
XXX
VII
Eindhoven
NIEDERLANDE
Aachen
XXX
XIII
XXX
VIII
XXX
II
XXX
SS XII
Roermond
XXX
LXXXI
XXX
II
XXX
XXX
Grave
Venlo
Nijmegen
Arnheim
Krefeld
XXXX
1 SCHLEMM
Rhein
Düsseldorf
XXXXX
H
STUDENT
Duisburg
Wesel
LEGENDE
siehe Karte auf Seite 20

ren amerikanischen Angriff zurückgeschlagen hätten, ohne zu bemerken, dass der wilde Gefechtslärm, auf den seine Leute offenbar reagiert hatten, von Fliegerbomben anstatt von vorrückenden Truppen hergerührt hatte.

COBRA KOMMT IN GANG

Um 9.30 Uhr am nächsten Morgen wurde das Unternehmen Cobra mit P-47-Thunderbolt-Jagdbombern eingeleitet. Knapp 1.500 B-17- und B-24-Bomber warfen danach mehr als 3.000 Tonnen Bomben ab, weitere 380 B-26 mittlere Bomber beendeten den Luftangriff mit weiteren 1.400 Tonnen. Die deutschen Abwehreinrichtungen waren zerstört; mehr als tausend Soldaten fanden den Tod, ebenso viele waren verwundet und kampfunfähig. Der Luftangriff hatte auch das Kommunikationssystem zerstört, doch nicht alle Stellungen waren im gleichen Maße betroffen. Viele deutsche Einheiten, die sehr nah an den US-Stellungen lagen, blieben ebenso unversehrt wie ihre Panzer. Dagegen trafen wiederum etliche Bomben die eigenen Stellungen, wobei 111 Amerikaner umkamen und 490 verwundet wurden, darunter Generalleutnant Lesley McNair, der Kommandeur der Bodentruppen.

Der Bodenangriff begann um 11.00 Uhr und traf auf den verbissenen Widerstand der Einheiten, die von den Luftangriffen noch verschont geblieben waren. Dadurch verlief der erste Tag für die Amerikaner enttäuschend, die gerade mal 1,6 km anstatt der geplanten 5 km vorankamen. Collins entschied, dass er am nächsten Tag seine Panzer anstelle der Infanterie einsetzen wolle. Diese Entscheidung war richtig, denn seine Panzer brachen durch. Collins hielt den Druck aufrecht, indem er die folgende Nacht über die Angriffe fortsetzte. Am Abend des 28. Juli waren die deutschen Einheiten in Auflösung, ohne Möglichkeit eines geordneten Rückzuges. Dies veranlasste die Amerikaner, den Plan Cobra insofern zu ändern, als man die ursprünglich nach dem Durchbruch vorgesehene Konsolidierung fallen ließ und stattdessen den offensichtlichen Zusammenbruch der deutschen Front ausnutzte. Die Fortsetzung des US-Vorstoßes ließ Hitler, der die Lage seiner Einheiten nicht wahrhaben wollte, mit Operationsplänen aufwarten, die kaum Aussicht auf Erfolg hatten.

Operation Lüttich sollte von Mortain ausgehen und auf Avranche gerichtet sein. Dieser Ort war für den amerikanischen Vormarsch von entscheidender Bedeutung, weil der ganze Nachschub für Pattons 3. Armee durch diesen Ort geschleust werden musste. Hitler glaubte, dass ein Angriff auf diesen Ort das gesamte US-Konzept erschüttern müsste, und träumte schon davon, die vorderen Divisionen des Gegners abzuschneiden. Der Angriff erfolgte am 7. August und führte 16 km tief in die amerikanischen Linien. Einige US-Einheiten wurden tatsächlich abgeschnitten und Hitlers Plan schien zu funktionieren. Doch sein Vertrauen auf die Hilfe Gottes war keine solide Basis. Nachdem der Tag mit einem klaren Morgen anbrach, war der Himmel kurze Zeit später von Jagdbombern erfüllt; der Vormarsch kam ins Stocken, weil die Deutschen Deckung suchen mussten und nur noch nachts angreifen konnten. Harte Gefechte folgten, in denen die Deutschen kaum vorwärts kamen, sehr zu Hitlers Unwillen.

Am 8. August erreichten die Spitzen von Pattons 3. Armee Le Mans. Eisenhower befahl, sich nordwärts in Richtung auf den britischen Abschnitt hinzubewegen. Gleichzeitig wollte das II. kanadische Korps nach Süden in Richtung Falaise vorstoßen, in der Absicht, sich mit den Amerikanern zu vereinigen und so die Deutschen abzuschneiden. Kurz nach Einbruch der Nacht deckten mehr als 1.000 schwere Bomber die Flanken des Korridors nach Falaise mit Bomben ein. Danach marschierten die Kanadier in den Korridor in Richtung Falaise in Vorbereitung für die Operation Totalise.

Die Deutschen suchten den Vormarsch aufzuhalten, indem sie am 9. August kurz vor Mittag einen Gegenangriff starteten. Dieser wurde bis 14.00 Uhr abgewehrt. Als aber die Kanadier und die mit ihnen vorrückenden polnischen Einheiten ihren Vormarsch fortsetzen wollten, erschienen am Himmel 500 B-17 Flying Fortress der USAAF, die den Angriff der vorangegangenen Nacht wiederholen wollten, was zu einer Katastrophe führte. Viele Bomben verfehlten ihr Ziel, trafen Verbündete und zerstörten zahlreiche Panzer.

Am nächsten Tage schaffte es eine kanadische Kampfeinheit, sich zu verirren. Sie lief zwei deutschen Panzereinheiten in die Arme, die gerade mit polnischen Einheiten im Kampf lagen. Diese wiederum nahmen die Kanadier ebenfalls unter Feuer. Obwohl man im Plan vorankam, bestand die Gefahr, dass der Vorstoß scheitern könnte, weil sich Polen und Kanadier immer heftiger bekämpften. Bei den Amerikanern lief es besser, sie konnten nach Argentan vorrücken. Die Aussicht, sich mit den amerikanischen Truppen vereinigen zu können, beflügelte die Briten und das Unternehmen Totalise wurde schleunigst modifiziert.

OPERATION TRACTABLE

Der neue Plan sah einen massiven Angriff auf die Deutschen vor, dem eine heftiger Artillerievorbereitung voranging. Mehr als 300 Panzer und vier Infanteriebrigaden rückten hinter der Feuerwalze vor. Die Katastrophe begann, als viele der 800 schweren Bomber bei ihrem Unterstützungseinsatz anstatt der Deutschen die alliierten Kräfte selbst trafen. Obwohl die Soldaten weiterhin vorrückten, waren der Staub und Qualm der Bomben- und Artillerieeinschläge so inten-

Ein Tiger-Panzer auf der Straße. Diese unglaublich guten deutschen Panzer waren besser bewaffnet und stärker gepanzert als die Panzer der Alliierten, aber zahlenmäßig weit unterlegen; in den Materialschlachten in Europa spielte die Zahl die entscheidende Rolle.

siv, dass sie kaum sehen konnten, wohin sie marschierten. Panzer und Schützenpanzerwagen kollidierten und der Vormarsch kam völlig durcheinander. Die Konfusion war vollständig, als die Panzerfahrzeuge an einen relativ schmalen Fluss kamen, der zwar selbst kein Problem darstellte, doch dessen Böschung so steil war, dass die Panzer ihn nicht überqueren konnten. Nachdem die Pioniere ausreichend Holzbündel in den Fluss geworfen hatten, konnten die Fahrzeuge endlich übersetzen. Der Vormarsch hatte sich jedoch merklich verzögert. Wieder einmal befanden sich die Kanadier auf einem langsamen, mühsamen Vormarsch und erreichten Falaise erst am 15. August.

Obwohl die Alliierten langsam Oberhand gewannen, blieb Hitler überzeugt, dass er sie durch eine Serie von Gegenangriffen mit seinen Panzern besiegen könnte. Er befahl von Kluge, den Druck auf Avranche aufrecht zu halten, während Falaise und Argentan gleichzeitig angegriffen werden sollten, um den Zusammenschluss der Amerikaner mit den Kanadiern zu verhindern. Doch langsam war nun von Kluge nicht mehr bereit, alle Marotten Hitlers mitzumachen. Auf dem Weg zur Inspektion seiner Truppen im Falaise-Argentan-Bogen wurde sein Wagen von Tieffliegern angegriffen. Er erreichte sein Ziel zwar unverletzt, aber schwer geschockt. Er zog den Schluss, dass Hitlers Befehle nicht durchführbar waren und sandte die folgenschwere Meldung nach Berlin, dass die deutschen Einheiten nicht mehr stark genug wären, die Alliierten zu besiegen. Ohne Antwort abzuwarten, gab er den Truppen im Frontbogen den Befehl zum Rückzug.

Die Nachrichten vom Rückzug versetzten Hitler in heftige Rage. Er setzte von Kluge sofort ab und befahl ihn nach Berlin. Gerüchte, dass von Kluge in das Bombenattentat verwickelt sei und entsprechende Konsequenzen zu erwarten habe, müssen den armen Generalfeldmarschall erreicht haben; er zog es vor, sich zu vergiften statt sich Hitlers Zorn zu stellen. Am 17. August ersetzte Hitler von Kluge durch Generalfeldmarschall Walter Model in der Gewissheit, dass der ein loyaler Nationalsozialist war, der Befehle befolgen würde. Model mag loyal gewesen sein, aber er war nicht dumm. Als er den Befehl übernahm, wusste er, dass die Lage hoffnungslos war und Rückzug die einzig vernünftige Vorgangsweise darstellte. Er war klug genug, dies zu tun, aber gleichzeitig mit allen zur Verfügung stehenden Panzerresten Vorstöße gegen Argentan und Falaise zu unternehmen. Wenn er nicht durchbrechen konnte – und er wusste, dass dies nicht möglich war –, so konnte er doch wenigstens nachweisen, dass er Hitlers Befehl befolgt hatte. Am 19. August waren die Deutschen in verzweifelter Lage; Luftangriffe und Artillerie dezimierten die Deutschen auf dem Rückzug und zwei Tage später wurden die Reste, die noch im Frontbogen waren, eingeschlossen. Französische Einheiten eilten gegen Eisenhowers Befehl auf Paris zu, in welches sie einige Tage später einmarschieren konnten. Am 29. August marschierten auch die amerikanischen Truppen im Zuge der Befreiungsfeierlichkeiten die Champs-Elysées hinunter. Die Schlacht in der Normandie war geschlagen, aber eine lange, harte Aufgabe stand noch bevor.

ARNHEIM

Der alliierte Vormarsch verlief nach dem Fall von Paris in enormem Tempo. Gegen Ende August waren die Deutschen an allen Fronten zurückgedrängt. Am 2. September 1944 erreichten britische Panzer Belgien und fuhren unter großem Jubel am nächsten Abend in Brüssel ein. Zu diesem Zeitpunkt glaubten die Alliierten, der Krieg sei bereits gewonnen. Zudem traten jetzt die Egos einiger alliierter Generäle zutage; Montgomery machte sich bei den Amerikanern besonders unbeliebt, weil er ständig versuchte, die Landstreitkräfte zu kommandieren, obwohl er unter Eisenhowers Befehl stand.

Männer aus dem Hauptquartier der 1. Luftlandedivision verlassen den Horsa-Segler, mit dem sie in der Nähe von Arnheim gelandet waren. Der Flügel des Seglers hat offenbar bei der Landung etwas abbekommen; ein Hindernis – möglicherweise ein Baum – stand wohl im Wege.

Fairerweise ist zuzugeben, dass ihn dies nicht daran hinderte, darüber nachzudenken, wie man den Krieg gewann. Am 10. September unterbreitete er einen sehr kühnen Plan mit der holländischen Stadt Arnheim als Angelpunkt.

Ein StuG Sturmgeschütz der 9. SS-Panzerdivision fährt an drei bei Arnheim gefangenen Engländern vorbei. Von 10.000 bei Arnheim gelandeten Soldaten erreichten nur 2.000 die britischen Linien, als die Fallschirmjäger am 25./26. September aus der Stadt evakuiert wurden.

Montgomery schlug vor, mit einem einzigen Vorstoß in Richtung Berlin den deutschen Zusammenbruch zu erreichen. Er wollte zunächst mit seiner 1. alliierten Luftlandedivision einen Korridor von 100 km Länge von Belgien zum Rhein öffnen. Die 21. Armeegruppe sollte dann unter seinem Befehl vorstoßen, den Westwall umgehen und einen Brückenkopf am rechten Rheinufer aufbauen. Die Operation unter dem Codenamen „Market Garden" wurde von Eisenhower eine Woche später für den 17. September genehmigt.

Was Montgomery und Eisenhower nicht bedachten, waren die schwierigen Beziehungen zwischen dem Kommandeur der 1. alliierten Luftlandearmee, US-General Lewis Brereton, und seinem britischen Stellvertreter, Generalleutnant Sir Frederick „Boy“ Browning. Dies erzeugte eine gespannte Atmosphäre bei der Planung des Unternehmens; trotzdem lag am 15. September etwas Realisierbares vor. Die Brücken von Eindhoven, Nijmegen und Arnheim sollten besetzt werden, die ersten beiden von der 101. und 82. Luftlandedivision und die dritte von Generalmajor Roy Urquharts 1. Luftlandedivision. Browning hatte seine Zweifel an der Besetzung von Arnheim; zu Montgomery meinte er, „man gehe eine Brücke zu weit“, ein Ausspruch, der Jahre später zum geflügelten Wort werden sollte.

Market Garden lief am Sonntag, dem 17. September, mit dem Start einer riesigen Luftflotte von englischen Flughäfen aus an; die Maschinen waren entweder mit Fallschirmjägern beladen oder hatten Lastensegler im Schlepptau. Entlang des geplanten Korridors landeten bis 14.00 Uhr 20.000 Mann. Von da ab ging für die 1. Luftlandedivision fast alles schief. Model saß nur 3 km von der Landungszone entfernt beim Mittagessen und konnte Hitler sofort von der Landung unterrichten, bevor er die 9. und 10. Panzerdivision in Richtung Arnheim und Nijmegen in Marsch setzte. Das britische XXX. Korps, die Spitze der Truppen, die zu den Luftlandeeinheiten durchstoßen sollten, verlor durch deutschen Widerstand und eine verstopfte Straße viel Zeit und wurde schließlich 16 km südlich von Arnheim durch erbitterten deutschen Widerstand gestoppt. Damit war die 1. Luftlandedivision abgeschnitten; sie musste die nächsten Tage bei schlechten Chancen kämpfen und auf Entsatz hoffen. Dieser kam nicht, denn die 21. Armeegruppe tauchte zwar an der Südseite des Waals, dem Hauptarm des Rheins, auf, konnte ihn aber nicht überschreiten. Am 24. September ordnete Montgomery die Evakuierung der restlichen Einheiten der 1. Luftlandedivision an; von den 10.005 Mann, die über Arnheim abgesetzt worden waren, kehrten nur 2.163 zurück. Der Krieg ging weiter.

ZURÜCK ZUM ZERMÜRBUNGSKRIEG

Die Schlappe von Arnheim zeigte den Alliierten, dass die Deutschen noch weit von einer Niederlage entfernt waren, selbst wenn sie ernste Probleme hatten. Noch schlimmer wog aber, dass die Deutschen nach der erfolgreichen Abwehr von Market Garden neues Selbstvertrauen gewannen. Auch wenn sie nun an ihre Grenzen zurückgedrängt wurden, warteten

> Zweieinhalb Monate harten Kampfes, der für die Deutschen in einem Blutbad kulminierte, welches selbst für ihren extravaganten Geschmack groß genug war, haben das Ende des Krieges in Sichtweite gerückt, fast greifbar werden lassen. Die deutschen Armeen im Westen sind zerrüttet, Paris gehört wieder Frankreich und die alliierten Streitkräfte bewegen sich auf die Grenzen des Reiches zu.
>
> *Geheimdienstbericht, Oberkommando der alliierten Expeditionsstreitkräfte, 26. August 1944*

General Bernhard Montgomery zwischen General Omar Bradley (1. US-Armee, links) und Generalleutnant Sir Miles Dempsey (2. britische Armee, rechts). Montgomery befehligte die Landstreitkräfte in Frankreich, bis Eisenhower im September 1944 Oberbefehlshaber wurde.

sie jetzt in Auffangstellungen, die schwer zu durchbrechen waren, da ihre Nachschubwege nun kurz waren. Im Gegensatz dazu war die Logistik der Alliierten von Korruption und Eigeninteressen der verantwortlichen höheren Offiziere geprägt und die Deutschen eben erst aus dem Hafen Antwerpen (4. September) vertrieben worden. Somit waren die Alliierten in schlechter Position für einen Zermürbungskrieg, der aber unvermeidlich war, bis sich die Logistik verbesserte.

Obwohl Antwerpen gefallen war, war der Hafen nicht zu gebrauchen, solange nicht die 5. deutsche Armee von den Ufern der Scheldemündung vertrieben war, von wo aus sie die Einfahrt zum Hafen kontrollierte. Montgomery war verständlicherweise noch mit Arnheim beschäftigt und hatte deshalb die Aufgabe, die Scheldemündung zu besetzen, an die 1. kanadische Armee übergeben. Am 8. Oktober meldete Admiral Sir Bertram Ramsay, Befehlshaber für Seeeinsätze in Nordwesteuropa, an Eisenhower, dass die Schelde nicht vor 1. November frei wäre, weil die Kanadier nach hartem Widerstand knapp an Versorgungsgütern, insbesondere an Munition seien. Eisenhower war äußerst aufgebracht und befahl Montgomery, die Scheldemündung zu nehmen. Als Montgomery meinte, dass man ihn damit nur aufs Abstellgleis schieben wollte, um den Ruhm zu stehlen, der von Rechts wegen ihm gehörte, kam es zu einer ungewöhnlich harten Diskussion. Als er ferner behauptete, dass Arnheim wegen eines unzureichenden Plans Eisenhowers fehlgeschlagen sei, konnte ihn Eisenhower nur noch daran erinnern, wer den Oberbefehl habe. Wenn Montgomery kein Vertrauen in seine Fähigkeiten habe, müsste er sich an höhere Stellen wenden. Montgomery sah schnell ein, dass eine solche Beschwerde für ihn zu einem Desaster werden würde, weil es unvorstellbar war, dass Roosevelt sich auf seine Seite stellen und Eisenhower entlassen würde. Es war politisch kaum denkbar, dass der US-Präsident in einem Wahljahr Partei für einen fremden General gegen einen amerikanischen Nationalhelden ergreifen würde. Churchill würde notgedrungen auf Roosevelts Seite stehen und ihn trotz seines Ansehens dem Einvernehmen in der Allianz opfern. Montgomery gab seinen Standpunkt auf und gab Befehl an seine Streitkräfte, die Einnahme der Scheldemündung mit höchster Priorität zu betreiben.

DER WEG WIRD FREIGEMACHT

Als sich Montgomery durchgerungen hatte, der Scheldemündung Priorität einzuräumen, war das Unterfangen bereits gut angelaufen. Die polnische Panzerdivision konnte zusammen mit den Kanadiern die Deutschen von einem 32 km langen Streifen am Südufer der Schelde vertreiben, hatte damit aber erst weniger als die Hälfte des Weges hinter sich gebracht. Da die Deutschen die Bedeutung der Schelde für die Alliierten kannten, waren ihre Verteidigungsanlagen entsprechend stark, besonders auf der Insel Walcheren, wo sich 12.000 Mann in Befestigungen verschanzt hatten und über 50 schwere Geschütze verfügten. Die Stadt Vlissingen war in eine Festung verwandelt worden, in der die Häuser nun Stützpunkte bildeten, von denen aus man jeden Angreifer mit Feuer eindecken konnte.

Ein Panzerlandungsschiff steuert auf den Strand der Insel Walcheren zu. Obwohl diese nach der Zerstörung der Deiche durch alliierte Luftangriffe weitgehend unter Wasser stand, leisteten die Deutschen harten Widerstand; die Engländer brauchten mehrere Tage für ihre Einnahme.

Die britischen und kanadischen Truppen griffen bei miserablem Wetter an, welches die sonst übliche Luftunterstützung beeinträchtigte, weil die Maschinen entweder am Boden bleiben mussten oder ihre Ziele nicht fanden. Die kanadische 3. Division kämpfte sich mit Hilfe von Amphibienpanzern die Schelde entlang und nahm am 2. November die letzte Befestigung bei Knokke. Die 2. kanadische Division rückte auf der Halbinsel Beveland vor, während die 52. britische Division die Schelde überquerte und mit einem Angriff die Deutschen den Kanadiern in die Arme trieb. Ende Oktober waren die Deutschen bis auf die Insel Walcheren zurückgedrängt.

ANGRIFF AUS DER LUFT

Das Problem, die Insel anzugreifen, wurde mittels Luftunterstützung gelöst. Die Strategen waren zum Schluss gekommen, dass die Insel am leichtesten einzunehmen sei, wenn man sie durch Zerstörung des Westkapellen-Deiches überflutete. Am 3. Oktober flogen Mosquito- und Lancaster-Bomber den ersten Angriff auf den Deich, am 7., 11. und 17. Oktober folgten weitere. Danach stand der größte Teil der Insel bis auf die Dünen an der Küste und die Städte Middelburg und Vlissingen unter Wasser. Zwei Tage Bombenangriffe und Artilleriebeschuss von See her folgten, um die verbliebenen Verteidigungsanlagen aufzubrechen. Am 1. November landeten britische Kommandos bei Westkapelle und Vlissingen. Ein kanadischer Angriff über den Damm wurde zurückgeschlagen und die nächsten zwei Tage erbittert mit wechselnden Vorteilen gekämpft. Die Überflutung brachte den Kommandos einige Vorteile: Einige kleinere Inseln auf ihrem Weg konnten nun nacheinander besetzt werden. Vlissingen selbst war ein viel größeres Problem; nach hartem Kampf konnten die Deutschen am 4. November zur Aufgabe überredet werden. Am selben Tag begann die britische Marine, die Schelde nach Minen abzusuchen, wozu an den drei folgenden Wo-

Deutsche Soldaten verschließen ein Tor am Westwall (auch Siegfried-Linie genannt). Die „Drachenzähne“ aus Beton fungierten als Panzersperren und machten den Alliierten erhebliche Probleme, doch sie konnten deren Einmarsch in Deutschland nicht verhindern.

Amerikanische Truppen graben sich im Oktober 1944 in neue Stellungen ein. Die stabilen Unterstände und Verteidigungsnester erwiesen sich während der deutschen Artillerievorbereitung für ihren Angriff am ersten Tag der Ardennenschlacht als sehr nützlich.

chen zehn Minensuchflotillen erforderlich waren. Am 28. November lief der 1. Schiffskonvoi in den Hafen ein, der ab Anfang Dezember voll benutzt werden konnte. Dadurch verbesserte sich die Logistiksituation für die Alliieren drastisch; nachdem sie monatelang zu wenig Hafenkapazität gehabt hatten, waren sie nun überreichlich mit Nachschubhäfen gesegnet und für die bevorstehenden Kämpfe besser gerüstet.

AMERIKANISCHE VORSTÖSSE

Während die Briten damit beschäftigt waren, die Schelde freizukämpfen, stieß die 1. US-Armee nunmehr unter dem Kommando von General Lewis Hodges (Bradley war zum Kommandeur der 12. Armee-Gruppe befördert worden) am 12. Dezember nach Aachen vor. Da die Verteidiger Hitlers Devise, sich bis zum letzten Mann zu wehren, ernst nahmen, entbrannten erbitterte Kämpfe. Nach sechs Tagen hielten die Deutschen am 22. Oktober nur noch einen kleinen Bereich in der Innenstadt und waren zum Schluss in einem vierstöckigen Luftschutzbunker verschanzt. Nach zwölf Stunden Beschuss durch 155-mm-Haubitzen ergaben sich die Deutschen schließlich. Der Kampf um Aachen war außerordentlich blutig, wurde aber überschattet von der unglaublich erbitterten Schlacht im Hürtgenwald.

Dieses Waldgebiet von ca. 20 Kilometer Länge erstreckte sich von Verviers in Belgien bis nach Düren in Deutschland und war von einem Teil des Westwalls (bzw. der Siegfried-Linie) durchschnitten. Von September bis November führten die Amerikaner hier eine Reihe von Angriffen dadurch, bei denen sie 33.000 Mann verloren. Am 8. Dezember erreichten sie schließlich das Ufer der Rur. Während die 1. Armee im Hürtgenwald kämpfte, war Patton mit der 3. Armee bis Metz vorgestoßen, welches sich am 21. November ergeben hatte. Anfang Dezember stand die 3. Armee zwar am Westwall, hatte aber 55.182 Mann verloren. Der alliierte Vormarsch hatte offenbar an Schwung verloren und Montgomery drängte Eisenhower, die Deutschen mit allen Mitteln zu einem Bewegungskrieg zu zwingen, um den Zermürbungskrieg zu beenden, den man zurzeit austrug.

Obwohl die Einsicht, dass der Krieg sich noch bis 1945 hinziehen würde, die Stimmung eintrübte, hatten es die Alliierten immerhin geschafft, die Deutschen auf ganzer Frontbreite zurückzudrängen, obgleich dies sehr anstrengend gewesen war und der Westwall noch vor ihnen lag. Auch hatte man mit Antwerpen die logistischen Probleme gelöst, die den Feldzug den Sommer über verfolgt hatten. Die Alliierten konnten sich nun Gedanken machen, wie sie Deutschland endgültig besiegen konnten. Es war nicht zu leugnen, dass der bislang verfolgten Strategie nun scheinbar der Antrieb fehlte. Bei einem Treffen mit Montgomery am 28. November gab Eisenhower zu, dass sein Plan nicht die erhofften Ergebnisse zeitigte. Mongomerys Vorschlag bezüglich Bewegungskrieg schien eine mögliche Lösung zu sein, doch wie sollte man ihn realisieren? Die Alliierten zerbrachen sich noch den Kopf darüber, als Hitler ihnen die Antwort gab: Er startete eine Offensive in den Ardennen.

KAPITEL ZWEI

PLANEN UND VORBEREITEN

Als sich die militärische Lage verschlechterte, schwand das Vertrauen der deutschen Kommandanten in die Führungsqualitäten Adolf Hitlers. Sein Überoptimismus und sein Verdrängen der Realität ließen seine Offiziere verzweifeln, weil es unmöglich war, Hitler seine schweren strategischen Fehler vor Augen zu führen. Als die Alliierten auf Deutschland selbst vorrückten, entwickelte Hitler einen neuen Plan, um das Glück zu wenden. Er wollte an einer Front angreifen, wo er schon einmal gesiegt hatte: in den Ardennen.

TROTZ DER HOFFNUNGSLOSEN LAGE der deutschen Armee lehnte es Hitler ab, an etwas anderes als einen Sieg für das Dritte Reich zu glauben. Da dies nicht durch Verteidigung zu erreichen war, spielte er in Gedanken mit aggressiveren Optionen. Am 19. August 1944 erwähnte er erstmals seine Absicht, noch im selben Jahr eine Offensive zu starten. Er erklärte einer kleinen Gruppe von Ratgebern, denen er traute, dass er im November losschlagen wolle, sobald das Wetter so schlecht sei, dass den alliierten Truppen ihre Flugzeuge kaum helfen konnten. Zwei Wochen später hatte er bereits von Rundstedt zur Wolfsschanze bestellt und ihn zum Oberbefehlshaber West ernannt. Die Wiederernennung war weder ein Eingeständnis, dass von Rundstedt mit seiner Einschätzung der Lage in der Normandie Recht behalten habe, noch dass seine Entlassung zu Unrecht erfolgt sei. Hitler mochte von Rundstedt herzlich wenig, weil er in ihm die Verkörperung des preußischen Offizierkorps sah, das den Führer mit

Knapp zwei Stunden nach dem Attentatsversuch am 20. Juli 1944 spaziert Hitler durch sein Hauptquartier, wobei er seinen verletzten Arm hält. Die Attentäter hofften, dass Hitlers Tod den Krieg beenden würde. Der Fehlschlag überzeugte ihn aber, dass sein Endsieg vorbestimmt war.

Soldaten der Waffen-SS sind vor ihren Panzern vor einer Inspektion zum Appell angetreten. Der Panzer IV war einer der beweglichsten Panzer des Krieges, der ständig verbessert wurde und so bis Kriegsende aktuell blieb.

Geringschätzung betrachtete. Es war kein Geheimnis, dass von Rundstedt Hitler in privatem Gespräch als „den Gefreiten" titulierte, mit offensichtlicher Verachtung für den früheren Unteroffizier, der weit über seinen Rang aufgestiegen war. Diese persönliche Abneigung konnte aber den Vorteil der Wiederberufung von Rundstedts nicht aufwiegen. Hitler wusste, dass die meisten deutschen Soldaten großen Respekt vor dem 70-jährigen Generalfeldmarschall hatten, wovon er sich noch höheren Einsatz seiner Soldaten versprach. Außerdem nahm Hitler an, dass die Ernennung von Rundstedts die Alliierten täuschen könne. Hitler nahm an, sie würden erwarten, dass von Rundstedt gemäß den klassischen Regeln der Kriegsführung verfahren und nicht versuchen würde, aus der bedrängten Lage der deutschen Streitkräfte heraus eine Offensive zu starten.

VON RUNDSTEDTS ERNENNUNG

Von Rundstedt war somit ein nützliches Werkzeug für Hitler, der nicht die Absicht hatte, seine Offensivpläne darzulegen. Er erzählte seinem wieder eingesetzten Oberbefehlshaber, dass er die Westfront so lange wie möglich zu halten habe, bevor er sich auf den Westwall zurückziehen solle, wo die entscheidende Schlacht geschlagen würde. Hitler vollendete seine Täuschung mit der Aussage, dass eine Offensive nicht in Betracht käme, weil die Stärke der zur Verfügung stehenden Einheiten nicht ausreiche. Von Rundstedt verließ die Besprechung, offenbar zufrieden über seine Wiedereinstellung; sobald er weg war, machte sich Hitler an die Pläne für seine Offensive.

> Niemals zuvor in der Geschichte gab es eine Allianz wie die unserer Feinde, die aus so heterogenen Elementen mit so unterschiedlichen Zielen zusammengesetzt ist. Die unserer Feinde besteht aus den größten Gegensätzen auf der Welt: Ultra-Kapitalisten auf der einen Seite, Ultra-Marxisten auf der anderen, auf der einen Seite eine sterbende Weltmacht, Großbritannien, auf der anderen eine Kolonie, die sich darum bemüht, das Erbe anzutreten. Es gibt so viele Konflikte zwischen diesen Staaten über ihre zukünftigen Ziele ... Wenn wir einige harte Schlägen landen, kann es jederzeit passieren, dass diese künstliche Front unter lautem Getöse zusammenbricht.
>
> *Adolf Hitler zu seinen höheren Offizieren, 12. Dezember 1944*

Die Ernennung von von Rundstedt als Galionsfigur reichte natürlich nicht aus, um das deutsche Geschick zu wandeln. Sein Stabschef General Siegfried Westphal konnte dem zurückkehrenden Generalfeldmarschall nur mitteilen, dass die Lage der Deutschen prekär war. Westphal behauptete später, dass eine weitere schwere Niederlage der deutschen Streitkräfte, gleich an welchem Abschnitt der Westfront, zu einem Desaster geführt hätte. Die Bezeichnung „Front" war ohnehin eine Fehlbezeichnung, weil es an vielen Stellen Lücken gab. Außerdem waren keine Vorkehrungen getroffen worden, den Alliierten den Rheinübergang zu erschweren. Keine einzige Brücke war für eine Sprengung vorbereitet und es dauerte bis Mitte Oktober, bis dieses potenziell fatale Ver-

säumnis behoben war. Die deutschen Einheiten waren gefährlich geschwächt. Als von Rundstedt sein Kommando übernahm, existierten nur noch ca. 100 einsatzfähige deutsche Panzer an der gesamten Westfront, jedoch ca. 8.000 auf der Gegenseite. Dreizehn deutsche Infanteriedivisionen konnte man als kampfbereit einstufen, für weitere zwölf galt dies nur eingeschränkt. Weitere 14 konnte man wegen ihrer geringen Leistungsreserven beim besten Willen nicht als Kampfeinheiten ansehen.

GÖTTLICHER URSPRUNG

Diese Nachteile hätte man durch eine starke deutsche Luftwaffe ausgleichen können. Doch auch hier bestand ein verheerendes Defizit. Die ständigen Luftkämpfe im Westen und der Bedarf im Osten hatten zu einem Kräfteverhältnis von 25:1 zugunsten der alliierten Flugzeuge geführt. Alles in allem stand Deutschland am Rande einer Niederlage. Doch Hitler hatte anderes im Kopf.

Hitlers Überzeugung, die göttliche Vorsehung habe ihn vor dem Attentat bewahrt, schien ihn zu beflügeln. Statt die schrecklichen Verluste des Krieges zu betrachten, konzentrierte er sich auf die möglichen positiven Aspekte der Lage. Die Heimatfront bereitete ihm keine Sorgen: den Attentätern war es nicht gelungen, einen Aufstand auszulösen, und die brutale Art, in der Hitler mit den Verschwörern (und all ihren vermutlichen Verbündeten) umgegangen war, sprach für seine Gewissheit, dass die Gefahr durch eine Opposition innerhalb des Reiches eher gering war.

Nicht nur, dass Hitler davon ausgehen konnte, dass die Kriegsanstrengungen nicht durch eine Opposition ausgehöhlt würden, konnte er auch darauf verweisen, dass er immer noch fast 10 Millionen Mann unter Waffen hatte, 7 Mil-

In seinem Optimismus glaubte Hitler, er habe 1.000 Me-262-Jagdflugzeuge zur Verfügung. Die tatsächliche Zahl war viel kleiner, nicht zuletzt wegen seiner Anordnung, die Maschinen auch als Bomber einzusetzen, was Umbauten nötig machte und ihren Einsatz verzögerte.

lionen davon beim Militär und der Waffen-SS. Es gab noch genügend Männer, die man einsetzen konnte, was zu zeigen schien, dass Deutschland noch nicht ausgeblutet war. Außerdem schöpfte Hitler Mut aus der Tatsache, dass die Rüstungsproduktion gut lief, obwohl Deutschland seit zwei Jahren von Luftangriffen heimgesucht wurde. Kluge räumliche Verteilung der Fabrikanlagen, steigende Arbeitszeiten, zunehmender Einsatz von Sklavenarbeitern und radikale Drosselung der Produktion von Zivilgütern führte zu beeindruckendem industriellen Ausstoß. In der Tat stieg die Industrieproduktion an, anstatt abzunehmen; der Ausstoß an Kampfflugzeugen, Waffen und Munition kulminierte im Herbst 1944. All dies bestärkte Hitler in der Hoffnung, die Situation noch retten zu können.

In Wirklichkeit hatte Hitler kaum Grund zum Optimismus. Obwohl es noch Männer gab, die man einziehen konnte, waren viele davon nicht gerade für Elitetruppen geeignet. Das Musterungsalter war auf 60 Jahre erhöht worden. Wer früher für medizinisch untauglich erklärt worden war, durfte nun die Reihen der Wehrmacht auffüllen; ein Teil der so genannten Reserve bestand aus ehemaligen Soldaten, die zuvor als Invaliden ausgemustert worden waren, aber durch ihre Verwundungen nicht genügend behindert waren. Darüber hinaus wurden immer mehr Soldaten aus Marine und Luftwaffe an die Front geschickt. Diese Leute waren natürlich sehr gut ausgebildet, nur nicht unbedingt für den Einsatz auf dem Boden.

DAS SCHEITERN DER LUFTWAFFE

Die Vorstellung, dass die angloamerikanische Luftoffensive scheinbar scheiterte, war ebenfalls irreführend. Wegen der Notwendigkeit, den deutschen Luftraum zu verteidigen, wurden immer mehr Jagdflugzeuge produziert. Obwohl auch Bomber noch gebaut wurden, wurde die Luftwaffe eine zunehmend unausgeglichene Streitmacht, der die Mittel zur Unterstützung der Bodentruppen fehlten, als die Kämpfe bereits im Gange waren. Es gab Anzeichen, dass die Wehrmacht hierüber recht verbittert war, zumal die Luftunterstützung der Alliierten bei ihren Bodenoperationen immer effizienter wurde. Die Dezentralisierung der Industrie war zwar sinnvoll gewesen, aber die Bombardierung der Verbindungswege machte den Transport größerer Güter zum beabsichtigten Ziel zunehmend schwieriger. Was die Flugzeuge betraf, so war der höhere Produktionsausstoß sehr willkommen, aber die Luftwaffe hatte kaum noch Piloten, um sie zu fliegen. Freiwillige zum Auffüllen der dezimierten Reihen der Kampfpiloten gab es genug, doch diesen fehlte jegliche Erfahrung, was schlimme Konsequenzen hatte: Allzu viele dieser neuen Piloten wurden bereits nach wenigen Einsätzen abgeschossen. Hitler setzte große Hoffnungen in seine Düsen- und Raketenflugzeuge, besonders in die Me 262, war aber frustriert wegen der Verzögerungen bis zu ihrem Einsatz. Offenbar konnte ihm niemand klarmachen, dass sein Befehl, diese Maschine als Jagdbomber anstatt als reinen Jäger zu bauen, das Programm erheblich verzögert hatte. Ebenso wenig verstand er, dass die relativ neue Triebwerkstechnologie weniger zuverlässig war als der altbewährte Kolbenmotor.

Hitlers Weigerung, den vollen Ernst der Lage zu erfassen, rührte daher, dass er meinte, Deutschlands Problem sei der Zeitmangel – zu wenig Zeit, um die Düsenjäger zum Einsatz zu bringen, um die in erhöhter Menge produzierten Waffen an die Front zu schaffen und um die Reservisten angemessen auszubilden. Daher musste man im Westen Zeit gewinnen, denn im Osten bedeutete die lange Frontausdehnung ausreichend Zeit, bis die Russen für kriegswichtige Bereiche in Deutschland bedrohlich werden konnten. Die Rote Armee stand noch mindestens 500 km zu weit weg, um einen entscheidenden Schlag zu landen; außerdem verlor die aktuelle russische Offensive offenbar an Schwung, so dass Hitler glaubte, er habe Zeit. Im Westen sah die Situation anders aus.

Im Westen standen die Alliierten kurz davor, das Ruhrgebiet mit seiner kriegswichtigen Industrie zu bedrohen; Hitler wurde schmerzlich bewusst, dass der Verlust des Ruhrgebie-

Ein deutscher Soldat späht aus einem Unterstand irgendwo am Westwall. Obwohl diese Anlagen entlang der deutschen Grenze 1944 überaltert waren, bildeten sie doch ein nicht leicht zu umgehendes Hindernis für die Amerikaner.

tes ein vernichtender Schlag sein würde, von dem sich Deutschland nur durch ein Wunder erholen könnte. Seine Einnahme war jedoch keine leichte Aufgabe. In den ersten Monaten nach der Invasion in der Normandie verteidigten die Deutschen erfolgreich die französischen und belgischen Häfen und bescherten den Alliierten damit ein zunehmend

In den Skoda-Waffenfabriken in der Tschechoslowakei werden Geschützstände für den Atlantikwall gebaut. Die Deutschen nutzten die tschechischen Industrieanlagen intensiv, aber selbst dies konnte ihnen am Ende nicht helfen.

schweres logistisches Problem, je weiter sich diese von der Normandie entfernten. Bereits drei Monate vor der Wiederinbetriebnahme des Hafens Antwerpen dachte Hitler erstmals an eine Offensive. Darüber hinaus wusste er, dass die Alliierten den Westwall durchbrechen mussten. Obwohl die Anlagen nicht uneinnehmbar waren, bestand der Westwall aus beachtlichen Mengen Beton und Stacheldraht in einem Gelände, welches für Operationen nicht besonders geeignet war. Daraus leitete er ab, etwas Zeit zu haben. Zeit selbst war natürlich kein geeignetes Mittel, einen Krieg zu gewinnen. Hitler mag zur Selbstüberschätzung geneigt haben, aber er war sich bewusst, dass die Alliierten einfach abwarten konnten: Durch ihre Überlegenheit an Menschen und Produktionskapazität konnten sie Deutschland langsam vernichten. Er wusste, dass er die Zeit nutzen musste; er wusste auch, dass sein Schlag gegen die Alliierten entscheidend sein musste, ein Schlag, der alles ändern würde und zu einem Frieden führte, der vielleicht nicht sehr günstig für Deutschland war, aber der sicherstellen sollte, dass das tausendjährige Reich nicht bereits weniger als zwölf Jahre nach seiner Gründung zu Ende gehen sollte. Die Rückkehr zu einer offensiven Taktik schien für ihn unausweichlich, egal wie sehr seine Generäle dagegen waren.

EIN VERNICHTENDER SCHLAG

Für einen solchen Schlag gegen die Alliierten kam nur die Westfront in Frage, da die Ostfront allein schon wegen des notwendigen Umfangs einer entscheidenden Operation ausschied. Hitler hatte noch einen Grund, zu glauben, dass ihm die Westfront die Gelegenheit zu seinem enormen Erfolg böte. Mit Freuden sah er, dass die Allianz gegen ihn die ungewöhnlichste in der Geschichte war: Darin dominierten zwei kapitalistische Nationen eine kommunistische – Staaten, die völlig gegensätzlich ausgerichtet waren. Er sah Anzeichen für Konflikte zwischen den USA und Großbritannien: Erstere, so meinte er, bemühten sich, den Zusammenbruch des britischen Empire zu beschleunigen, während die Briten nur ihr Empire schützen wollten. Die Russen wiederum wollten den Zusammenbruch des Kapitalismus erleben,

Josef „Sepp“ Dietrich, Kommandeur der 6. Panzerarmee in der Ardennenoffensive, dekoriert einen seiner Soldaten. Dietrich verdankte seine Stellung seiner nahen Beziehung zu Hitler. Der fähige Kommandeur auf niedrigerem Niveau war einem Heereskommando nicht gewachsen.

was Großbritannien und die USA zu logischeren Gegnern machte als Deutschland. Hitler schloss daraus, dass die Koalition gegen ihn künstlich war und dass sie ein einziger, entscheidender Schlag im Westen sprengen würde. Die westlichen Alliierten wären, so nahm er an, sicher zu einem Separatfrieden bereit, wodurch Deutschland alle seine Ressourcen zur Vernichtung der Kommunisten einsetzen konnte – etwas, was die kapitalistischen Staaten sicherlich begrüßen würden.

Diese Einschätzung der Anti-Hitler-Allianz war völlig falsch. Es mag etwas Misstrauen zwischen Briten und Amerikanern (und noch mehr zwischen Amerikanern und Russen) gegeben haben, aber diese Spannungen waren nichts im Vergleich zu ihrer Entschlossenheit, Deutschland zu besiegen. Mit Bezug auf das unerfreuliche Regime Stalins hatte Winston Churchill gemeint, dass er sogar dem Teufel Avancen machen würde, wenn er der Allianz beiträte, so lange er entschlossen war, gegen Deutschland zu kämpfen. Konflikte zwischen den Alliierten konnten warten, doch Hitlers simple Betrachtungsweise konnte dies nicht erfassen. Immerhin bestärkte sie ihn, im Westen loszuschlagen; Ende August wusste er, was er zu tun hatte.

AUFBRINGEN DER MITTEL

Da Hitler seinem Oberbefehlshaber West nicht traute, beauftragte er Goebbels damit, die Männer für nicht weniger als 25

Divisionen auszuheben. Dies gehörte zwar nicht zum Aufgabenbereich des Propagandaministers, aber Hitler traute nach dem Attentatsversuch Goebbels wesentlich mehr als seinen Wehrmachtsoffizieren. Danach befahl er seinen vier SS-Panzerdivisionen an der Westfront, sich für eine Neuausrüstung von der Front abzusetzen. Er nannte von Rundstedt keinen Grund dafür, aber auf den ersten Blick schien es, als ob der Führer lediglich sicherstellen wollte, dass seine Favoriten die ersten waren, die neu ausgerüstet wurden. Dies war natürlich nicht Hitlers Absicht; er wollte, dass die Panzerdivisionen an der Spitze seiner Offensive standen. Zu ihrer Kontrolle richtete er ein neues Oberkommando, die 6. Panzerarmee, ein; Kommandeur wurde SS-Obergruppenführer Sepp Dietrich.

DIETRICHS ERNENNUNG

Sepp Dietrich war ein untypischer Oberoffizier, der seine Position mehr seiner Freundschaft mit Hitler aus den ersten Tagen der Nazi-Bewegung verdankte als seiner militärischen Leistung. Im Ersten Weltkrieg hatte er es bis zum Feldwebel gebracht, was offenbar das Ende seiner militärischen Laufbahn bedeutete. Er war dann zu den Nazis gestoßen und hatte 1928 Hitlers Leibwache übernommen. Diese wurde 1934 in *Leibstandarte Adolf Hitler* umbenannt und zur Stammeinheit der Waffen-SS, die in Polen, Frankreich und Griechenland intensiv eingesetzt wurde, bevor sie an die russische Front kam. Sie wurde gerade noch vor der D-Day-Invasion in den Westen verlegt, als Dietrich schon Kommandeur des I. Panzerkorps war. Am Tag nach der Invasion befahl Hitler seinem alten Kameraden, die Alliierten ins Meer zurückzudrängen. Dietrich stand vor einer unlösbaren Aufgabe, da er bloß über zwei Divisionen verfügte. Anstatt die Alliierten zurückzuwerfen, verlor das I. Panzerkorps den Kampf unter deutlichen Verlusten. Möglicherweise machte sich Dietrich über die Führungsqualitäten Hitlers keine Illusionen mehr; der 7. Juni dürfte seinen Verdacht bestärkt haben, dass der Führer kein militärisches Genie war. Dennoch blieb er einer der vertrauenswürdigsten Generäle Hitlers, was ihm auch das Kommando über die so wichtige 6. Panzerarmee eintrug (den Ehrentitel „6. SS-Panzerarmee" erhielt die Einheit erst 1945; häufig wird sie aber als solche in Berichten über die Ardennenoffensive bezeichnet, was streng genommen nicht korrekt ist). Es gab natürlich Bedenken bezüglich seiner Befähigung. Viele gestanden ihm zu, er sei ein kompetenter Divisions-

Ein einsamer GI wandert einen Forstweg in den Ardennen entlang. Man war der Ansicht, dieser dichte Wald wäre ein schlechtes Terrain für einen Angriff. Natürlich war hier die Kontrolle über das Straßennetz umso wichtiger, da Querfeldeinmanöver sehr schwierig waren.

Ein frühes Modell des Panzer IV mit einer kurzen 75-mm-Kanone rollt während des Frankreich-Feldzuges 1940 durch das Gelände. Dass der Kommandant aus dem Turm herausschaut, lässt vermuten, dass das Foto entstand, als kaum feindliche Bedrohung bestand.

kommandeur, meinten aber, das Armeekommando sei eine größere Verantwortung als er verkraften könne; ihm weniger Gewogene meinten, er wäre besser Feldwebel geblieben.

Nachdem Hitler nun seinen Befehlshaber gefunden hatte, musste er den Ort für sein strategisches Meisterstück finden. Er brauchte nicht lange zu suchen.

DIE ARDENNEN

Hitler erhob den belgischen Hafen Antwerpen zum Hauptziel seines Angriffs. Dafür sprach, dass die Alliierten es kürzlich geschafft hatten, ihn in Betrieb zu nehmen und dadurch ihre Nachschubwege erheblich zu verkürzen. Ferner würde ein Vorstoß auf die Stadt die britischen und kanadischen Einheiten von den amerikanischen trennen, so dass sie vernichtet werden konnten. Da Hitler dies sehr vernünftig erschien, zog er die horrenden Schwierigkeiten eines solchen Unternehmens gar nicht in Betracht. Er war von seinem Vorhaben nicht abzubringen, was letztlich die Planung bestimmte. Den kürzesten Weg nach Antwerpen hatten die deutschen Stellungen im Norden, entlang der Grenze zwischen den britischen und amerikanischen Truppen nördlich von Aachen. Hitler hielt den kürzesten Weg für seine Truppen für den besten, aber das Gelände um Aachen eignete sich nicht für einen raschen Vorstoß. Das Gelände war von Flüssen und Kanälen durchzogen, was größere Hindernisse für seine Panzer bildete, die durch die alliierten Linien stoßen sollten. Daher musste Hitler die Ardennen als Gebiet für seine Offensive in Erwägung ziehen – sie gefielen ihm.

Die Deutschen hatten bereits 1940 die Ardennen als Ausgangspunkt benutzt und das französische Oberkommando durch die Kühnheit des deutschen Angriffs durch das Waldgebiet völlig überrascht. Die Franzosen hatten einen Angriff von diesem Gelände aus für unmöglich gehalten und deshalb viel (aber nicht alles, wie meist angenommen) in den Ausbau der Maginot-Linie gesteckt. Hitler glaubte, dass auch die Alliierten eine größere Offensive durch die Ardennen nicht für möglich hielten und dass deshalb die Geländegewinne, die man von hier aus erzielen könnte, enorm sein müssten. Obwohl das Gelände Truppenbewegungen einschränkte, hatten die Deutschen gezeigt, dass Panzer das Gebiet rasch durchfahren konnten, und Hitler zweifelte nicht daran, dass sie es wieder könnten. Es gab weitere Aspekte, die für die Ardennen sprachen. Östlich der Ardennen konnte man den Aufmarsch von Offen-

> Der Führer sprach über Material- und Truppenprobleme ... Stellen Sie sich auf die Offensive im November ein, wenn die feindlichen Flugzeuge nicht fliegen können. Wichtigster Punkt: 25 Divisionen müssen in ein bis zwei Monaten in den Westen verlegt werden.
>
> *Generaloberst Alfred Jodl, Tagebucheintrag 19. August 1944*

Unten: Deutsche Soldaten eilen zu ihrem 88-mm-Flakgeschütz. Die berühmte „8.8-er“ war als Panzerabwehrgeschütz absolut tödlich. Während der alliierten Luftoffensive gegen Deutschland wurde die 8.8-er massiv eingesetzt, konnte aber die Offensive nicht stoppen.

Rechts: Hitler, Keitel und Jodl posieren beim Kartenstudium für die Kamera. Die Szene impliziert, dass Hitler seine älteren Offiziere konsultiert; ab 1944 gab er aber wenig auf seine professionellen Militärs und akzeptierte keine Verbesserungsvorschläge zu seinen Plänen.

sivstreitkräften in den Wäldern der deutschen Eifel vor der Luftaufklärung verbergen. Die Distanz bis Antwerpen betrug nur 160 km, was aber nicht das einzig Attraktive an diesem Ausgangspunkt war. Wenn die Offensive erfolgreich war, würde man die britischen und kanadischen Truppen abschneiden und die 1. und 9. US-Armee um Aachen einkesseln. Hitler wusste, dass er, wenn er durch die Ardennen vorstieß, einen so entscheidenden Sieg über die angloamerikanischen Streitkräfte erringen konnte, dass sie um Frieden bitten mussten. Die Offensive würde die Hälfte der amerikanischen Truppen einschließen, die Bedrohung des Ruhrgebietes aufheben und Hitler erlauben, sich stärker der Ostfront zuzuwenden und dazu Truppen aus dem Westen abzuziehen. Dies alles schien fantastisch. Hitler meinte, er wäre in einer Woche in Antwerpen. Sein Entschluss stand fest: Die Offensive würde in den Ardennen stattfinden.

Hitler wusste aber auch, dass seine Offensive nicht mit der von 1940 zu vergleichen sein würde. Deutschland hatte nicht mehr die Vorteile von damals, als Frankreich, Belgien und die Niederlande relativ leicht erobert wurden. Die Lufthoheit, die die deutsche Luftwaffe 1940 innegehabt hatte, fehlte ihr im Herbst 1944. Hitler wusste, dass dieser Mangel eine schwere Beeinträchtigung für seine Bodenoperationen darstellte, denn die Alliierten konnten ihre Jagdbomber nach Belieben gegen Truppenkolonnen und Panzerformationen einsetzen. Da er sich auf seine dezimierte Luftwaffe zum Schutz seiner Bodentruppen vor Luftangriffen nicht verlassen konnte, schlug er einen Termin für seine Offensive vor, bei dem ein anderer Faktor mitspielen sollte: Das Wetter. Aufrüstung und Ausbildung seiner Divisionen würden ohnehin Zeit brauchen, womit sich der November als Zeitpunkt für die Offensive von selbst ergab. Es schien so gut wie sicher, dass die Alliierten nicht viele Lufteinsätze fliegen konnten, bevor die deutschen Truppen in Antwerpen standen.

HÖCHSTE GEHEIMHALTUNG

Am 25. September setzte Hitler ein weiteres Treffen in der Wolfsschanze an, wo er über seine Pläne sprach. Der Angriff sollte mit einem gewaltigen Artilleriebeschuss eingeleitet werden, dem ein Einbruch der Infanterie in die feindlichen Linien folgen sollte. Danach sollten die ersten Panzerverbände durchstoßen und an der Maas die überaus wichtigen Brückenköpfe errichten. Darauf sollte die zweite Panzerwelle hinter den Infanteriedivisionen vorrücken, um die Flanken des Vormarsches zu sichern. Die 6. Panzerarmee würde die Hauptlast der Offensive tragen, während die Divisionen der 5. Panzerarmee unter General Hasso von Manteuffel und die Infanteriedivisionen unter General Erich Brandenburger die Operationen unterstützen sollten. Hitler befahl Generaloberst Alfred Jodl, dem Stabschef des OKW, eine Analyse des Plans durchzuführen. Da Geheimhaltung höchstes Gebot war, musste jeder, der an der Analyse mitarbeitete, eine entsprechende Verpflichtung unterschreiben; ein Bruch der Geheimhaltung hatte die Todesstrafe zur Folge. Von Rundstedt und die Truppenkommandeure, die die Operation durchzuführen hatten, wurden nur so weit wie nötig eingeweiht. Dies war etwas widersinnig, da Hitler bereits einige Wochen zuvor dem japanischen Botschafter stolz erzählt hatte, dass er eine Großoffensive im Westen starten wollte. Der Botschafter hatte die Meldung per Funk nach Tokio weitergegeben, ohne daran zu denken, dass dieser von den Amerikanern abgehört würde. Wie wir sehen werden, wurde dieses Geschenk an den Geheimdienst aber nicht verwertet.

DER GENERALSTAB

Hitler hatte zwar den Generalstab beauftragt, den Plan zu analysieren, ließ ihm jedoch nicht viel Spielraum. Die Mitglieder hatten primär die Aufgabe, den Entwurf zu einem Arbeitsplan auszuarbeiten, der dem Führer genehm war. Dies bedeutete, dass sie den Plan weder von vornherein ablehnen, noch ihn bis zur Unkenntlichkeit modifizieren konnten. In diesem rigiden System war aber noch genügend Flexibilität vorhanden, dass man einen effektiven Plan zustande brachte, wenn es auch Hinweise darauf gab, dass nicht alles so war wie es sein sollte. So durfte etwa der Chef des OKW, Generalfeldmarschall Keitel, nur ausrechnen, wieviel Munition und Treibstoff man für die Offensive brauchen würde.

Der Generalstab erarbeitete aus Hitlers Entwurf einen Operationsplan, demzufolge die Offensive zwischen dem 20. und 30. November 1944 beginnen würde. Sie sollte vom Ardennengebiet zwischen Monschau und Echternach (Luxemburg) ausgehen mit dem ersten Ziel, Brückenköpfe über die Maas zu schlagen. Von hier sollte die Offensive zu ihrem Endziel Antwerpen fortschreiten. Im Zuge der Gefechte sollten die Briten und Kanadier nördlich der Linie Antwerpen-Lüttich-Bastogne angegriffen und ausgeschaltet werden. Die Stabsoffiziere waren der Ansicht, dass Hitlers Plan – wenn auch riskant – durchführbar war und nach völliger Ausarbeitung Aussicht auf Erfolg bot. So etwas konnte man nicht von allen seinen Einfällen während des Krieges sagen. Man arbeitete aus dem Konzept fünf mögliche Aktionspläne aus, von welchen der Stab die ersten beiden, die Operation Holland und die Operation Lüttich-Aachen, als diejenigen empfahl, die am ehesten zu Hitlers gewünschtem Ziele führen würden. Bei der Operation Holland sollte ein einzelner Stoßkeil aus dem Gebiet um Venlo in Richtung Antwerpen getrie-

Hitler studiert einen Lagebericht, während Keitel zusieht. Keitels Ergebenheit Hitler gegenüber wurde durch seine Bereitschaft ergänzt, Hitler das zu sagen, was er hören wollte – eine Fähigkeit, der er seine Ernennung zum Chef des OKW weitgehend verdankte.

ben werden, während Aachen-Lüttich einen Zangenangriff auf die Alliierten vorsah. In diesem Szenario sollte der Hauptstoß vom Norden Luxemburgs nach Nordwesten erfolgen und dann wenden, um sich mit dem zweiten Stoßkeil, der nordwestlich von Aachen ausging, zu vereinigen. Hitler war von beiden Aktionsplänen angetan; gegenüber Jodl gab er am 9. Oktober zu verstehen, dass er den Zangenangriff bevorzuge. Nun verlangte er, der Generalstab solle die beiden Pläne zu einem einzigen zusammenführen. Dabei gab es jedoch ein großes Problem, dessen sich der Generalstab nur allzu bewusst war: Die Ressourcen zur Durchführung eines solchen Vorhabens waren einfach nicht vorhanden. Jodl saß in der Klemme. Er allein konnte Hitler kaum dazu überreden, seine Pläne zu ändern; dazu würde er die Hilfe der Truppenkommandeure benötigen, aber bislang hatten sie ja keine Ahnung, was der Führer mit ihnen vorhatte. Somit konnte Jodl sie nicht in seine Bemühungen einbeziehen, Hitler zur Einschränkung seiner gewagten Zielsetzungen zu bewegen.

Daher machte sich Jodl also daran, den endgültigen Offensivplan aufzustellen. Demnach sollte der Angriff auf einer Breite von rund 96 km zwischen Monschau (32 km südöstlich von Aachen) und Echternach erfolgen. Die 6. Panzerarmee würde zwischen Monschau und der Schlucht von Losheim angreifen: Sie sollte südlich an Lüttich vorbeirollen, die Maas überqueren und in Richtung Antwerpen vorrücken. Auf dem linken Flügel sollte die 5. Panzerarmee über St. Vith angreifen, den „Horizontweg“ überqueren und in Richtung Maas rollen. Sie würden den Fluss einige Kilometer oberhalb

GENERALFELDMARSCHALL WALTER MODEL

Walter Model wurde1891 als Sohn eins Musiklehrers geboren. Er entschied sich, zum Militär zu gehen, und wurde 1909 Offizier. Im Ersten Weltkrieg diente er im Stab in verschiedenen Funktionen und wurde in die Nachkriegsarmee übernommen. Model war von Hitler als Politiker, vielleicht sogar als Heerführer, beeindruckt und trat in die NSDAP ein, deren treuer Anhänger er sein Leben lang blieb. Er befehligte das IV. Korps in Polen, die 3. Panzerdivision in Frankreich und schließlich das XXXI. Panzerkorps zu Beginn des Russlandfeldzuges. Zwischen 1942 und 1944 leitete er die 9. Armee, bis er die Heeresgruppe Nord in der Ukraine übernahm. Ab Juni 1944 befehligte er für kurze Zeit die Heeresgruppe Mitte, bis man ihm im August Heeresgruppe B übertrug.

Hitler hatte eine hohe Meinung von ihm (nicht zuletzt, weil er nicht den traditionalistischen Hintergrund der meisten höheren Offiziere hatte), und da er ihn immer in schwierigen Situationen einsetzte, erhielt er den Beinamen „des Führers Feuerwehr". Model war klug genug, einzusehen, dass es kaum Sinn hatte, mit Hitler über einige seiner weniger sinnvollen Entscheidungen zu diskutieren; er führte die Anordnungen einfach aus. Er tat dies allerdings, indem er Hitlers Befehle im weitesten Sinne interpretierte, d. h., er schaffte es meistens, Hitlers Vorstellungen mit der Realität in Einklang zu bringen. Nach der Ardennenschlacht behielt er seine Heeresgruppe. Er wurde im April 1945 im Ruhrkessel eingeschlossen und musste kapitulieren. Da er sich nicht ergeben wollte, erschoss er sich am 21. April 1945.

Generalfeldmarschall Walter Model, „des Führers Feuerwehr", hatte nicht die traditionsgebundene Herkunft eines deutschen Offiziers. Deswegen und wegen seiner überragenden militärischen Fähigkeiten schätzte ihn Hitler mehr als die meisten anderen seiner Generäle.

von Namur überschreiten und dann nach Nordwesten schwenken. Dabei würden sie Brüssel umgehen und die Südflanke der 6. Panzerarmee decken. Die 7. Armee Brandenbergers – hauptsächlich Infanterie – sollte auf beiden Seiten von Echternach in Richtung Westen vorstoßen und mit einem Teil der Truppen ebenfalls den Südflügel sichern.

DIE BEWEGUNGEN DER 15. ARMEE

Zwei Tage nach den Eröffnungszügen sollte die 15. Armee bei Aachen zum Angriff bereitstehen, um amerikanische Einheiten zu binden, die versuchten, die Ardennenfront zu verstärken. Wenn alles nach Plan lief, sollte die 15. Armee ihren Vormarsch in Richtung Süden fortsetzen, die Maas bei Lüttich erreichen und so die Amerikaner bei Aachen einschließen. Dieser Teil des Offensivplans war nicht detailliert ausgearbeitet und ließ etliche Fragen offen, wie etwa die, wie die 15. Armee genau operieren sollte. Dies rührte vermutlich daher, dass der Generalstab eingesehen hatte, dass er die Frage nicht beantworten konnte, wie man eine Million alliierte Soldaten besiegen sollte, die sich so leicht hatten einschließen lassen – eine Frage, die der Führer geflissentlich ignorierte.

Der Stab legte seinen überarbeiteten Plan Hitler vor, der ihn akzeptierte. Er gab ihm den Codenamen „Wacht am Rhein" in der Absicht, das Vorhaben mit Verteidigung und nicht mit einer Offensivoperation zu assoziieren. Jodl unterrichtete außerdem auch alle Truppenkommandeure an der Westfront, dass sie davon ausgehen sollten, dass in nächster Zeit keine Angriffseinsätze wahrscheinlich oder gar möglich waren.

Nachdem diese Irreführung lanciert worden war, lief die Planung weiter. Zu diesem Zeitpunkt sollten die Truppenkommandeure informiert werden, denn die Art und Weise, wie die deutsche Militärplanung im Allgemeinen ablief, sah vor, dass der Generalstab den groben Plan ausarbeitete, die Ziele und andere wichtige Punkte festlegte und die Detailplanung denen überließ, die den Plan durchzuführen hatten. Deswegen wurden Anweisungen an von Rundstedt und Model verschickt, laut welchen sich ihre Stabschefs in der Wolfsschanze einzufinden hätten. In beiden Hauptquartieren nahm man an, Hitler wolle seinen Unwillen darüber kundtun, dass Aachen kurz zuvor an die Amerikaner gefallen war.

In der Karte ist das Ausmaß der Hitler'schen Bestrebungen klar ersichtlich. Das Ziel Antwerpen war unerreichbar und der dabei entstehende Frontvorsprung genau das, wovor ihn seine Generäle gewarnt hatten.

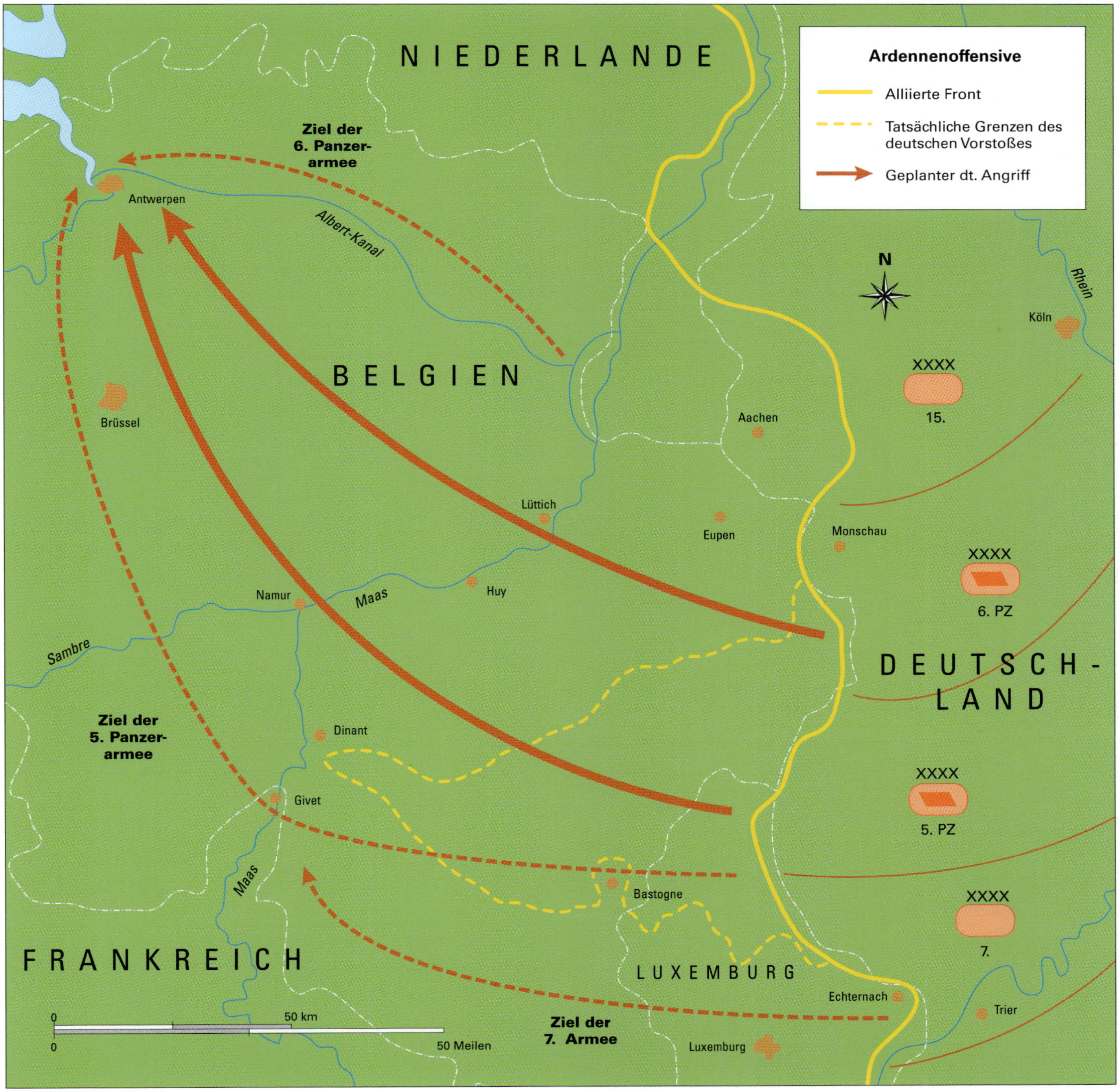

Siegfried Westphal aus von Rundstedts Hauptquartier fand sich weisungsgemäß in der Wolfsschanze ein; Model schickte den General der Infanterie, Hans Krebs. Beide trafen sich am Eingang zur Wolfsschanze, wo sie als erstes ein Geheimhaltungsabkommen zu unterzeichnen hatten, welches zweifellos den Zusatz enthielt, dass eine Verletzung des Abkommens den Tod durch Erschießen nach sich zog. Dann nahmen sie an der täglichen Lagebesprechung teil, in der kein Wort über Aachen fiel. Die Sitzung verlief wie gewohnt, doch am Schluss wurden 15 Teilnehmer, darunter Krebs und Westphal, gebeten, noch zu bleiben. Hitler ergriff das Wort und legte seinen verblüfften Zuhörern die Details für seine bevorstehende Offensive offen.

Hitlers Enthusiasmus war offensichtlich. Er erklärte, dass 30 Divisionen beteiligt wären, die von mindestens 1.500 Flugzeugen der Luftwaffe unterstützt würden. Krebs und Westphal waren nicht überzeugt, obwohl Hitlers Rede inspirierend und dramatisch gewesen war. Sie registrierten, dass neun Divisionen von Rundstedts aus der Hauptkampflinie abgezogen, neu ausgerüstet und aufgefüllt werden sollten, bevor sie zum Angriff bereit waren. In der Zwischenzeit sollte der Kampf gegen die Alliierten mit großem Einsatz weitergeführt werden, wobei keine der in der Vorbereitung auf die Offensive stehenden Formationen bei der Verteidigung verfügbar sein würde.

DIE GENERÄLE REAGIEREN

Als Krebs und Westphal zu ihren Chefs zurückkamen und berichteten, war es keine Überraschung, dass ihre Chefs entsetzt waren. Von Rundstedt räumte zwar ein, dass Hitlers Plan etwas Geniales an sich hatte, dies sei aber auch das einzig Gute daran. Er sah ihn als viel zu ambitioniert an und meinte, dass das erste Problem darin bestehen würde, die Alliierten während der Vorbereitungsphase abzuwehren. Die Maas zu erreichen hielt von Rundstedt für ziemlich aussichtslos; wenn man dies durch unglaubliches Glück schaffen würde und die Verbände auf dem Weg nach Antwerpen waren, war man an den Flanken viel gefährdeter, als Hitler annahm. Außerdem schien Hitler nicht in der Lage, einzusehen, dass die Alliierten als Antwort auf den deutschen Vorstoß wahrscheinlich eine Gegenoffensive starten würden. Nach bisherigen Erfahrungen deutete nichts darauf hin, dass die Alliierten in einen Schockzustand verfallen würden, der sie unfähig machte, auf den deutschen Marsch zum Sieg zu reagieren. Von Rundstedt nahm an, die deutsche Offensive würde bestenfalls zu einer Delle in der Front der Alliierten führen. Schlimmer noch, dieser kleine Erfolg würde Verluste nach sich ziehen, die sich die deutsche Armee kaum leisten konnte.

Die Reaktion in Models Hauptquartier war ähnlich. Nachdem er den Bericht über die Ausführungen Hitlers gehört hatte, meinte Model zu Krebs, dieser Plan habe nicht einmal ein Bein, um darauf zu stehen. Die Konsequenz war, dass von Rundstedt und Model sofort versuchten, den Plan so abzuändern, dass er mit ihren Ressourcen in Einklang kam. Von Rundstedt schlug vor, den Maas-Übergang in den Raum zwischen Lüttich und Namur zu verlegen und sich mit einem synchronen Angriffskeil aus dem Norden zu vereinigen (und die Amerikaner bei Aachen abzuschneiden); Model hatte einen ähnlichen Vorschlag, der aber nur einen Angriffskeil vorsah. Von Rundstedt lud Model und die drei anderen betroffenen Frontkommandeure in sein Hauptquartier ein. Dietrich, Brandenberger und von Manteuffel waren höchst verblüfft, als ihnen der Plan unterbreitet wurde. Sie sprachen mehrere Stunden lang, mit dem Ergebnis, dass keiner von der Sache begeistert war. Model und von Rundstedt stellten ihre Alternativpläne vor, die viel besser schienen als Hitlers Konzept. Von Rundstedt schloss die Sitzung mit dem Auftrag an Model, ihre beiden Pläne anzugleichen, damit man Hitler mit einer kohärenten und hoffentlich überzeugenden Gegenmeinung gegenübertreten konnte. Dies war ein wichtiger Schritt, denn obwohl Model nominell von Rundstedt unterstand, hatten sie wenig für einander übrig. Von Rundstedt durchschaute, dass er nur eine Galionsfigur abgab; das einzige, worüber er zu bestimmen hätte, so meinte er, war die Wachablöse vor seinem Hauptquartier. Model war das klar; sein Status als Generalfeldmarschall gab ihm das Recht, sich jederzeit an Hitler zu wenden, ohne Unterrichtung seines Vorgesetzten. Letztlich konnte Model unabhängig von von Rundstedt operieren, aber beide bemühten sich, die Formalitäten, die ihrem Status angemessen waren, einzuhalten. Wie zum Nachweis ihrer Einmütigkeit – wenigstens diesmal – befolgte Model von Rundstedts Anordnung, indem er seinen Plan so weit abänderte, dass er fast mit dem seines Chefs übereinstimmte.

Am 3. November besuchte Jodl Models Hauptquartier, wo er von den Miteingeladenen, von Rundstedt und von Manteuffel, sowie von Model selbst sofort in die Mitte genommen wurde; jeder unterbreitete ihm seine Bedenken bezüglich des Plans. Von Manteuffel erklärte Jodl, er glaube zwar grundsätzlich daran, dass die Maas erreicht werden könne, allerdings müsse alles nach Plan laufen und die 7. Armee erheblich verstärkt werden. Jodl mag all dies eingesehen haben, musste aber den Männern sagen, dass Hitlers Plan unabänderlich feststehe. Eine Woche später wurde dies bestätigt, als Hitler den festgelegten Offensivplan für die „Wacht am Rhein“ ausgab, der mit seinem ursprünglichen Konzept vollständig übereinstimmte. Hitler wies einen weiteren Versuch von von

Rundstedt und Model zurück, den Plan zu ändern, akzeptierte aber, den Termin vom 25. November auf den 10. Dezember zu verlegen, als klar wurde, dass die Vorbereitungen nicht in so kurzer Zeit getroffen werden konnten.

Von Rundstedt unternahm einen letzten Versuch, indem er am 2. Dezember Westphal, von Manteuffel und Hitlers alten Freund Dietrich in die Reichskanzlei nach Berlin schickte, um Hitler umzustimmen. Dies gelang nicht. Dietrich sagte gar nichts; von Manteuffel konnte lediglich einige kleine Änderungen taktischer Art durchbringen. Das einzige, was Hitler zuließ, war eine Änderung des Namens von „Wacht am Rhein" zu „Herbstnebel". Die Würfel waren gefallen; die Ardennenoffensive sollte nach den Plänen Hitlers und nicht nach denen seiner Generäle ablaufen.

Deutsche Panzerbesatzungen suchen den Himmel nach Flugzeugen ab. Wegen der alliierten Lufthoheit musste Nachschub bei schlechtem Wetter, nachts oder durch dichte Waldgebiete transportiert werden, damit die erhöhte Aktivität auf den Gleisen verborgen blieb.

THEORIE UND PRAXIS

Dadurch stand von Rundstedt nun vor etlichen Problemen. Wie in Kapitel eins erwähnt, waren die Alliierten nicht müßig, während Hitler sein strategisches Meisterstück in den Ardennen vorbereitete. Dies bedeutete, dass zwischen der theoretischen Stärke der Kräfte für das Unternehmen Herbstnebel und ihrer tatsächlichen Gefechtsbereitschaft zum Zeitpunkt des Starts der Offensive eine erhebliche Lücke bestand. Hitler ging davon aus, dass an der Offensive eine beachtliche Streitmacht beteiligt sein würde: vier Armeen, elf Armeekorps, 15 motorisierte oder Panzergrenadierdivisionen und 23 Infanteriedivisionen. Zu ihrer Unterstützung sollten neun Artilleriekorps und sieben mit Raketenausrüstung (die berüchtigten Nebelwerfer) ausgerüstete Brigaden bereitstehen. Dies klang sehr eindrucksvoll, aber von Rundstedt und seine Untergebenen fragten sich zu Recht, woher diese Einheiten kommen sollten. Die 15. Armee sollte zum Beispiel als ihre Beteiligung an der Offensive sechs Divisionen für die Angriffsstreitmacht bereitstellen. Da sie bereits im Raum Aa-

Deutsche Arbeiter entleeren einen Tankzug zwischen den Trümmern nach einem Luftangriff. 1944 wurde der Treibstoff für deutsche Flugzeuge und Panzer bedenklich knapp; gegen Kriegsende blieben viele Flugzeuge wegen Treibstoffmangels auf dem Boden.

chen in Kämpfe verwickelt war, konnte sie sich jedoch erst an der Offensive beteiligen, nachdem die alliierten Truppen, die ihr gegenüberstanden, auf die Offensive reagiert hatten und zur Verstärkung anderer Einheiten abgezogen worden waren. Darüber hinaus wurde die Definition dessen, was eine Division darstellte, gegen Ende 1944 ziemlich flexibel gehandhabt. So waren zum Beispiel zwei Divisionen der 15. Armee zu einer einzigen zusammengefasst worden, die dann etwa Normalstärke aufbrachte. Die 49. Infanteriedivision war in der 24. Volksgrenadierdivision aufgegangen und existierte nicht mehr.

> Wenn wir zehn Divisionen mehr gehabt hätten, hätten wir Sie über die Maas zurückgeworfen, aber wie wir die große Frontausbuchtung halten sollten, ist unklar. Unsere strategische Position wäre schlechter anstatt besser geworden.
>
> *Generaloberst Alfred Jodl,*
> *Chef des OKW, im Verhör 1945*

Dies wäre nicht weiter erwähnswert gewesen, wenn der Generalstab diese Einheiten von seiner Liste gestrichen hätte, was aber nie geschehen war. So hatte die 15. Armee auf dem Papier eine Division mehr als in Wirklichkeit. Die 89. Infanteriedivision existierte zwar noch, aber nur in Bataillonsstärke. Natürlich schlugen von Rundstedts Stab und die Offiziere der Heeresgruppe B im Hauptquartier vor, die Einheit aufzulösen und mit den verbleibenden Männern Lücken in den Linien anderer Einheiten aufzufüllen. Hitler lehnte diese Empfehlung jedoch ab. Das Ergebnis war, dass diese Einheit auf dem Plan als volle Division gezählt wurde, aber nur die Aufgaben viel kleinerer Einheiten übernehmen konnte.

Ähnlichen Selbstbetrug gab es bei den Panzerdivisionen. Die 21. Panzer- und die 17. Panzergrenadierdivision waren seit Juni ohne Unterbrechung im Einsatz gewesen und nie von der

Front abgezogen worden. Beide waren so stark dezimiert, dass sie zusammen kaum eine Division ergaben. Trotzdem erschienen sie in der Planung als zwei Panzerdivisionen. Die 10. SS-Panzerdivision war um Aachen massiv im Einsatz gewesen und ebenfalls dezimiert. Model wollte sie von der Front abziehen und zur Wiederauffüllung und Erholung einteilen, durfte dies jedoch nicht, weil die für sie vorgesehene Ersatzeinheit der Wacht am Rhein zugeteilt worden war. Da die 10. Panzerdivision in der Offensive eingesetzt werden sollte, musste nun eine weitere Einheit weit unter ihrer Sollstärke operieren. Doch das waren noch lange nicht alle Probleme. Von Rundstedt, Model und andere höhere Offiziere hatten größte Zweifel an der Richtigkeit der Gefechtsaufstellung, konnten dies aber in ihren Anordnungen an ihre untergeordneten Stellen nicht durchblicken lassen. Diese Stellen erstellten ihre Pläne nun in der Annahme, dass die Truppenbestandslisten korrekt waren.

> Käme der Vorstoß an der Maas aus Mangel an Reserven zum Stehen, wäre das Ergebnis bloß eine Frontausbuchtung, keine nennenswerte Vernichtung feindlicher Kräfte.
>
> *Generalfeldmarschall Walter Model, 23. November 1944*

Als ob dies nicht schon schlimm genug war, trugen die Alliierten mit ständigen Angriffen noch dazu bei, die Lage zu verschlechtern. Als die 3. US-Armee am 8. November angriff, ermahnte Hitler von Rundstedt, dass er nicht auf die Einheiten für die Wacht am Rhein zurückgreifen durfte, selbst wenn

Piloten von P-51-Mustang-Jagdflugzeugen der USAAF werden vor einem Jagdschutzeinsatz über Deutschland informiert. Die Bombereskorten machten es für die deutsche Luftwaffe schwierig und verlustreich, Bombenflugzeuge anzugreifen.

er sich deshalb zurückziehen musste. Dies war leicht gesagt, aber von Rundstedt sah mit Schrecken, dass der Angriff bei Metz einen Keil zwischen die 1. und 19. deutsche Armee treiben könnte. Er sah seine einzige Möglichkeit darin, einige Panzereinheiten, die für Erholung und Neuformierung vorgesehen waren, an der Front zu behalten. Am 21. November hatte sich die Lage weiter verschlechtert; die Lehr-Panzerdivision wurde einberufen, um einen Gegenangriff zu führen (der später abgeblasen wurde). Der amerikanische Angriff hatte bewirkt, dass zwei für die Operation Wacht am Rhein vorgesehenen Divisionen in Kämpfe verwickelt wurden, bevor sie von der Frontlinie abgezogen werden konnten; auch die Lehr-Panzerdivision war schwer mitgenommen, bevor sie wieder in Bereitschaft geschickt wurde.

Der Beginn der dritten Schlacht um Aachen am 16. November brachte noch mehr Probleme. Model musste seine einzige Reserve, das XLVIII. Panzerkorps, einsetzen. Dies reichte natürlich nicht aus; Aachen fiel kurze Zeit später. Von Rundstedt befand sich in einer Lage, in der die Notwendigkeit zum Einsatz von Reserven so groß war, dass er auf die Einheiten für die Offensive zurückgreifen musste, indem er sie für ein paar Tage in den Kampf schickte und anschließend wieder abzog. Die Kämpfe hatten auch zur Folge, dass die Munitionsvorräte für die Wacht am Rhein verringert wurden, weil verzweifelte Frontkommandeure auf sie zugreifen mussten. Anfang Dezember waren von Rundstedt und Model mehr denn je davon überzeugt, dass die großen Ziele der Wacht am Rhein nicht zu erreichen waren. Model ging so weit, vorzuschlagen, den Plan abzuspecken; an Hitler sollte man die beruhigende Meldung schicken, dass die versprochenen Einheiten bereitgestellt würden; woher und mit welchen Mitteln, sagte er nicht.

AM PLAN WIRD HERUMGEBASTELT

Die alliierten Angriffe machten die Bereitstellung der Einheiten für die Offensive in der angegebenen Zeit unmöglich, selbst nach Hitlers Genehmigung, den Beginn vom 25. November auf den 10. Dezember zu verschieben. Am 7. Dezember wurde klar, dass man noch einmal verschieben musste.

Zwei US-Panzer rollen an einem abgeschossenen deutschen Sturmgeschütz vorbei. Die Ardennenoffensive verzögerte den Vormarsch nach Deutschland, obgleich die Alliierten ihre Angriffe im Bereich der Rur in den ersten Stunden der Offensive fortsetzten.

Soldaten eines deutschen Panzerabwehrkommandos vor einem verlassenen Sherman-Panzer. Ihre Bewaffnung (von links): eine Panzerfaust, zwei Maschinenpistolen MP40 und eine Raketenpanzerbüchse („Panzerschreck"), die jeden alliierten Panzer vernichten konnte.

Goebbels war bei der Aufstellung neuer Divisionen relativ erfolgreich gewesen, die er aus Marine- und Luftwaffensoldaten und solchen, die vorher von der Musterung zurückgestellt worden waren, formierte. Trotzdem waren noch weitere Vorbereitungen notwendig, weshalb es angebracht schien, noch ein paar Tage zu warten. Hinzu kamen alarmierende Berichte über die Treibstoffsituation. Die Panzer- und Panzergrenadierdivisionen hatten mehr Treibstoff verbraucht als angenommen, weswegen ihre Vorräte aufgefüllt werden mussten. Dies verlangte eine Verlegung auf den 14. Dezember; kurz darauf wurde der Termin jedoch auf den 16. Dezember verschoben. Selbst danach stand er noch nicht fest, denn Hitler begeisterte sich plötzlich für Models Idee, dass man Fallschirmjäger hinter Monschau absetzen sollte, um die Straße durch das Hochland von Hautes Fagnes zu nehmen. Diese würden einen Riegel bilden, der den amerikanischen Nachschub für das Kampfgebiet unterbinden würde, bis Dietrichs Einheiten zu ihnen stoßen würde. Für diese Operation veranschlagte Hitler ein Bataillon von mehr als 1.000 Mann.

Die Fallschirmjäger waren ein größeres Problem als Hitler annahm. Nach den massiven Verlusten dieser Truppe auf Kreta wurde sie stets als Infanterie eingesetzt; deshalb hatten viele Soldaten nie gelernt, aus einem Flugzeug abzuspringen. Der mit dieser Aktion betraute Kommandeur, Oberstleutnant Friedrich August Freiherr von der Heydte, betonte, dass das Auffinden geeigneter Leute äußerst schwierig war. Daher befahl Hitler, dass jede Fallschirmjägereinheit ihre 100 besten Leute abstellen sollte. Natürlich war anzunehmen, dass die Kommandeure ihre Außenseiter, Aufmüpfigen und soldatischen Nieten für die neue Truppe aussuchen würden. Immerhin konnte von der Heydte auf 250 Mann zählen, die vorher unter seinem Kommando gestanden hatten und deren Respekt für ihn so groß war, dass sie darum baten, bei der Aktion mitmachen zu dürfen. Mit Hilfe von Hitlers Anordnung konnte von der Heydte die gesamten 250 Mann bekommen; wenn sie sich beteiligen wollten, dann konnte er sich wohl auch auf sie verlassen.

Dies war die einzige erfreuliche Nachricht für von der Heydte. Als er Dietrich Bericht erstattete, traf er den Kommandeur der 6. Panzerarmee ziemlich betrunken an, zu keiner Diskussion bereit. Dietrich war besorgt, dass die Fallschirmjäger das Überraschungselement aufheben würden, und sagte von der Heydte, dass die Landung erst unmittelbar vor der Bodenoffensive erfolgen dürfte. Von der Heydte war entsetzt und meinte, dass seine Leute dann nachts über einem von dichten Wäldern durchzogenen Heidemoor abspringen müssten. Dies war schon für eine gut ausgebildete Einheit eine furchtbare Vorstellung, doch für seine Leute, die vielleicht einen einzigen Übungssprung absolviert hatten, so gut wie unmöglich. Dietrich ließ keinen Einwand gelten, und von der Heydte blieb nichts anderes übrig, als zu seinen Leuten zurückzukehren und ihnen wenigstes noch ein paar Dinge beizubringen, die sie für den Einsatz brauchen würden.

LETZTE VORBEREITUNGEN

Der letzte Teil der Vorbereitungen bestand darin, die Truppen in ihre Ausgangsstellungen zu bringen, von wo aus sie angreifen sollten. Wie bereits erwähnt, wurden die Deutschen durch den Umstand, dass viele der erforderlichen Einheiten in den Kampf geworfen werden mussten, während die Amerikaner vorrückten, erheblich in ihrer Vorbereitung behindert. Die deutsche Eisenbahn schaffte es tatsächlich, die Verschiebung der Einheiten zu gewährleisten, aber es war keine leichte Aufgabe. Mannschaften, Panzer, Artillerie und Hilfsgüter mussten von Ostpreußen, den Niederlanden, Norwegen, Dänemark, Österreich und Polen (ein Hinweis darauf, wie weit die deutschen Truppen damals verteilt waren)

Unten: Ein Panther vor dem Transport zum Aufmarschgebiet hinter der Front. Von den deutschen Panzern war der Panther bei dieser Offensive der effektivste. Er hatte nicht die Manövrierprobleme des Tigers und war besser gepanzert und bewaffnet als der Panzer IV.

Rechts: Eine Eisenbahnlinie wird von einer Fliegerbombe getroffen. Die alliierten Angriffe auf Schienentransporte behinderten die Deutschen stark. Daher musste der Plan für den Materialtransport für die Ardennenoffensive perfekt sein, um der Luftaufklärung verborgen zu bleiben.

in das Aufmarschgebiet transportiert werden. Einige für die Offensive eingeteilte Einheiten mussten zur Erholung und Neuausrüstung abgezogen und später in das Sammelgebiet verlegt werden. All dies hing vom deutschen Eisenbahnnetz ab, dessen Effizienz in Verwaltung und Betrieb außer Frage stand. Die Wehrmacht war der Ansicht, dass die Eisenbahn ihr Hauptbeförderungsmittel darstellte, und das aus gutem Grund. Zum einen herrschte in Deutschland kein Mangel an Kohle, zum anderen war im Zuge der Industrialisierung im 19. Jahrhundert ein enorm weitläufiges Schienennetz entstanden. Die Eisenbahn wurde militärisch verwaltet (viele Schienenwege wurden gemäß den Anordnungen des Generalstabes und nicht nach zivilen Erfordernissen gebaut) und lief mit hoher Effizienz. Obwohl die alliierten Luftangriffe enorme Schäden an Waggons und Lokomotiven verursacht hatten, konnten diese Verluste durch das schiere Ausmaß der deutschen Staatsbahn aufgefangen werden.

Worauf die Eisenbahnverwaltung natürlich keinen Einfluss hatte, waren die alliierten Luftangriffe auf ihre Einrichtungen. Zum Glück für die Deutschen hatte die Eisenbahn keine hohe Priorität für die alliierten Bomberstreitkräfte. Die britischen und amerikanischen Bomberstaffelkommandanten konnten sich ohnehin nie über die besten Angriffsziele einigen. Luftmarschall Sir Arthur Harris, der Oberbefehlshaber des RAF-Bomberkommandos, war der Auffassung, dass die Bombardierung deutscher Städte die deutschen Kriegsanstrengungen zunichte machen würde, während seine US-Kollegen meinten, das Gleiche durch die Zerstörung der Ölanlagen zu erreichen. Transporteinrichtungen galten als weniger wichtig, obwohl Eisenhower schon vor dem Invasionstag erklärt hatte, er würde zurücktreten, wenn sich die Bomberkommandeure weiterhin seinem Wunsch widersetzten, Transporteinrichtungen anzugreifen. (Die Drohung half; die Bomberführer sahen ein, dass die Politiker angesichts der Wahl zwischen einem Luftmarschall und dem alliierten Oberkommandierenden letzteren bevorzugen würden). Obwohl Harris bis zu seinem Tod die Bedeutung von Transporteinrichtungen als Ziel skeptisch beurteilte, musste sie das Bomberkommando weit oben in seine Prioritätenliste aufnehmen. Die Amerikaner blieben überzeugt, dass Ölanlagen die besten Ziele waren. Da die Eisenbahn bei ihnen eine geringere Priorität als Geschützdepots und Autoproduktionsstätten hatte, mussten die Briten gehörig Druck machen, damit Bahnziele an die zweite Stelle hinter das Öl rückten.

PANZERKAMPFWAGEN IV (MITTELSCHWER)

Der Panzerkampfwagen PzKpfw IV (oder einfach Panzer IV) wurde von der deutschen Wehrmacht den ganzen Zweiten Weltkrieg über eingesetzt. Seine Bewaffnung und Panzerung wurden ständig verbessert. Etwa 9.000 Stück seines Typs wurden gebaut, womit er der häufigste von allen deutschen Panzern war, ganz im Gegensatz zum landläufigen Mythos, dass ab 1944 fast nur noch Tiger und Panther im Einsatz gewesen seien. Die Kanone des Panzer IV hatte mit 75 mm zwar das gleiche Kaliber wie die des Sherman, sie war jedoch wesentlich stärker. Das extrem wendige Chassis verkraftete die unvermeidlichen Gewichtsaufstockungen nach jeder Neuanpassung, wodurch der Panzer IV bis Kriegsende ein effektiver Kampfwagen blieb.

SCHUTZ FÜR DIE LOKOMOTIVEN

Somit hatten die Deutschen bei ihrem wichtigsten Transportmittel einen gewissen Freiraum. Sie schafften es, vor der Ardennenoffensive ein Transportvolumen von etwa 66 Divisionen zu bewegen. Auf diese Bewegungen wurden 27 Luftangriffe unternommen, aber die dadurch bewirkten Verzögerungen dauerten nie mehr als zwei Tage. Einige Einheiten verloren ihre Ausrüstung, was natürlich Einfluss auf ihre Kampfstärke hatte; sie kamen aber im Kampfgebiet an. Die Deutschen trafen auch einige Maßnahmen gegen die Bedrohungen aus der Luft. Um die Bomberpiloten zu zwingen, ihre Bomben aus größerer Höhe und damit ungenauer abzuwerfen, wurden alle Züge mit leichter Flak ausgerüstet und die Führerstände gepanzert, um die Besatzung gegen Bordwaffenbeschuss und Bombensplitter zu schützen. Zu dieser scheinbar selbstverständlichen Maßnahme kam es, nachdem sich gezeigt hatte, dass die Lokomotiven nach Luftangriffen meist noch intakt, die Besatzung dagegen tot war und die Züge deshalb nicht weiterfahren konnten.

Diese Maßnahmen waren jedoch ein letzter verzweifelter Versuch, den Luftangriffen Herr zu werden. Als erstes sollten die Lokomotiven kein exponiertes Angriffsziel mehr bieten. Das Gros des Schienenverkehrs sollte nachts ablaufen oder wenn schlechtes Wetter das Fliegen verhinderte. Aus diesem Grunde wurden die Bahnhöfe an den Wetterdienst angeschlossen, um rasch auf Wetteränderungen reagieren zu können. Ebenfalls hilfreich war die starke Bewaldung der Eifel, die die Sicht einschränkte, sowie die Tatsache, dass die Bahnstrecken durch viele Tunnel führten. Die sorgfältige Steuerung des Zugverkehrs sorgte dafür, dass die Alliierten dem Bahnnetz keine großen Schäden beibringen konnten und dass Einheiten samt Ausrüstung relativ rasch an die Front ge-

Deutsche Soldaten rücken am frühen Morgen des 17. Dezember 1944 einen Stacheldrahtzaun entlang vor. Die Aufnahme zeigt den tief hängenden Nebel, der ihre Bewegungen verbarg und damit eine Infiltrationstaktik mit entsprechendem Überraschungselement ermöglichte.

bracht werden konnten. Dies soll aber nicht bedeuten, dass diese Geschicklichkeit die alliierten Angriffe auf das Bahnnetz völlig unterband; die Angriffe zeitigten sehr wohl Auswirkungen und verursachten Verzögerungen in der Auslieferung wichtigen Nachschubs. Der Bedarf an Treibstoff und Munition für die Offensive war enorm und die Verzögerungen und Umleitungen, zu denen es infolge der Luftangriffe kam, verhinderten, dass alle Güter rechtzeitig zur Front durchkamen. Zu diesem Zeitpunkt waren die Munitionslager zwar fast bis zum gewünschten Sollstand aufgefüllt, doch die Planung basierte auf einem raschen Vorstoß; sollten die Kämpfe länger als vorgesehen dauern (wenn der Angriff etwa in einem Sektor aufgehalten wurde), würde der Munitionsverbrauch höher sein und ein Mangel fühlbar werden.

Für Treibstoff und Schmiermittel galt in etwa das gleiche, doch am 16. Dezember standen die benötigten 17 Millionen Liter bereit. Das heißt, ungefähr die Hälfte davon befand sich in Benzinlagern am Rhein und war für die Truppen gar nicht leicht zugänglich. Zwischen September und dem 15. Dezember kamen im Hauptaufmarschgebiet etwas mehr als 2.000 Zugladungen Truppen und Ausrüstung an. Diese enorme Leistung brachte das Bahnsystem in der Eifel an den Rand der Belastbarkeit. Am 17. Dezember war von Rundstedts Stab gezwungen, die Reservedivisionen schon am linken Rheinufer ausladen zu lassen. Dadurch waren sie vom Einsatzort weiter entfernt als gewünscht, was ihren Wert für die Offensive, wenn sie rasch gebraucht würden, natürlich in Frage stellte. Am Abend des 15. Dezember bewegten sich die letzten Einheiten für den Eröffnungsangriff in ihre Startpositionen. Sie waren unterbesetzt, schlecht ausgerüstet und verfügten über eine verwirrende Mischung aus neuen, veralteten oder erbeuteten Waffen sowie über zu wenig Treibstoff, Schmiermittel und Munition. Sie hatten nur einen Vorteil: die Überraschung.

Malmedy
Vith

KAPITEL DREI

ANGRIFF UND VERTEIDIGUNG

Den Alliierten war klar, dass die Deutschen eine Gegenoffensive starten würden, aber sie waren überzeugt, sie abwehren zu können. Der Geheimdienst meinte, die Deutschen hätten große Probleme mit der Aushebung der Kräfte für einen Großangriff. Die Alliierten genossen die Initiative und griffen nahezu beliebige Frontabschnitte an. Doch es war gefährlich, die Deutschen zu unterschätzen. Ihre Waffen waren denen der Alliierten ebenbürtig, teils sogar überlegen, und sie hatten einen großen Vorteil: die Überraschung.

Einer der Hauptgründe für die Auswahl der Ardennen war die Chance auf einen Überraschungsangriff. Die deutschen Truppen war nicht stark genug, um die Alliierten durch Ablenkungsangriffe anderswo zu binden, und mussten sich auf Täuschungsmanöver verlassen. Außerdem sollte ihnen das Unvermögen der alliierten Geheimdienste nutzen, die Hinweise auf deutsche Truppenkonzentrationen in den Ardennen richtig zu interpretieren. Die Aufklärungsstäbe standen ganz kurz davor, zu begreifen, was bevorstand, konnten aber nicht rechtzeitig Zwei und Zwei zusammenzählen.

DIE MILITÄRISCHE AUFKLÄRUNG

Zyniker behaupten häufig, dass der Ausdruck „militärische Aufklärung" ein Widerspruch in sich sei, doch das ist unfair und irreführend. Die Verantwortlichen für die Ermittlung der

Mitglieder der Kampfgruppe Peiper posieren auf dem Weg nach Malmedy für die Propaganda. Im Hintergrund stehen SdKfz 251, gepanzerte Mannschaftswagen. Der SdKfz war ein unglaublich vielseitiges Fahrzeug, das in nicht weniger als 22 Varianten gebaut wurde.

feindlichen Vorhaben stehen vor enormen Problemen, wenn ihre Gegner eine Ahnung davon haben, wie wichtig Geheimhaltung ist. Während des Zweiten Weltkriegs hatten die Alliierten einen gewaltigen Vorteil, weil sie dank der britischen Code-Spezialisten in Bletchley Park deutsche Funksprüche entziffern konnten. Die Deutschen vertrauten auf die Sicherheit ihrer Enigma-Verschlüsselungstechnik und verschickten fröhlich streng geheime Botschaften in einem Code, der bereits einige Zeit zuvor geknackt worden war. Trotz dieses Nachteils waren die Deutschen meist sehr sorgfältig in der Geheimhaltung und schätzten die Vorteile der Verschleierung. Das heißt, es war nicht immer leicht, entschlüsselte Meldungen in den richtigen Kontext zu bringen. Dies sollte man bedenken, wenn man darüber spricht, wie die alliierten Geheimdienste in Bezug auf die Ardennenoffensive in die Irre geleitet wurden, denn die Umstände, unter denen Operationen durchgeführt werden, beeinflussen das, was man daraus ableitet. Dies traf für den Herbst 1944 sicherlich zu.

DAS OBERKOMMANDO

Schon Anfang September 1944 machten sich die Stabschefs in Washington Gedanken darüber, wie man den Krieg vor Jahresende beenden konnte. Nach einigen Überlegungen war man überzeugt, eine Lösung zu haben, und informierte General George C. Marshall, den Stabschef der US-Armee. Marshall schrieb daraufhin an Eisenhower, dass Pläne für eine weitere größere Offensive vorlägen. Eisenhower antwortete, dass er die Einstellung der Stabschefs grundsätzlich teile, aber Zweifel hätte, ob die Pläne auch umzusetzen seien. Er merkte an, dass die Alliierten Logistikprobleme hatten, weil sie fortgesetzt Schwierigkeiten mit der Einnahme von Antwerpen hatten. Wie in Kapitel eins dargelegt, verteidigten die Deutschen diesen wichtigen Hafen geraume Zeit, wodurch sich die Versorgungslage der Alliierten zuspitzte. Die Antwort Eisenhowers überzeugte Marshall davon, dass der Zeitpunkt für einen weiteren Großangriff auf die Deutschen nicht günstig war, und er ließ die weitere Planung einstellen. Das Memorandum an Eisenhower mit den Grundzügen des Offensivplanes wurde nie veröffentlicht.

Überlegungen zur Strategie standen nicht nur den Stabschefs zu. Auf dem europäischen Schauplatz machte man sich ebenfalls Gedanken, durch welche Maßnahmen man Deutschland endgültig besiegen könne. Eisenhower war immer der Ansicht gewesen, der beste Weg, Deutschland ent-

GENERAL DWIGHT D. EISENHOWER

Eisenhowers Karriere kam zwar langsam in Gang, kulminierte aber in seiner Ernennung zum Präsidenten der Vereinigten Staaten im Jahre 1952. Eisenhower wurde am 14. Oktober 1890 in eine relativ arme Familie in Denison, Texas, geboren. Er besuchte die US-Militärakademie in Westpoint, wo er als Sportler hervortrat. Nach seinem Abschluss 1915 hatte er einige Ausbildungsstellen inne und nahm nicht am Ersten Weltkrieg teil. Seine mangelnde Kampferfahrung schadete ihm aber nicht, denn er war definitiv für eine höhere Position bestimmt, nachdem er die Kommandeurs- und Generalstabsschule 1926 als Klassenbester abschloss. Bei Ausbruch des Zweiten Weltkrieges war er Brigadegeneral. Dies blieb er aber nicht lange, denn 1942 übernahm er das Kommando über die US-Truppen am europäischen Kriegsschauplatz. Eisenhower befehligte die Operation „Torch" und die Landung der Alliierten auf Sizilien. Ende 1943 wurde er zum Oberkommandierenden des alliierten Expeditionskorps bei der Vorbereitung der Landung in der Normandie ernannt.

Nach der Landung übernahm Eisenhower den direkten Befehl über die Bodentruppen, während er die Rolle als Oberbefehlshaber beibehielt. Mit seiner Strategie, auf ganzer Frontbreite anzugreifen, setzte er sich heftiger Kritik aus, besonders von Feldmarschall Bernard Montgomery. Dadurch erhielt auch General Patton nicht die nötigen Kräfte für einen raschen Vorstoß nach Deutschland – ein weiterer Streitpunkt. Trotzdem sieht man seine Strategie heute als grundsätzlich richtig an und seine diplomatischen Fähigkeiten im Umgang mit seinen unberechenbaren Generälen muss man anerkennen. Nach Kriegsende behielt Eisenhower bis Dezember 1945 das Kommando über die alliierte Besatzung in Deutschland; dann kehrte er in die USA zurück, um Chef des Armee-Generalstabs zu werden. Er behielt diese Position bis 1948; als er abdankte, wurde er Präsident der Columbia-Universität. Dort bliebt er jedoch nicht lange, weil er von Präsident Truman zum ersten alliierten Oberkommandierenden in Europa nach der Gründung der NATO berufen wurde. Als er für die amerikanische Präsidentschaft kandidierte, gab Eisenhower diesen Posten auf. Er gewann die Wahlen 1952 und 1956 und leitete eine massive Aufrüstung der USA ein, da der Kalte Krieg sich immer mehr zuspitzte. Nach seiner zweiten Präsidentschaft zog sich Eisenhower aus dem öffentlichen Leben zurück und starb nach langer Krankheit 1969.

General George Marshall, Oberbefehlshaber der US-Armee, trifft die Generäle Middleton und Patton. Präsident Roosevelt hatte ursprünglich Marshall als alliierten Oberbefehlshaber in Europa vorgesehen, wollte dann aber doch nicht auf ihn in Washington verzichten.

scheidend zu treffen, wäre durch einen Angriff durch das Industriegebiet der Ruhr im Norden. Dies hatte er in seinem Gesamtplan berücksichtigt, der mit der Landung in der Normandie begann. Die ersten Phasen des Plans waren durchlaufen; nun gab es Meinungsverschiedenheiten darüber, wie es weitergehen sollte. Die fünfte Phase des Feldzuges sah vor, die deutschen Streitkräfte zu zermürben und sie in der sechsten Phase am linken Rheinufer zu vernichten, bevor man den Rhein auf breiter Front überschritt. Hierüber gab es nun Streit; Montgomery führte die Opposition gegen Eisenhower an. Kurz gesagt wollte Eisenhower den Feind im Norden und im Süden angreifen, wobei die Truppen im Norden unter Montgomery die Hauptunterstützung erfahren sollten, während die Truppen im Süden (die in Richtung Saar vorstießen) zu akzeptieren hatten, dass ihren Bedürfnissen an zweiter Stelle Rechnung getragen würde. Montgomery hielt dies für falsch. Er wollte alle Ressourcen dem Nordflügel zur Verfügung stellen, um sicherzugehen, dass es dem Hauptvorstoß an nichts fehlte. Montgomery war nicht allein mit seinen Zweifeln, ob es richtig sei, mit voller Stärke an mehreren Stellen anzugreifen; der britische Generalstabschef, Feldmarschall Alan Brooke, war von Eisenhowers Strategie ebenfalls nicht überzeugt. Die Grundstrategie des gleichzeitigen Angriffs an verschiedenen Stellen wurde fortgesetzt: Während Montgomerys 21. Armeegruppe begann, ihren

Sektor westlich der Maas von deutschen Truppen zu säubern, rückten die 1. und 9. US-Armee in Richtung Köln vor und die 3. US-Armee marschierte an die Saar. Dadurch wurde Montgomery noch unzufriedener mit Eisenhowers Planung und seine Beschwerden bei Brooke nahmen zu. Schließlich ging Brooke zu Churchill, um ihn darüber zu informieren, dass die Strategie des Angriffs auf ganzer Frontbreite falsch war (er beschrieb sie als reinen Blödsinn). Brooke meinte auch, dass Eisenhower mit seiner Doppelfunktion als Oberbefehlshaber und Befehlshaber über die Landstreitkräfte überfordert sei und setzte sich dafür ein, dass es nur zwei Armeegruppen anstatt der bestehenden drei geben sollte.

Dies entsprach fast Montgomerys Ansichten, abgesehen von Brookes Vorschlag, dass Bradley Oberbefehlshaber der Landstreitkräfte werden solle. Montgomery hatte für diese Aufgabe sich selbst ins Auge gefasst, doch Brooke erkannte, dass das amerikanische Übergewicht im Felde einen amerikanischen Oberbefehlshaber und keinen Briten erfordere. Eisenhower versuchte, die bestehenden Differenzen auf der Konferenz in Maastricht am 7. Dezember 1944 auszuräumen, konnte aber Montgomery nicht von seiner Strategie überzeugen, auf ganzer Breite anzugreifen, um den Feind niederzuringen.

Diese Debatte ist von Bedeutung, wenn man beurteilt, wie gut (oder wie schlecht) die Alliierten auf die Ardennenschlacht vorbereitet waren, da sie zeigt, wie die Alliierten die Situation Ende 1944 einschätzten.

ERKENNTNISSE

Obwohl es zwischen den Alliierten massive Unstimmigkeiten darüber gab, wie man den Krieg am besten gewinnen könnte, basierten diese nie auf der Befürchtung, man könnte den Krieg verlieren. Es ging vielmehr darum, wie man am schnellsten und mit den geringsten Verlusten siegte. Die Deutschen galten immer noch als harter Gegner, wenn auch viele Ende 1944 glaubten, dass die deutschen Armeen kurz

Generalmajor Sir Frederik Morgan und General Sir Bernard Montgomery 1943. Morgan wurde 1943 zum Stabschef des alliierten Oberkommandos (COSSAC) ernannt; er entwickelte die ersten Pläne für die Invasion in Europa. Seine Beteiligung am Invasionstag war entscheidend, wird aber bis heute oft ignoriert.

Eine gestellte Aufnahme eines M7-105-mm-Geschützes auf einer Selbstfahrlafette, die Mannschaft in Fahrtstellung. Die M7 wurde auf das Chassis von M3- oder M4-Panzern montiert und bot effektive Artillerieunterstützung, wurde aber nur selten als Sturmgeschütz eingesetzt.

vor dem Zusammenbruch stünden. Die Bilanz der amerikanischen Offensive vom 16. November hätte eigentlich eine Warnung sein können, was allerdings nicht der Fall war: Nach drei Wochen Kampf gab es 125.000 gefallene Amerikaner. Doch selbst dies konnte man positiv interpretieren: Viele Planer meinten, dass die überbeanspruchten Deutschen in diesen schweren Kämpfen viel größere Verluste erlitten haben mussten. Durch die kommenden Ereignisse sollten sich diese Ansichten als zu optimistisch herausstellen; man sollte jedoch bedenken, dass sie nicht grundlos waren.

Im Hauptquartier der alliierten Expeditionstruppen (SHAEF) stellte Geheimdienstchef Generalmajor Kenneth Strong fest, dass der Kampf die Deutschen alle paar Tage das Äquivalent von rund einer Division kostete. Bei solchen Verlusten mussten die deutschen Reserven heute hier an die Front geworfen, morgen anderswo zur Unterstützung einer anderen Einheit eingesetzt werden. Ein solcher „Feuerwehr-Einsatz" musste die Reserven zermürben und durch die ständigen Truppenverschiebungen ohne Atempause mussten die Soldaten zwangsläufig ermüden.

Es gab noch andere Gründe für die Annahme, dass die Deutschen dem Zusammenbruch nahe wären. Die Offensive bei Aachen war auf schwachen Widerstand gestoßen und der Aufklärungsoffizier der 1. US-Armee meinte, die deutsche Abwehr verlöre definitiv an Stärke. Er nahm an, dass die Wucht der alliierten Angriffe sogar zu massenhafter Aufgabe führen könnte, und schlug vor, Maßnahmen zu ergreifen, um das logistische Problem des Umgangs mit so vielen Kriegsgefangenen zu lösen. Diese Einschätzung war umso erstaunlicher, als der Offizier als notorischer Pessimist bekannt war.

> Am Morgen des 16. Dezember wollte ich mich etwas entspannen. Ich beschloss, in meiner leichten Miles nach Eindhoven zu fliegen, auf dem Golfplatz zu landen und ein paar Löcher zu spielen ... Unser Spiel wurde jedoch bald von einer Meldung unterbrochen, laut welcher die Deutschen am Morgen einen schweren Angriff auf die Stellungen der 1. Amerikanischen Armee unternommen hätten ...
>
> *Feldmarschall Montgomery*

GEGENSEITIGES MISSTRAUEN

Der fragliche Geheimdienstoffizier war Oberst Benjamin „Monk" („Mönch") Dickson. Er hatte am Ersten Weltkrieg teilgenommen, wollte aber bei Kriegsende kein Berufsoffizier werden, weil er zu Recht annahm, dass die Aufstiegsmöglichkeiten gering sein würden. Er entschied sich lieber für eine erfolgreiche Zivilkarriere, hielt aber seinen Status als Reserveoffizier aufrecht. Er hatte sich auf Geheimdienstarbeit spezialisiert und sein Aufstieg folgte dem von General Bradley. Als aber Bradley mit der Leitung der 12. Armeegruppe betraut wurde, ging er nicht mit, weil diese Armeegruppe ihre eigene Geheimdienstabteilung hatte. Dickson blieb unter Bradleys Nachfolger Generalleutnant Courtney Hodges bei der 1. Armee. Dies führte insofern zu Problemen im Geheimdienst, als die Agenten der 1. Armee offenbar denen der 12. Armeegruppe misstrauten. Sie fanden schnell heraus, dass der Leiter des Geheimdienstes der 12. Armeegruppe, Brigadegeneral Edwin Sibert, ursprünglich Artillerist war, während Dickson ein Geheimdienstprofi war. Dickson gab sich zwar alle Mühe, den Eindruck von Animositäten zwischen den beiden Diensten zu verwischen, doch es gab genügend Hinweise darauf, dass ein gewisses Ausmaß an Spannungen bestand. Ebenso wie der Geheimdienst der 1. Armee den Neulingen der 12. Armeegruppe misstraute, hatten letztere ihre Bedenken gegenüber der 1. Armee. Dickson kam bald in den Ruf eines „Alarmisten", weil er deutsche Divisionen, die sich nicht mehr an der Ostfront befanden, gerne kurzerhand der Westfront zuschrieb. Scheinbar hatte Dickson auf die Möglichkeit vergessen, dass solche Einheiten nach hartem Kampf gegen die Rote Armee auch mal zur Erholung in rückwärtigen Bereichen lagen oder dass eine Division wegen hoher Verluste vorübergehend nicht mehr existierte. Es gab tatsächlich einen oder zwei Fälle, in denen Einheiten vom Geheimdienst der 1. Armee als an der Westfront im Einsatz gemeldet wurden, obwohl sie bekanntermaßen anderswo lagen. Ob Dickson nun ein „Alarmist" oder lediglich übervorsichtig war, bleibt strittig; Folge war jedenfalls, dass die 12. Armeegruppe Meldungen, die von Dickson eintrafen, fast automatisch herunterspielte. Bei besserer Kommunikation zwischen den beiden Geheimdiensten hätte man dieses Misstrauen sicherlich abbauen können. Doch Dickson und seine Leute tauschten ihre Informationen viel häufiger mit der Aufklärung von Montgomerys 21. Armeegruppe aus als mit der 12. Armeegruppe, obwohl sie zur Kommandokette der 12. Armeegruppe gehörten.

General Eisenhower (links) spricht anlässlich eines Besuches in Butgenbach, Belgien, kurz vor der Ardennenoffensive mit Generalleutnant Bradley (rechts, Kommandeur der 12. Armeegruppe) und Generalmajor Louis A. Craig (Kommandeur der 9. Infanteriedivision).

Trotz dieser Schwierigkeiten und Dicksons Neigung zum Pessimismus stimmten beide Dienste in gewissen Bereichen voll überein. Einer davon war die unausgesprochene Annahme, dass ein deutscher Angriff in den Ardennen höchst unwahrscheinlich war, zum einen wegen der Situation an der Front, zum anderen wegen der scheinbaren strategischen Bedeutungslosigkeit der Gegend für die Deutschen. Warum sollte also eine fast geschlagene Armee hier einen Angriff vortragen?

Trotz dieser nicht unvernünftigen Argumentation sollte man nicht annehmen, dass das alliierte Oberkommando im Hinblick auf die Ardennen unbesorgt war. Eisenhower war sich sehr wohl darüber im Klaren, wie dünn die Ardennenfront besetzt war, und äußerte von Zeit zu Zeit seine Besorgnis über die Gefahr eines deutschen Angriffs, besonders wegen ihrer erwiesenen Vorliebe für Angriffe in diesem Gebiet. Zu den alliierten Gene-

Ein Tiger auf dem Weg an die Front. Die Offensive erforderte eine große Menge Waffen, doch die Ostfront meldete ebenfalls ihre Bedürfnisse an. Als Folge davon war die Bewaffnung deutscher Einheiten sehr unterschiedlich; die der 7. Armee z. B. war ein Witz.

rälen, die diese Sorgen teilten, gehörten auch Bradley und Generalmajor Troy Middleton, der Befehlshaber des VIII. Korps, das diesen Frontabschnitt zu halten hatte. Middleton war besorgt über die Länge des Frontabschnittes, der seinen drei Divisionen zugeteilt war und deshalb nur sehr dünn besetzt werden konnte. Doch aufgrund der allgemeinen Ansichten über den Zustand der deutschen Einheiten und wegen der geringen Wahrscheinlichkeit eines Angriffes wurde kaum etwas unternommen.

DIE SUCHE NACH HINWEISEN

Es gab sehr wohl Hinweise auf deutsche Vorbereitungen, doch sie zu finden und richtig zu interpretieren war nicht einfach. Die ersten Hinweise darauf, dass an der Westfront etwas im Gange war, kamen von Bletchley Park. Am 18. September 1944 dechiffrierte man dort eine Meldung über die 6. Panzerarmee und den Abzug etlicher Einheiten (darunter einige SS-Einheiten) von der Front. Die Entschlüsselung benötigte einige Zeit und die Meldung konnte erst nach neun Tagen weitergeleitet werden. Weitere Funksprüche wurden abgefangen, in welchen Details für den Abzug von Einheiten von der Front mitgeteilt wurden. In einer Meldung von Mitte Oktober wird klargestellt, dass die 6. Panzerarmee eine OKW-Reserve darstelle, die unter Hitlers Befehl und nicht unter dem von von Rundstedt stehe. Das Unvermögen, die Bedeutung dieser Meldung voll zu verstehen, spielte eine wichtige Rolle bei dem, was folgen sollte. Hinzu kam, dass Bletchley Park zwar regelmäßig Meldungen über die 6. Panzerarmee abfing, die Geheimdienste aber erst im November Notiz von dieser Einheit nahmen. Natürlich stellte sich die Frage, ob die Deutschen mit der neuen Einheit einen Gegenangriff planten und wenn ja, wo? Sibert meinte, die Deutschen würden die 1. und 3. Armee angreifen, sobald diese die deutschen Linien durchbrochen hätten und in Richtung Rhein und Rur vorstießen. Strong war gleicher Meinung und überzeugt, dass ein deutscher Angriff im November erfolgen würde, nachdem er die Entschlüsselung des Funkspruches von Baron Oshima (nach seinem Gespräch mit Hitler) gelesen hatte. Wenn die deutschen Vorbereitungen nach dem unrealistischen Zeitplan von Hitler verlaufen wären, wäre er mit seiner Beurteilung richtig gelegen. Die Geheimdienste wurden sich nun langsam einig, dass die Deutschen vorhätten, irgendeine Art von Offensive zu starten. Leider konnten sie nicht vorhersagen, wo diese erfolgen sollte.

General Bradley, Generalmajor Troy Middleton und Generalmajor Matthew Ridgway. Ridgway, Kommandeur der 82. Luftlandedivision, trug stets zwei Handgranaten am Gürtel mit der Begründung, er würde sie mal brauchen. Arnheim zeigte, dass er nicht Unrecht hatte.

Stong, Sibert und Dickson waren am 20. November davon überzeugt, dass die Deutschen im Raum von Köln einen Gegenangriff starten würden, sobald die Amerikaner die Rur überschritten. Es schien sicher, dass die 6. Panzerarmee diesen Angriff durchführen würde; laut weiteren Meldungen sollte auch die 5. Panzerarmee dabei eine Rolle spielen. Es gab aber auch andere Meldungen über deutsche Vorbereitungen, die gar nicht in dieses Bild passten.

Bletchley Park und Luftaufklärung erhielten immer mehr Anzeichen dafür, dass der deutsche Zugverkehr in der Eifel

Der Jagdpanther war eines der besten Panzerfahrzeuge des Krieges, obwohl der Schwenkbereich seines Geschützes durch das Fehlen eines Turmes eingeschränkt war. Zum Glück für die Alliierten war seine Produktion durch den Bombenkrieg stark beeinträchtigt.

erheblich zugenommen hatte. Darüber hinaus lieferten abgefangene Meldungen über die Prioritäten der deutschen Luftaufklärung keinerlei Hinweise auf einen Gegenangriff im Raum von Köln. Die deutsche Luftwaffe war vielmehr angewiesen, ihr Augenmerk auf die Gebiete bei Eupen, Malmedy und die Maasübergänge zu richten, von denen keines in der Nähe des vermuteten Gegenangriffs lag. Dadurch erhob sich die Frage, warum diese Gebiete von solchem Interesse waren, aber der Zusammenhang zwischen den Aufklärungsflügen und der Bedrohung in den Ardennen wurde nicht erkannt.

DIE BEDROHUNG WIRD ERKANNT

Auch wenn die Alliierten die Anzeichen vielleicht nicht korrekt interpretierten, so wuchs ihre Sorge über die Ardennen in den letzten zehn Novembertagen ständig an. Die Ardennen gehörten zu dieser Zeit nicht zum Operationsgebiet der 3. Armee, doch die südliche Eifel lag auf ihrem geplanten Vormarsch. Daher wies General Patton seinen Geheimdienst an, sich ein möglichst vollständiges Bild über die Vorgänge in der Region zu verschaffen. Der Chef seines Geheimdienstes, Oberst Oskar W. Koch, studierte die deutschen Aktionen in diesem Gebiet genauer und wurde alarmiert. Am 24. November erreichten seine Befürchtungen General Patton, der mit Nachdruck seine Ansicht unterstrich, dass die Deutschen gegenüber dem VIII. Korps aufmarschierten. Am 9. Dezember war Koch so beunruhigt, dass er eine außerordentliche Lagebesprechung mit seinem Kommandeur ansetzte.

Bei dieser Besprechung teilte Koch Patton mit, dass die Deutschen mindestens 13 Divisionen – darunter viele von der Waffen-SS, die wegen ihrer Ergebenheit zum Nationalsozialismus zu den härtesten Gegnern zählten – aus der Frontlinie abgezogen hätten, während weitere drei aus Skandinavien in die Eifel verlegt worden wären. Koch war der Ansicht, dass die Deutschen ihre neuen Einheiten den amerikanischen Angriffen entgegenstellen wollten oder dass sie selbst einen Angriff vorbereiteten und zwar wahrscheinlich im Gebiet der Rur, obwohl Koch sich hierin nicht sicher war.

Koch war nicht der Einzige, der sich über feindliche Truppenkonzentrationen in der Eifel Sorgen machte. „Monk“ Dickson wurde hellwach, als eine Meldung abgefangen wurde, laut welcher sich Englisch sprechende Freiwillige bei einer Spezialeinheit einfinden sollten. Er war überzeugt, dass eine solche Einheit für Sabotageaktionen bei einer Offensive eingesetzt würde. Daraus schloss er, die Deutschen könnten vielleicht verzweifelt genug sein, um eine solche Offensive zu starten, und er erstellte eine geheimdienstliche Einschätzung der Lage. Die Einschätzung 37 wurde ein sehr umstrittenes Dokument, weil Dickson später behauptete, dass sie den Truppenkommandeuren genügend Informationen gegeben habe, um auf den bevorstehenden deutschen Angriff in den Ardennen zu schließen. Dickson machte darin zwar auf eine deutsche Offensive aufmerksam, vermutete aber den Brennpunkt des Angriffs irgendwo zwischen Rurmond und Schleiden und damit um etliches nördlich der Ardennen. Dickson legte seine Einschätzung am 10. Dezember vor. Neue Informationen verstärkten seine Bedenken in den nächsten Tagen und er änderte langsam seine Ansicht über den Ort der Offensive. Am 14. Dezember berichtete das VIII. Korps über die

JAGDPANTHER

Der Jagdpanther war etwas Neues, weil er nicht wie bis dahin üblich durch Abänderungen bestehender Panzertypen entstand, sondern als eigenständige Konstruktion auf dem besten verfügbaren Chassis gebaut wurde. Über letzteres verfügte der Panther, welcher damit dem neuen Fahrzeug den Namen gab. Mit dem 88-mm-Geschütz konnte der Jagdpanther jeden alliierten Panzer vernichten und erwies sich als überragendes Panzerfahrzeug.

Panzer IV im Vormarsch. Obwohl zahlenmäßig weit unterlegen, brachten die deutschen Panzer den Alliierten erhebliche Verluste bei. Der Panzer IV ging schon vor Kriegsausbruch in Produktion und blieb dank zahlreicher Überarbeitungen ein wertvoller Panzer.

Meldung einer zuverlässigen belgischen Frau, dass die Deutschen vor den Ardennen aufmarschierten. Am gleichen Abend erklärte Dickson bei der Stabsbesprechung der 1. Armee, dass die Offensive in den Ardennen erfolgen würde. Obwohl er großes Aufsehen erregte, konnte er sich nicht weiter darum kümmern. Nach der Besprechung machte er sich zu einem viertägigen Erholungsurlaub nach Paris auf. Er hatte sich in den letzten sechs Monaten keinen Urlaub gegönnt und es gab etliche, die seine umstrittenen Geheimdienstberichte darauf zurückführten, dass er seit der Landung in der Normandie ohne Unterbrechung im Einsatz gestanden hatte. Ob dies nun falsch oder richtig war, Dickson verdiente zweifelsfrei eine Erholungspause.

Im Hauptquartier der 12. Armeegruppe war Brigadegeneral Sibert ebenfalls zunehmend besorgt über die Nachrichten aus Bletchley Park, laut welchen die Luftwaffe angewiesen war, die Maas-Übergänge auszukundschaften. Er schickte sofort seinen Vertreter, Oberst William H. Jackson, nach London, um darüber soviel wie möglich in Erfahrung zu bringen, doch Jackson erfuhr nichts Neues. Eine Diskussion mit dem für das Gebiet zuständigen Offizier, Major Ralph Ingersoll, verstärkte nur Siberts Sorgen. Ingersoll hatte die deutschen Bahnbewegungen weiter südlich um Bitburg studiert und meinte, die Deutschen könnten tatsächlich ihre Truppen in der Gegend durch den Trick verstärken, zwei Divisionen abzuziehen und durch drei neue zu ersetzen. Dies wäre eine relativ einfache Methode, die dritte Division vor den Alliierten zu verstecken. Der beeindruckte Sibert informierte Bradley, dass die Deutschen möglicherweise um Bitburg Truppen zusammenzögen. Bradley bat Eisenhower um eine Panzerdivision als Reserve für die Ardennen, jedoch erfolglos. Der Oberkommandierende verstand Bradleys Sorgen, brauchte aber die Division zur Verstärkung der 7. Armee, welche die Angriffe der 3. Armee unterstützen musste.

Obwohl Siberts Interesse an den Ardennen geweckt war, war er noch lange nicht überzeugt, dass diese Bedrohung ebenso groß war wie die, die von den deutschen Panzern um Köln ausging, denen er sich also wieder zuwandte. Sibert war auch durch Dicksons letzten Bericht beunruhigt. Einige Behauptungen wurden durch Namen von Einheiten untermauert, die bekanntermaßen an anderen Fronten kämpften, was Dicksons Bericht übertrieben pessimistisch erscheinen ließ. Sibert glaubte, eine maßvollere Beurteilung der Situation sei vonnöten und wollte eine weniger dramatische Zusammenfassung schreiben. Er wusste aber, dass die Geheimdienstberichte der 12. Armeegruppe als fade und trocken kritisiert wurden, und bat Ingersoll, ihm bei der Abfassung zu helfen. Dies war ein heikler Schritt, denn Ingersoll war im Zivilberuf ein angesehener Journalist. Das Dokument, Zusammenfassung Nr. 18, war sicherlich gut zu lesen, doch Ingersolls Beitrag beschränkte sich darauf, den allgemein optimistischen Tenor des Berichtes zu verstärken, demzufolge der Zusammenbruch der deutschen Westfront kurz bevorstand.

General Strong im SHAEF teilte zwar diesen, nur durch die Anwesenheit der 6. Panzerarmee hinter der Front etwas gedämpften Optimismus. Er meinte, sie würde vielleicht für einen so genannten Entlastungsangriff eingesetzt werden und nannte die Ardennen als mögliches Ziel; es kam kam aber auch das Elsaß in Betracht. Alles in allem waren die Geheimdienste nicht in der Lage, die vielen Informationen, die seit September auf die Ardennen als Zielgebiet einer deutschen Offensive hindeuteten, konsequent genug zu deuten.

DIE VERTEIDIGUNG DES VIII. KORPS

Da der Frontabschnitt, der seinen Divisionen zugeteilt war, unangenehm lang war, zeigte Bradley bei seinem Besuch des VIII. Korps Verständnis für General Middleton. Middleton legte seine Bedenken zwar überzeugend dar, konnte Bradley aber nicht dazu bringen, zusätzliche Verstärkungen für einen scheinbar ruhigen Frontabschnitt abzustellen. Bei ihrer Besprechung analysierten die beiden die Situation eingehend. Bradley argumentierte, die Deutschen würden höchstwahrscheinlich nicht angreifen, weil es zweifelhaft schien, dass sie den strategischen Vorteil erringen könnten, der eine solche Operation rechtfertigte. Nach intensivem Studium der Karten und Lageberichte kamen sie zum Schluss, dass ein Angriff sehr unwahrscheinlich war. Middleton wurde zwar seine Zweifel nicht los, nahm jedoch zur Kenntnis, dass er sich im Falle eines deutschen Angriffs an die Maas zurückziehen konnte, um den deutschen Vormarsch aufzuhalten, bis Bradley seine Kräfte an die deutschen Flanken heranführen konnte. Trotzdem hielt man daran fest, dass ein deutscher Angriff unwahrscheinlich war. Und so begann die deutsche Offensive genau in dem Gebiet, das ausgeschlossen worden war, obwohl alle verfügbaren Beweise darauf hindeuteten. Warum hatten die alliierten Geheimdienste versagt?

FEHLER DER AUFKLÄRUNG

Die Alliierten erkannten aus mehreren Gründen nicht, dass die Ardennen den Fokus der deutschen Offensive darstellten. Im Wesentlichen nahm man sich des Problems nicht intensiv

Generalmajor Troy Middleton befehligte das VIII. US-Korps, das die volle Wucht des deutschen Angriffs abbekam. Middleton hatte die Gefahr in den Ardennen erkannt, konnte aber seinen Frontabschnitt nicht verstärken, weil die Truppen anderswo benötigt wurden.

genug an, wenn auch der Erfolg der deutschen Täuschungsaktionen und der hohe Geheimhaltungsstandard ebenfalls eine wichtige Rolle spielten. Ein Großteil der Schuld ließ sich auf eine Reihe von Annahmen der Alliierten zurückführen, die zwar logisch erschienen, aber einfach falsch waren.

Ein Hauptgrund für das Versagen war übersteigertes Selbstbewusstsein. Der (abgesehen von kleineren Rückschlägen) erfolgreiche Vormarsch der Alliierten verleitete die Geheimdienste zu der Auffassung, Deutschland wäre am Rande des Zusammenbruchs. Unter diesen Umständen erschien es höchst unwahrscheinlich, dass die Deutschen in der Lage wären, größere offensive Operationen durchzuführen. Dies schien eine sehr vernünftige Annahme, die durch die Ernennung von von Rundstedt zum Oberbefehlshaber der Westfront gestützt wurde. Von Rundstedts Führungsstil war den Alliierten bekannt und sein Ruf als vernünftiger, hoch angesehener General schloss eigentlich aus, dass er sich im Hinblick auf seine stark dezimierten Truppen auf eine riskante Offensive einlassen würde. Hätte man die Information, dass die 6. Panzerarmee als OKW-Reserve Hitler direkt unterstand, sorgfältig analysiert, hätte man obige Annahme etwas sorgfältiger überprüft. Wenn auch von Rundstedt kaum bereit gewesen wäre, eine Offensive zu riskieren – Hitler war dies durchaus zuzutrauen.

Da die Alliierten überzeugt waren, dass die Deutschen keine größeren Offensiven starten konnten, erklärten sie sich den intensiveren Zug- und Straßenverkehr in der Eifel damit, dass von Rundstedt Truppen an der Front hin und her verschieben musste, um alliierten Angriffen zu begegnen. Dass die Deutschen einen Truppenaufmarsch durchführen würden, stand im Widerspruch zu der Annahme, dass sie zu Offensivoperationen nicht in der Lage waren, und wurde deshalb ausgeschlossen. Abgefangene Funksprüche über Treibstoffmangel überzeugten die Alliierten zusätzlich davon, dass kein Angriff zu befürchten war. Leider bezogen sich die Funksprüche auf die Reserven für die Offensive, gleichgültig, ob sie von Truppenkommandeuren kamen, die wegen der Reservenbildung keinen Treibstoff erhielten, oder von solchen, die noch mehr wollten als ihnen zugeteilt worden war.

Die letzten Fehler der alliierten Geheimdienste wogen am schwersten. Zum einen rechneten sie nicht mit Adolf Hitler. Man vergaß auf das Sprichwort, dass verzweifelte Situationen verzweifelte Aktionen erforderten, und ignorierte die Mög-

Vor einer zerstörten Bäckerei in der französischen Stadt Tilly gehen zwei britische Soldaten an einem havarierten Panther vorbei. Obwohl das Bild nicht aus der Zeit der Offensive stammt, zeigt es die Härte des Kampfes selbst in kleinen Dörfern: In Tilly blieb kein Haus unversehrt.

General Courtney Hodges, der Befehlshaber über die 1. US-Armee nach Bradleys Beförderung zum Chef der 1. Armeegruppe. Als ruhiger, bescheidener Mann wurde er von seinen Soldaten hoch geachtet. Da er nie Publicity suchte, ist er heute nicht so bekannt wie er es verdiente.

lichkeit, dass Hitler der Ansicht sein könnte, die Zeit für solche Aktionen wäre gekommen. Der zweite Fehler war einfach der, dass man die Annahmen auf Überlegungen stützte, wie man selbst in der Situation der Deutschen reagieren würde. Die Alliierten hätten sicherlich keinen Angriff in den Ardennen vorgetragen, also nahm man an, dass die Deutschen es auch nicht tun würden. Diese Selbstgefälligkeit wurde am frühen Morgen des 16. Dezember zertrümmert, als das Unvermögen, die deutschen Pläne zu durchschauen, mit massivem Artilleriefeuer quittiert wurde.

DIE STELLUNGEN DER ALLIIERTEN

Anfang Dezember 1944 waren die Alliierten an die deutschen Grenzen herangekommen und hatten das Kriegsende schon vor Augen, obwohl etliche Meinungsverschiedenheiten darüber bestanden, wie der Krieg am besten zu Ende zu bringen war. Ihre Streitkräfte waren von der Nordsee bis zur Schweizer Grenze verteilt, was zur Folge hatte, dass selbst die große Zahl an Soldaten, die an der europäischen Front im Einsatz stand, keine stabile Frontlinie bilden konnte. Dies führte zu Middletons Bedenken über die Frontbreite, die dem VIII. Korps zugeordnet war; es gab einfach nicht genügend Leute, um den Abschnitt zu verkleinern. Diese verwirrende Situation entstand aus General Hodges bewusster Entscheidung, seine Linien in den Ardennen zu schwächen, um genügend Kräfte für einen Angriff auf die Rur-Dämme zur Verfügung zu haben und die Deutschen daran zu hindern, den vorgesehenen Weg der 1. und 9. Armee nach Deutschland zu überfluten.

Im nördlichen Teil der Ardennen lag das V. Korps von Generalmajor Leonard Gerow, bestehend aus vier Infanteriedivisionen, zwei Panzereinheiten und einer Kavallerieeinheit. Die Panzereinheiten hatten etwa ein Drittel der Stärke einer Panzerdivision; die Kavallerieeinheit war eine Aufklärungseinheit, die mit leichten Panzern und gepanzerten Autos ausgerüstet war. Zwischen Monschau und der kleinen Stadt Buchholz lag die 99. Infanteriedivision im Südteil der Ardennen, während zwei weitere Divisionen, die 2. und die 78., die Rur-Dämme durch die Stellungen der 99. hindurch und links davon angriffen.

Middletons Korps hielt den Mittelabschnitt der Ardennen, während die Verbindung zwischen der 106. Infanteriedivision und dem V. Korps von der 14. Kavallerieeinheit gehalten wurde. Dies war die einzige Einheit in einer mehr als 6 km breiten Lücke (der Losheim-Lücke) zwischen dem VIII. und dem V. Korps; der Divisionskommandeur Generalmajor Alan Jones war gar nicht glücklich darüber, dass seine Division einen Abschnitt von 33 km Länge zu halten hatte. Südlich der 106. lag die 28. Infanteriedivision entlang der Our. Zu ihrer Rechten befand sich die 4. Infanteriedivision, die zusammen mit der 28. in die Schlacht im Hürtgenwald verwickelt gewesen war. Da sie erhebliche Verluste erlitten hatten, wurden sie in die Ardennen verlegt, wo sie die 9.000 Mann Verstärkung trainieren sollten, die sie wieder auf Divisionsstärke bringen sollten. Auch der Kommandeur der 28. Division, Generalmajor Norman Cota (berühmt von seinem Einsatz am Omaha Beach), war über die Länge des ihm zugewiesenen Frontabschnitts mehr als beunruhigt. Seine Leute waren von Lützkampen im Norden bis nach Wallendorf im Süden über 36 km verteilt. Cota hatte nur ein Bataillon aus dem 110. Infanterieregiment in Reserve, das selbst in der Mitte des Frontabschnittes lag.

Dies bedeutete, dass vier amerikanische Infanteriedivisionen, ein Teil der 9. Panzerdivision und die 14. Kavallerieeinheit nicht weniger als 30 deutschen Divisionen gegenüberstehen sollten. In der zweiten Dezemberwoche sollten die deutschen Einheiten versteckt in den Wäldern auf den Angriffsbefehl warten. Das Unvermögen des Geheimdienstes, diesen Aufmarsch zu orten, wurde bereits behandelt. Aber auch kurz vor dem Tag der Offensive, gab es Hinweise auf ungewöhnliche Aktivitäten in den Ardennen. Die 106. und 128. Division berichteten, dass ihre Außenposten Panzer- und Fahrzeuggeräusche registriert hätten, was aber mit normalen Bewegungen in der Kampflinie erklärt wurde. Am 14. Dezember konnte sich eine belgische Frau durch die deutschen Linien bis zum Hauptquartier der 28. Division durchschlagen, wo sie berichtete, dass die Wälder in der Nähe von Bitburg voller deutscher Truppen waren (ein Hinweis darauf, dass Ralph Ingersolls Theorie vom deutschen Aufmarsch in dieser Gegend richtig war). Sie wurde danach zum HQ des VIII. Korps und anschließend ins HQ der 1. Armee in Spa gebracht. Als sie am 16. Dezember dort eintraf, waren ihre Informationen bereits von den Ereignissen überholt worden. Einen Tag nachdem sie versucht hatte, ihre Geschichte erstmals loszuwerden, erzählten vier deutsche Gefangene ihren Vernehmungsoffizieren, dass ein größerer Angriff bevorstand, was man ihnen aber nicht glaubte. Im letzten Monat hatten viele deutsche Gefan-

Deutsche Soldaten vermutlich auf einem Panther unterwegs zur Front. Soldaten fuhren nicht auf Panzern in die Schlacht, sie wären dem feindlichen Feuer ausgeliefert gewesen. Hier sind es so viele, dass der Panzer weder den Turm drehen, noch seine Waffen hätte einsetzen können.

Eine US-Panzerbesatzung trifft die letzten Vorbereitungen, während der Fahrer Kaffee trinkt. Sandsäcke und anderes auf der Frontseite des M4-Sherman waren hilfreich beim Aufbau von Verteidigungsstellungen und gaben zusätzlichen Schutz gegen feindlichen Beschuss.

gene von einem Angriff gesprochen, der innerhalb von 48 Stunden losbrechen sollte. Es gab keinen Grund, diese Meldung vom 15. Dezember anders zu bewerten. Wenn der Geheimdienst begriffen hätte, dass die Deutschen etwas in den Ardennen planten, hätte man den Gefangenen wohl geglaubt. Da aber kein Angriff erwartet wurde, nahm man an, sie wollten lediglich dramatisierende Informationen liefern.

GEGNERISCHE UND EIGENE WAFFENSYSTEME

In der Ardennenschlacht verwendete jede Seite im Wesentlichen ihre gängigen Waffensysteme, zu denen einige Neuentwicklungen kamen, die erst kurz zuvor die Front erreicht hatten. Die meisten US-Panzereinheiten waren mit dem M4-Sherman-Panzer ausgerüstet, von dem mehrere Modelle zur Verfügung standen, die sich in erster Linie in ihrem Hauptwaffensystem unterschieden. Die ersten Shermans waren mit einer 75-mm-Kanone bestückt, die sich als zu schwach erwies, um den neueren Panzermodellen der Deutschen etwas anhaben zu können. Die späteren Shermans erhielten deswegen eine 76-mm-Kanone. Dieses Modell tauchte Mitte 1944 an der Front auf und wurde von einigen Besatzungen als „Jumbo"-Sherman bezeichnet. Aber selbst diese Ausstattung war machtlos gegen die Frontseite einiger Panzer aus dem deutschen Arsenal. Die Briten lösten dieses Problem, indem sie eine 17-Pfünder-Panzerabwehrkanone in den Sherman-Turm einpassten und dadurch einen Panzer mit dem Namen Sherman-Firefly herstellten, doch die Amerikaner mussten trotz der bekannten Unzulänglichkeiten mit 75- und 76-mm-Kanonen im Sherman weiterhin zurechtkommen. Trotz dieses Problems wurde die Bewaffnung des Sherman erst nach dem Krieg von den Israelis modifiziert, die sie mit 90-mm-, manchmal sogar mit 105-mm-Kanonen ausrüsteten.

Die Amerikaner konnten auch auf einen leichten Panzer zurückgreifen, den erst kürzlich entwickelten M24-Chaffee. Obwohl als leichter Panzer deklariert, wog er 18,37 t und erwies sich als robustes und vielseitiges Gerät. Wie der Sherman war der M24 mit einer 75-mm-Kanone als Hauptwaffe ausgestattet, womit er gegen die moderneren deutschen Panzer frontal nicht ankam. Dies war jedoch kein großer Nachteil, weil er als leichter Panzer in erster Linie zur Aufklärung eingesetzt wurde. Der M24 wurde im Juli 1944 in Dienst gestellt und war bei den Mannschaften sehr beliebt, weil er leicht zu warten war. Der M24 blieb bei etlichen Armeen der Welt noch 30 Jahre nach dem Zweiten Weltkrieg im Einsatz, sodass er Filmproduzenten relativ leicht zugänglich war und deshalb in zahlreichen Kriegsfilmen auftauchte. Manchmal führte dies zu dem Eindruck, dass er schon Monate, bevor die US-Armee ihn akzeptierte, überall im Einsatz war (die Filmemacher gingen sogar so weit, das deutsche Eiserne Kreuz auf den M24 zu malen, wenn keine deutschen Panzer verfügbar waren, was die Konfusion weiter steigerte).

DIE DEUTSCHE PANZERWAFFE

Inzwischen waren die Deutschen mit einer Reihe Furcht erregender Panzer ausgerüstet. Dies war eine beachtliche Leistung, wenn man bedenkt, welche Schwierigkeiten die Deutschen mit Panzern ursprünglich hatten. Im Ersten Weltkrieg schafften sie es nicht, einen brauchbaren Panzer zu bauen, und durften später laut Versailler Vertrag keinen entwickeln. Die Armee blieb jedoch sehr interessiert, weil sie im Panzer eine Waffe hohen Potentials sah. Viele deutsche Militärtheoretiker sahen darin die Möglichkeit, Pattsituationen wie im Ersten Weltkrieg zu vermeiden; als 1933 die Wiederaufrüstung begann, standen Panzer hoch oben auf der Prioritätenliste. Die erste Panzerdivision wurde 1935 aufgestellt; die Armee kam zu dem Schluss, dass Panzerdivisionen vollständige Einheiten sein sollten, die ohne Hilfe von außen operieren können. Dies erlaubte die Entwicklung des Blitzkrieg-Konzeptes mit den Panzern an der Spitze der Armee, die das Gelände vor ihr freikämpften. Für die neue Strategie brauchte man eine Spitzenausrüstung, und die Deutschen leisteten viel Entwicklungsarbeit und bauten effiziente, schnelle und gut bewaffnete Panzer. Das wichtigste waren Geschwindigkeit und Beweglichkeit, weniger die Panzerung selbst. Erst die Erfahrungen in Russland führten zur Produktion stärker gepanzerter Modelle. 1944 verfügten die Deutschen über Panzer, die die der Alliierten deklassierten.

> [Der amerikanische Soldat] ist ein tapferer Kämpfer und zeigt in der Schlacht jene Zähigkeit, die einen guten Soldaten ausmacht. Er ist im Wesentlichen dafür verantwortlich, dass Rundstedt nicht tun konnte, was er wollte.
>
> *Feldmarschall Montgomery, 7. Januar 1945*

Der älteste deutsche Panzer war der Panzer IV, von dem die erste Version 1939 in Dienst gestellt wurde. Nach einigen Problemen in Frankreich und Russland wurde die Konstruktion überarbeitet und ab Mitte 1941 die kurze Kanone gegen

Der M24 Chaffee, ein leichter Panzer in robuster und vielseitiger Ausführung, konnte mit seiner 75-mm-Kanone hart treffen. Der M24 erreichte im Gelände eine Geschwindigkeit von 40 km/h, d. h. er war so schnell wie die meisten schweren Panzer seiner Zeit auf der Straße.

eine Langrohrkanone ähnlichen Kalibers ausgetauscht. Ab 1943 wurde diese Kanone gegen eine stärkere ausgetauscht, sodass es der Panzer IV mit praktisch jedem anderen Panzer aufnehmen konnte; 1944 wurde eine stärkere Panzerung eingebaut, sodass dieser Panzer zu einem gefürchteten Gegner wurde.

Sein Nachfolger, der Panzer V – bekannter unter dem Namen Panther –, war noch schlagkräftiger. Er wurde entwickelt, nachdem die Deutschen auf den russischen T34 getroffen waren. Er war schwer bewaffnet und mit einer starken 75-mm-Kanone ausgerüstet, die es ihm erlaubte, die alliierten Panzer fast nach Belieben in Gefechte zu verwickeln, ohne das Risiko, selbst größere Schäden davonzutragen. Die US-Armee war der Meinung, dass fünf Shermans nötig waren, um mit einem Panther fertig zu werden (indem sie ihn von der Seite oder von hinten angriffen, wo die Panzerung schwächer war). Falls der Konstruktion dieses Panzers ein Fehler anhaftete, so war es der, dass die Aufhängung der Kettenräder einfrieren konnte, wenn sie voll Schnee war. Dieses Problem betraf natürlich eher die Ostfront, obwohl auch der Winter in den Ardennen nicht knapp an Schnee und Frost war.

Wenn der Panther nicht ausreichte, konnten die Deutschen noch mit dem Panzer VI aufwarten, der fast nie so bezeichnet wurde. Als Tiger wurde er der berühmteste deutsche Panzer des Zweiten Weltkrieges, selbst wenn nur relativ wenige davon gebaut wurden. Die Frontpanzerung des Tigers war so stark, dass die Alliierten besondere Taktiken entwickeln

Ein Tiger I im Vormarsch, gefolgt von einem SdKfz-251-Halbkettenfahrzeug, besetzt mit Panzergrenadieren. In den Ardennen war Vorrücken auf breiter Front sehr schwierig, weil die Fahrzeuge auf die wenigen Straßen angewiesen waren, was den deutschen Zeitplan sprengte.

mussten, um mit ihm fertig zu werden. Mit der 88-mm-Kanone konnte er es mit jedem anderen Panzer aufnehmen. In der Normandie konnte ein einziger Tiger nicht weniger als 25 Shermans vernichten, bevor er schließlich überwältigt werden konnte. Obwohl der Tiger eine gefährliche Waffe war, machte ihn sein Gewicht etwas unbeweglich; außerdem war er für viele deutsche Brücken zu schwer. Trotzdem waren die Deutschen nicht davon abzubringen, einen Tiger II zu bauen, den *Königstiger* (von den Amerikanern als *Royal Tiger* bezeichnet). Dies war der schwerste, bestgepanzerte und wohl auch am stärksten bewaffnete Panzer des Zweiten Weltkrieges (er war mit einer Weiterentwicklung der 88-mm-Kanone bestückt), aber noch unbeweglicher als der Tiger I, was ihn zum exzellenten Panzer für die Verteidigung, weniger aber für den Angriff machte.

Eine Schwadron aus leichten M24-Chaffee-Panzern, bereit zum Aufbruch. Der Mitte 1944 in Dienst gestellte M24 wurde in der Ardennenschlacht erstmalig in großer Zahl eingesetzt. Er war genauso wirkungsvoll wie größere Panzer und blieb bis in die 50er-Jahre im Einsatz.

Auch bei Jagdpanzern und Sturmgeschützen waren die Deutschen im Vorteil. Die Alliierten, die Infanterieangriffe

Der Jagdpanzer 38(t) Hetzer war ein kleines, aber wirkungsvolles Vehikel mit dem Fahrgestell des leichten Panzers 38(t). Wegen seiner Größe und Beweglichkeit war er besonders für den Straßenkampf geeignet.

mit gewöhnlichen Panzern unterstützten, setzten Sturmgeschütze nicht ein. 1935 wurde die Aufstellung von Sturmartillerie-Einheiten genehmigt, welche mit Geschützen auf Selbstfahrlafetten feindliche Widerstandsnester wie Bunker oder Maschinengewehrstellungen vernichten sollten, die den Vormarsch behinderten. Die Sturmgeschütze hatten keine drehbaren Gefechtstürme und waren dadurch wesentlich billiger und einfacher zu bauen als Panzer. Als Antipanzerwaffe wurden sie wirkungsvoll eingesetzt und hatten wegen ihrer ausreichend starken Bewaffnung gegen feindliche Panzer immerhin eine Chance.

1944 hatten die Deutschen mehrere Sturmgeschütze im Einsatz. Das häufigste war das eigentliche Sturmgeschütz StuG mit seiner 75-mm-Kanone. Daneben gab es noch andere Typen, darunter den „Brummbär“ (von den Alliierten fälschlicherweise als *Grizzly Bear* bezeichnet), der als Hauptwaffe über eine 150-mm-Kanone verfügte. Die Härte des Krieges hatte aber auch von den Sturmgeschützen den unvermeidlichen Zoll verlangt, weswegen sie in geringerer Anzahl zur Verfügung standen, als es den Deutschen lieb war.

JAGDPANZER

Neben den Sturmgeschützen waren auch Jagdpanzer im Einsatz, der Jagdpanther und der eigentliche Jagdpanzer. Für das ungeschulte Auge waren sie Sturmgeschützen sehr ähnlich und wurden auch häufig im Austausch eingesetzt, wenn die Lage es erforderte. In der Ardennenoffensive kam ein neuer Jagdpanzer, der Jagdtiger, zum Einsatz, der mit einer großen 128-mm-Kanone ausgestattet war. Dieses Ungetüm war für die meisten Straßen zu schwer und sein Treibstoffverbrauch erschreckend hoch. Im Hinblick auf die knappen deutschen Treibstoffreserven war es kaum ein sinnvolles Waffensystem.

Die Amerikaner setzten ebenfalls Jagdpanzer ein. Anders als ihre deutschen Gegenstücke waren sie mit Drehtürmen

JAGDPANZER 38(T) HETZER

Der Hetzer war einer der besten deutschen Jagdpanzer, in dem sich alle Erfahrungen der Konstrukteure mit früheren Modellen niederschlugen. Natürlich waren die ersten Ausführungen plump; einer der größten Nachteile war anfangs seine Höhe, wodurch er zum weithin sichtbaren Ziel wurde. Der Hetzer war eine beachtliche Verbesserung in allen Punkten. Auf einem zuverlässigen Fahrgestell war er ein kleines Fahrzeug mit flachem Profil; seine Höhe betrug bloß 1,8 m. Ausgerüstet war der Hetzer mit einer 75-mm-Kanone, welche, wie alle später entwickelten Waffen dieses Kalibers, fast jeden alliierten Panzer vernichten konnte. Durch seine hohe Geländegängigkeit, aber auch weil sich herausstellte, dass er aufgrund seines flachen Profils nur schwer von den gegnerischen Richtkanonieren auszumachen war, erfreute sich der Hetzer großer Beliebtheit. Sein Erfolg war so groß, dass seine Produktion nach dem Krieg für die Schweizer und die tschechische Armee wieder aufgenommen wurde. Der Hetzer war eine billige und extrem erfolgreiche Konstruktion. Er war weit erfolgreicher als einige übertriebene Entwicklungen wie der Jagdtiger und man darf annehmen, dass die Deutschen auf solche Riesenmaschinen viel besser zugunsten eines bewährten Modells wie dem des Hetzers verzichtet hätten.

ausgestattet, die aber im Gegensatz zu den Türmen der Panzer nach oben offen waren. Damit waren die Besatzungen dem Beschuss durch Infanteriewaffen und Granatsplittern ausgesetzt und auch schlechtes Wetter wurde zum Problem. Drei Haupttypen von Jagdpanzern befanden sich im Einsatz, von denen der älteste der M10 war. Dieser war mit einer 76-mm-Kanone ausgestattet, die aus einem Luftabwehrgeschütz entwickelt worden war und über eine Reichweite von 14.600 m verfügte. Die Kanone war ziemlich veraltet (sie wurde 1918, wenn nicht sogar noch früher entwickelt), sodass man als Alternative eine 90-mm-Panzerabwehrkanone entwarf. Diese passte nicht in den Turm des M10, weswegen ein neuer Turm konstruiert werden musste; dieser wurde auf den Unterbau des M10 aufgesetzt, womit der M36 Jagdpanzer entstand. Er kam im Juli 1944 zum Einsatz und ein paar Stück waren zur Zeit der Ardennenoffensive greifbar, wo er das beste verfügbare Waffensystem gegen die deutschen Panzer abgab. Der dritte Jagdpanzer war der M18 Hellcat mit seiner 76-mm-Kanone, der wegen seiner hohen Straßengeschwindigkeit von 88 km/h erwähnenswert ist.

Alles in allem hatten die Deutschen den Vorteil der besseren Panzer, litten aber unter schwerem Treibstoffmangel. Die Amerikaner waren dagegen bei der Panzerzahl im Vorteil.

LEICHTE INFANTERIEWAFFEN

In Bezug auf die persönliche Bewaffnung waren beide Seiten gut ausgestattet, wenn sich auch bei den Deutschen ein Mangel abzeichnete. Beide Seiten benutzten wirkungsvolle Standardgewehre. Die Deutschen verwendeten den 7,92-mm-Mauser-Karabiner 98k, eine verkürzte Version des Mauser-Karabiners aus dem Ersten Weltkrieg, ein zuverlässiges Schlossgewehr, das im Allgemeinen gut gearbeitet war (wenn auch die Fertigungsqualität später nicht mehr dem üblichen

Deutsche Panzer werden auf einem Bahnhof ausgeladen. Es gelang zwar, die notwendige Anzahl Panzer an der Front bereitzustellen, nicht aber die notwendigen Treibstoffvorräte – was die Generäle zwar wussten, Hitler jedoch ignorierte.

Standard entsprach). Dem stand das amerikanische Dienstgewehr M1 Garand gegenüber. Das Garand war das erste selbstladende Automatikgewehr im Armeedienst und wurde 1936 eingeführt. Das Besondere an diesem Gewehr war der Ladestreifen mit acht Patronen, der nach dem letzten Schuss automatisch mit einem Klick ausgeworfen wurde, der so laut war, dass ihn jeder in der Nähe hören konnte und damit wusste, dass das Gewehr leer war. Trotz dieses Nachteils war das Garand eine sehr gute Waffe und wurde bis 1950 gefertigt.

MASCHINENPISTOLEN

Während die beiden Dienstgewehre von ähnlicher Qualität waren, hatten die Deutschen hinsichtlich Feuerkraft des einzelnen Infanteristen vielleicht einen kleinen Vorteil. Die Maschinenpistole wurde auf beiden Seiten eingesetzt. Die Amerikaner verwendeten zwei Waffen vom Kaliber 12 mm, die M1 Thompson und die M3, die berühmte Grease Gun. Die Thompson M1 war eine ausgezeichnete Waffe, wenn auch kompliziert in der Herstellung. Sie war gut gefertigt, beliebt und verwendete eine für den Typ der Waffe schwere Munition. Die M3 hatte den gleichen Vorteil hinsichtlich Munition, war aber aus mehreren Gründen weniger populär. Einmal war sie nicht die ästhetischste Waffe im Einsatz (obwohl der englischen „Sten-Gun" sicherlich der Preis für die hässlichste Maschinenpistole im Dienst zukommt), zum anderen

Soldaten des 398. Infanterieregiments suchen nach einer Stelle, wo sie das MG M1919 in Stellung bringen können, das der zweite von links trägt. Der dritte von links trägt die Dreibein-Lafette. Alle tragen die volle Ausrüstung, was darauf hindeutet, dass man sich verschanzen will.

gab es anfängliche Probleme mit der Zuverlässigkeit. Nach deren Überwindung erwies sie sich als eine überaus gute Waffe, die über 40 Jahre lang im Einsatz blieb. Trotzdem, vor die Wahl gestellt, hätte der einfache GI stets die Thompson der M3 vorgezogen.

Die Deutschen verwendeten im Laufe des Krieges etliche Maschinenpistolen, darunter die MP18 Bergmann, die erste ihrer Art, und deren Weiterentwicklungen. Die bekannteste und am weitesten verbreitete war jedoch die Maschinenpistole MP38 und deren Nachfolger, die MP40. Aus unerfindlichen Gründen wurde sie „die Schmeisser" genannt, obwohl Hugo Schmeisser mit ihrer Entwicklung nicht betraut war. Die verwendete 9-mm-Parabellum-Kugel war zwar kleiner als die 12-mm der Thompson, die Waffe selbst war aber höchst effektiv. Besonders hoch stand sie bei den britischen Truppen im Ansehen, die ihre Sten Gun sofort wegwarfen, sobald sie eine MP40 erbeuteten, da diese die gleiche Munition wie die ungeliebte eigene Waffe verwendete. Das einzige Problem dabei war der merkwürdige Mangel an Magazinen; die britischen Einheiten, die neben den Waffen auch über genügend Magazine verfügten, schworen auf die MP40.

Ein deutsches Sturmgeschütz StuG III fährt an einem zerschossenen Haus vorbei. Das Sturmgeschütz ist mit Blattwerk getarnt, vermutlich ist es zuvor durch offenes Land gefahren. Die Tarnung auf der Oberseite soll die Mannschaft vor feindlicher Luftaufklärung verbergen.

Die Deutschen führten neben der Maschinenpistole halb- und vollautomatische Gewehre in Ergänzung des Karabiners 98k ein. Das erste dieser Art war das Walther-Gewehr 43 (kurz: Gew 43), eine halbautomatische Waffe vom gleichen Kaliber wie der Karabiner 98k. Als nächstes wäre das so genannte Fallschirmjägergewehr zu nennen, welches nicht in großer Stückzahl produziert wurde. Es wurde seinerzeit für die deutschen Fallschirmjäger entwickelt und war eine absolut überragende Waffe mit wählbarer Schussart, die für die 7,92-mm-Gewehrpatrone ausgelegt war und dem Soldaten eine außerordentliche Feuerkraft verlieh. Nur 7.000 Stück wurden davon hergestellt und nie weiterentwickelt, nachdem die Fallschirmjäger wegen ihrer hohen Verluste auf Kreta an Bedeutung verloren. Die letzte Waffe dieser Art war völlig anders. Sie trug nicht weniger als drei verschiedene Namen, am bekanntesten war sie als MP43 oder MP44. Die Bezeichnung

Der Obergefreite Robert Leigh zeigt eine Sammlung erbeuteter deutscher Waffen vor. Neben seinem eigenen Gewehr trägt er drei Maschinenpistolen MP40 und zwei MG42-Maschinengewehre, welche das Muster für das amerikanische Maschinengewehr M60 abgaben, das man nach dem Krieg baute.

MP deutet zwar auf eine Maschinenpistole hin, jedoch handelte es sich um ein Sturmgewehr, welches aus dem ersten Sturmgewehr, dem MKb42H (Maschinenkarabiner 42[H]) entwickelt wurde und eine halbschwere 7,92-mm-Patrone verschoss. Die MP43 tauchte im Herbst 1943 auf und ähnelte der späteren AK-47 Kalaschnikow. Im April 1944 wurde die Bezeichnung aus unerfindlichen Gründen in MP44 und danach auf Hitlers Veranlassung in Sturmgewehr (StG) 44 geändert. Dieses Gewehr war somit eine leichte, vollautomatische Waffe mit der gleichen Magazinkapazität wie die Maschinenpistole (30 Schuss), aber erhöhter Feuerkraft.

Die deutschen Soldaten mochten auch eine amerikanische Waffe, den M1 Carbine, der als leichtes Gewehr für jene entwickelt worden war, die keine große Garand benötigten. Der Carbine verwendete das 0,300-Zoll-Geschoss und war damit für größere Entfernungen kaum brauchbar, was aber seiner Popularität keinen Abbruch tat. Sein geringes Gewicht, seine Zuverlässigkeit und seine leichte Handhabung führten zu hoher Nachfrage. Es folgten voll automatische Weiterentwicklungen wie das M2 und das M1A1 mit seiner ausklappbaren Schulterstütze zum leichteren Tragen bei den Fallschirmjägern. Dies alles machte ihn bei den Deutschen so beliebt, dass alle erbeuteten Carbines in Einsatz kamen und sogar die deutsche Bezeichnung SKb455(a) erhielten, wobei SKb „Selbstladekarabiner" und das a „amerikanisch" bedeutete. Natürlich wurde der Carbine in der Ardennenschlacht viel häufiger von den Amerikanern verwendet, war aber in nicht unbeträchtlicher Zahl auch in deutschen Händen zu finden.

SCHWERE MASCHINENGEWEHRE

Als letztes sollte man sich noch die Maschinengewehre der beiden Seiten genauer ansehen. Auf amerikanischer Seite standen drei Typen im Einsatz. Die ersten beiden waren die üblichen Typen vom Kaliber 0,3 und als schweres eine 0,5-Zoll-Waffe von Browning. Beides waren wirksame Waffen, die sich immer wieder bewährt hatten. Das dritte war ebenfalls gut, aber ob es ein leichtes Maschinengewehr oder ein schweres automatisches Gewehr war, ist Auffassungssache. Dies war die M1918 Browning Automatik, stets bekannt als die BAR. Sie verwendete 0,3-Zoll-Munition aus ihrem austauschbaren 20-Patronen-Magazin. Das kleine Magazin erforderte häufigeres Nachladen, vor allem im Automatik-Modus. Von der Schulter aus bedient war sie im Automatik-Modus zu leicht für eine gute Schusskontrolle, aber zu schwer, um als Gewehr eingesetzt zu werden. Ein Stütz-Zweibein erwies sich deshalb als recht hilfreich. Abgesehen von diesen Nachteilen war es eine exzellente Waffe, die sich bei der Truppe großer Beliebtheit erfreute.

Die Deutschen hatten mit ihrem MG34 das erste Allzweck-Maschinengewehr (GMPG) eingeführt. Dies war ein Gerät hoher Qualität, aber schwer in Massen herzustellen. Es wurde in der Produktion vom MG42 abgelöst, obgleich es bis Kriegsende im Einsatz blieb. Beide MGs konnten entweder auf einem Dreibein montiert für Dauerfeuer oder mit einem Zweibein unterstützt eingesetzt werden. Die Läufe konnten zur Vermeidung von Überhitzungen leicht ausgetauscht werden. Das MG42 war bei Dauerfeuer mit Zweibein-Unterstützung wegen der hohen Schussrate etwas ungenau, was aber durch seine Feuerkraft mehr als ausgeglichen wurde.

Somit waren beide Seiten mit guten Infanteriewaffen ausgerüstet. Die Deutschen hatten den Vorteil der größeren Auswahl an automatischen Waffen, die den Soldaten zur Verfügung standen, was aber leicht überschätzt werden kann. Wichtiger war am ersten Tag des Angriffs das Überraschungsmoment. Als die deutsche Artillerie in der Dunkelheit des frühen Morgens am 16. Dezember 1944 das Feuer eröffnete, darf man ruhig sagen, dass dieses voll gegeben war.

SELBSTFAHRLAFETTE M10/90MM
SELBSTFAHRLAFETTE M36 JACKSON

Das M10-Geschütz verwendete das Fahrwerk des Sherman-Panzers mit einer neuen Umkleidung und einem nach oben geöffneten Turm. Die Panzerung war zwar dünn, aber durch die Schräganordnung etwas verstärkt. Die Produktion begann 1942 und endete knapp 3 Monate später. Die 76,2-mm-Kanone war zwar eine wirksame Waffe zum Zeitpunkt der Entwicklung, verlor aber an Effektivität, als die Panzerung der deutschen Panzer verstärkt wurde. Die britische Armee löste das Problem durch Austausch der 3-Zoll-Kanone gegen eine 17-Pfünder-Panzerabwehrkanone.

Auf die M10 folgte die ähnlich aussehende M36 mit ihrer 90-mm-Kanone, die es mit allem aufnehmen konnte, was ihr entgegentrat. Doch zu der Zeit, als sie in Dienst gestellt wurde (kurz vor dem Beginn der Ardennenoffensive), wurde sie häufiger zur Unterstützung der Infanterie als gegen Panzer eingesetzt.

KAPITEL VIER

DIE SECHSTE PANZERARMEE

Den Hauptvorstoß in der Ardennenoffensive führte die 6. Panzerarmee aus. Sie war von den drei bereitgestellten Armeen am besten ausgerüstet und ihr Angriff drang tief in die amerikanischen Linien ein. Trotz des Überraschungsmoments und ihrer zahlenmäßigen Überlegenheit traf die 6. Panzerarmee auf harten Widerstand. Auf dem ganzen Vormarsch zeigten kleinere Gruppen von Amerikanern, dass Hitlers Vorstellung von einem amerikanischen Rückzug in Panik restlos falsch war.

DER ANGRIFF DER 6. PANZERARMEE erfolgte zeitgleich mit den anderen beteiligten Einheiten um 5.30 Uhr am 16. Dezember 1944. Da sie den Hauptstoß der Offensive führen sollte, war sie die stärkste der drei Armeen, bestehend aus fünf Fallschirmjäger- und Volksgrenadierdivisionen, über 1.000 Geschützen und vier SS-Panzerdivisionen. Die Soldaten der 6. Panzerarmee hatten gegenüber den anderen Teilnehmern an der Offensive den Vorteil der besseren Ausrüstung und Erfahrung; die Auffüllungsreserven in den Einheiten hatten einige Erfahrungen sammeln können, als die Armee in weniger harte Gefechte verwickelt war. Außerdem waren die zugeteilten Reserven generell etwas jünger (und wahrscheinlich auch enthusiastischer) als die in anderen Einheiten, die sich auf eine Mischung aus ehemaligen Luftwaffensoldaten und Überalterten verlassen mussten. Wie der Begriff „überaltert" andeutet, wären diese Leute in normalen Zeiten nie an die Front gekommen.

Eine Gruppe Fallschirmjäger auf einem Tiger II-Panzer der SS. Die Aufnahme zeigt nicht nur die Größe des Tiger II, sondern vermittelt auch einen Eindruck von seiner 88-mm-Kanone. Ein ungeheurer Panzer, der durch Größe und Gewicht in seiner Beweglichkeit eingeschränkt war.

Die 6. Panzerarmee schien für den Hauptstoß der Offensive am besten geeignet, stand aber noch vor einigen Problemen. Ihre Artillerieunterstützung war zwar größer als die der beiden anderen Armeen zusammen, sie war aber relativ unbeweglich, weil Geschütze auf Selbstfahrlafetten fehlten. Dies war nicht der einzige Sektor, auf dem sich Mangel auftat. Es fehlte auch an den Pionierkompanien, die den Weg durch die feindlichen Hindernisse bahnen, Minen räumen und die scheinbar unzähligen Aufgaben lösen konnten, die den Pionieren in der Schlacht zufallen. Ein weiteres wichtiges Problem war der Mangel an Sturmgeschützen zur Unterstützung der Infanterie. Diese hatten sich in vorangegangenen Kämpfen als sehr hilfreich erwiesen und die Infanterie war an die Unterstützung durch ihre Feuerkraft in kritischen Momenten ihres Vormarsches gewohnt. Nur die 3. Fallschirmjägerdivision im Infanterieeinsatz verfügte über den vollen Satz an Sturmgeschützen und es war abzusehen, dass dieser Mangel den Vormarsch der anderen Divisionen beeinträchtigen würde. Die 6. Panzerarmee hatte den Vorteil der Überraschung auf ihrer Seite, sodass Mängel in wichtigen Bereichen sich kaum bemerkbar machen sollten, selbst wenn es den Amerikanern gelingen sollte, nach dem ersten Angriffsschock so etwas wie geordneten Widerstand aufzubauen.

Ein amerikanischer Unteroffizier in partieller Deckung hinter einem Baumstamm beim Absuchen des Waldgebietes nach feindlichen Stellungen. Seine Waffe ist der M1 Carbine, der bei den Soldaten wegen seiner Leichtigkeit und seiner einfachen Handhabung sehr beliebt war.

> Wir hatten eine Dienstbesprechung, wo man uns erzählte, wir seien eine Eliteeinheit. Alle Waffengattungen waren vertreten, Flieger, Seeleute, Fallschirmjäger und sogar Zivilisten ... Jeder Verstoß konnte mit dem Tode bestraft werden ... Einer unserer Kameraden, der unser Lager verlassen durfte, um Ersatzteile zu besorgen, nahm unzensierte Briefe mit nach draußen und warf sie außerhalb ein. Dies kam bei einer Überprüfung ans Licht und er wurde dafür erschossen.
>
> *Unteroffizier Georges, 4./Panzerregiment 11*

Die 6. Panzerarmee hatte den Auftrag, auf der Linie von Monschau nach Krewinkel, 5 km hinter Losheim, anzugreifen. Dies war wegen des schwierigen Geländes ein schmalerer Abschnitt als im südlichen Sektor, weil Bewegungen querfeldein für die Panzer extrem schwierig waren, solange man nicht über die Hautes Fagnes hinaus war.

DER PLAN

Der erste Angriff sollte vom I. SS-Panzerkorps und vom LXVII. Korps vorgetragen werden. Trotz ihrer Bezeichnungen waren die beiden Einheiten nicht gleich stark; das I. SS-Panzerkorps bestand aus zwei Panzerdivisionen und drei Infanteriedivisionen, sein Partner bestand nur aus zwei Infanteriedivisionen. In der Planungsphase bestand Uneinigkeit darüber, ob die Panzer oder die Infanterie den Angriff einleiten sollte; Dietrich meinte, dies sei Sache der Panzer, doch Model ordnete an, dass die drei Infanteriedivisionen des I. SS-Panzerkorps den Durchbruch erzwingen sollten, indem sie auf beiden Seiten von Udenbreth durch die amerikanischen Linien brechen sollten. Wenn erst einmal eine Lücke vorhanden sei, sollte die Infanterie herumschwenken und die Straßen decken, die zu jener führten, welche die Panzer auf ihrem Weg nach Lüttich einschlagen sollten. Danach sollte das LXVII. Korps auf beiden Seiten von Monschau angreifen, die Straße zwischen Mützenich und Elsenborn überschreiten und dann nach Norden und Westen schwenken. Dabei sollten sie zum Hochmoor der Hautes Fagnes vorrücken und sich dort mit von der Heydtes Fallschirmjägern vereinen. Zusammen mit den Fallschirmjägern und einigen der berühmten Jagdtiger-Sturmgeschütze sollte dann die Infanterie des LXVII. Korps auf der Linie Simmerath-Eupen-Limburg eine Flanke errichten. Nach diesem Plan sollten also die fünf Infanteriedivisionen der 6. Panzerarmee eine Schutzflanke oder „Schulter" bilden, die den Vormarsch der beiden Panzerdivisionen des I. SS-Panzerkorps decken sollten. Diese sollten bei Krinkelt-Rocherath durch den nördlichen Sektor der Losheim-Schlucht vorstoßen. Hinter dem Vormarsch dieser Einheiten sollten die Panzer des II. SS-Panzerkorps als zweite Welle zum Kampf anrollen. Es war geplant, dass in den ersten 24 Stunden des Kampfes die amerikanischen Linien durchbrochen werden sollten. Am zweiten Tag sollten die Panzereinheiten die Hautes Vagnes durchrollen und in Richtung Maas vorrücken, welche sie am Ende des dritten Tages erreichen sollten. Der vierte Tag sollte mit der Sicherung der Maas-Brückenköpfe enden. So sah zumindest der Plan aus.

DIE GEGNERISCHE SEITE

Der 6. Panzerarmee direkt gegenüber lagen die Einheiten des V. US-Korps, deren Südabschnitt von der 99. Infanteriedivision unter Generalmajor Walter E. Lauer gehalten wurde. Diese Einheit war erst im September nach Europa verlegt worden und hatte wenig Kampferfahrung. Sie war dem V. Korps in der Annahme zugeteilt worden, dass der Frontabschnitt hier relativ ruhig sei und somit die Soldaten Gelegenheit bekämen, einige Erfahrungen zu sammeln, bevor sie härteren Bewährungsproben ausgesetzt werden sollten. Die 99. sollte weit mehr Erfahrungen machen als vorgesehen. Ihr Frontabschnitt erstreckte sich von Monschau bis Lanzerath mit Schwerpunkt an der Eisenbahnlinie nördlich von Lanzerath; der Abschnitt war somit 30 km lang. Für eine neue Division war dies eine beachtliche Länge, wenn auch die Überlegungen hinter dieser Einteilung sinnvoll erschienen. Der Kommandeur des V. Korps meinte, die 99. Infanteriedivision würde wohl die Stellung halten, während er seine erfahreneren Divisionen zur Einnahme der Rur-Dämme einsetzen konnte. Durch diese Ausdünnung der Front konnte er die erfahrenen Einheiten verstärken, zumal die Gefahr eines feindlichen Angriffs angesichts des sehr ungünstigen Geländes und des offensichtlich schlechten Zustandes der deutschen Truppen in der Gegend relativ klein war. Diese Annahmen waren wichtig, denn die Stellungen der 99. Division verliefen in den Wäldern des Monschauer Forsts, die schwer zu verteidigen waren, weil die Straßen zu den vorderen Linien aus morastigen, ausgefahrenen Holzwegen bestanden. Die Dichte der Bäume gab kaum ein Schussfeld für die Verteidigung frei und in manchen Abschnitten war das Gelände so ungünstig, dass die 99. gezwungen war, kleine Stützpunkte einzurichten, um ihren Frontabschnitt gegen einen möglichen Angriff zu sichern. Diese Stützpunkte bedeuteten Lücken in der Front, welche die Gefahr bargen, dass der Feind durch sie einsickern und so die Verteidigung auf verhängnisvolle Weise aufrollen könnte.

Die Bedrohung durch einen Angriff sahen die amerikanischen Kommandeure jedoch vorerst nicht. Seit dem 8. Dezember bereitete sich das V. Korps auf den Angriff auf die Rur-Dämme vor, der am 13. Dezember startete. Teile der 2. Division rückten über die Linien der 99. Division vor. Die 99. selbst war am Angriff insofern beteiligt, als das 1. und das 3. Bataillon des 395. Infanterieregiments mit vorstießen; andere Teile der Division mussten Ablenkungsmanöver durchführen. Der Vormarsch verlief glatt, bis die Angreifer deutsche Stützpunkte erreichten, von wo ab er sich verlangsamte. Am 15. Dezember schien jedoch noch alles glatt zu laufen. Es gab ein paar Hinweise darauf, dass die Deutschen ihre Verteidigungsstellungen verstärkt hatten, was aber unter den gegebenen Umständen als normal angesehen wurde. Die amerikanischen Kommandeure rechneten mit einem deutschen Gegenangriff auf die Stellungen der 99. Division. Dies bedeutete, dass die Eröffnung der Ardennenoffensive die Amerikaner anfangs auf dem falschen Fuß erwischte. Sie erwarteten einen lokalen Angriff, aber kaum so etwas wie die Ereignisse vom 16. Dezember.

ERÖFFNUNGSZÜGE

Um 5.30 Uhr am 16. Dezember eröffnete die deutsche Artillerie auf ganzer Frontbreite das Feuer gegen die amerikanischen Stellungen. Die vorgeschobenen Posten des 394. Infanterieregiments dachten zunächst, das Feuer ginge von der eigenen Artillerie aus, bis sich innerhalb von Minuten klärte, gegen wen es gerichtet war. Dies war nun gar nicht im Einklang mit den Geheimdienstberichten, wonach die Deutschen über sehr wenig Artillerie im Bereich des 394. Regiments verfügten. Die Intensität des Angriffs strafte diese Behauptung Lügen und die Soldaten suchten Deckung. Zum Glück war das 394. in der relativ ruhigen Periode seit seiner Ankunft nicht müßig gewesen, sondern hatte massive Unterstände mit soliden Abdeckungen aus dem reichlich vorhandenen Holz errichtet, so dass die Verluste durch den Artilleriebeschuss minimal blieben. Kurz danach sah man deutsche Infanterie, die sich zwischen den Bäumen vorarbeitete, was aber immer noch nicht als Anzeichen gewertet wurde, dass ein größerer Angriff bevorstand. Man darf nicht vergessen, dass die Amerikaner irgendeine Art von Angriff der Deutschen erwarteten und dies schien dem zu entsprechen, wenn auch das Artilleriefeuer heftiger war als erwartet. Es dauerte

Deutsche Soldaten gehen an einem US-Konvoi vorbei. Die Aufnahme stammt aus einer Filmserie, die nach dem Überfall auf den Konvoi aus dem Hinterhalt gedreht wurde. Der vordere Soldat hat einen Mauser Karabiner 98K, der Mann im Graben das Sturmgewehr StG44.

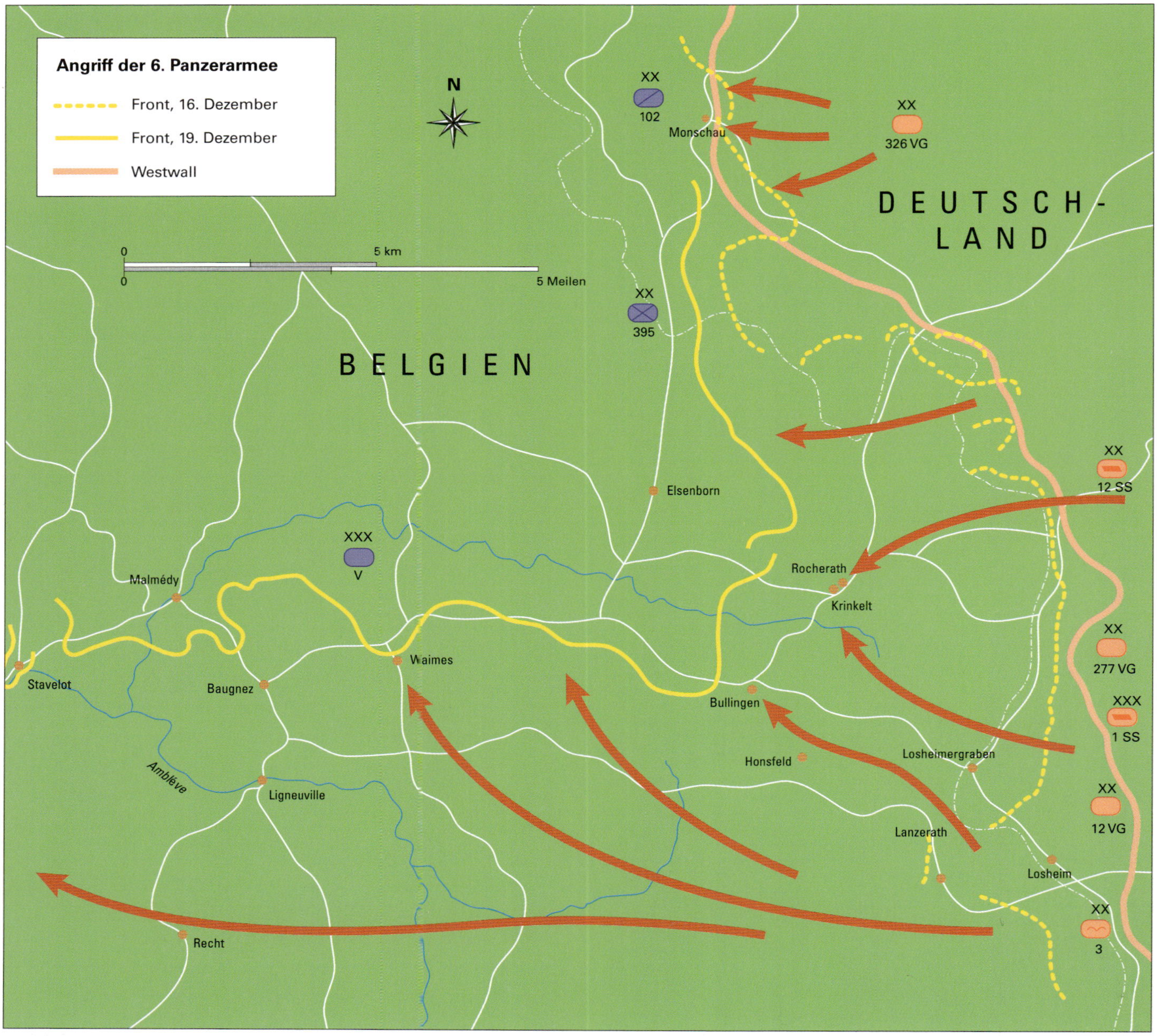

Die Karte vermittelt einen Eindruck vom anfänglichen Geländegewinn der Deutschen. Trotz erbitterten Widerstandes schaffte es der deutsche Angriff, die Amerikaner auf ganzer Frontbreite zurückzudrängen, der Erfolg war im Norden allerdings viel geringer als im Süden.

aber nicht lange, bis klar war, dass diese Einschätzung falsch war. Bald trafen von überall Berichte ein, dass der gesamte, 20 km lange Abschnitt der 99. Division angegriffen wurde.

DIE VERTEIDIGUNG VON HÖFEN

Im Nordsektor der 6. Panzerarmee war das Dorf Höfen ein wichtiges Ziel der deutschen Offensive, weil es die Straße nach Monschau kontrollierte. Wer Höfen in Besitz hatte, hatte auch den Zugang zur Straße nach Eupen in der Hand, wo das Hauptquartier des V. US-Korps untergebracht war. Höfen selbst wurde vom 3. Bataillon des 395. Infanterieregiments verteidigt, welches durch das massive Artilleriefeuer geweckt wurde, das erhebliche Schäden im Dorf anrichtete. Häuser stürzten ein und die Straßen wurden vom unheimlichen Schein der Flammen und dem fahlen Licht der deutschen Suchscheinwerfer erhellt, das von den tief hängenden Wolken reflektiert wurde. Nach dem Ende des Beschusses stellte der

Kommandeur des 3. Bataillons fest, dass seine Verbindung zur Artillerie unterbrochen war. Obwohl dies nicht ideal war, verfügte das Bataillon über einige kompensierende Vorteile für den bevorstehenden Angriff. Vor allem lag man schon seit Anfang November in Höfen und hatte massive Verteidigungsstellungen errichtet. Das Dorf war schwer getroffen, es gab aber keine Opfer unter den Soldaten, die in Schützenlöchern mit stabiler Überdachung gut geschützt waren. Höfen lag außerdem auf einem Hügel mit all den Vorteilen, die eine solche Position einem verschanzten Verteidiger bieten konnte. Butler hatte sich davon überzeugt, dass seine Soldaten die Positionen gut ausgewählt hatten und über ein freies Schussfeld verfügten. Das Bataillon konnte auch mit den Panzerabwehrkanonen des 612. Bataillons rechnen, das – obwohl zur 2. Division gehörend – auf dem Weg durch die Linien der 99. Division zu den Rur-Dämmen gerade in Höfen anhielt.

Kurz nach dem Ende des Artilleriefeuers konnten die Amerikaner die Angriffskompanien der 326. Volksgrenadierdivision auf sie vorrücken sehen. Später beschrieb man den Vormarsch der Einheit als ausschwärmend in langsam-methodischem Schritt. Die Deutschen waren in ziemlicher Unterzahl. Der Angriff sollte von der 326. und der 246. Volksgrenadierdivision vorgetragen werden, aber die 246. Volksgrenadiere waren durch kurz zuvor erfolgte amerikanische Angriffe aufgehalten worden und konnten sich nicht pünktlich zum Angriff einfinden. Der 326. fehlten auch noch eigene Leute, da ein Bataillon zur Verteidigung der Rur-Dämme abgezogen worden und nicht rechtzeitig für den Angriff zurück war. Ein weiteres Bataillon war nach Wahlerscheid zurückgezogen worden, um einen Angriff der 2. US-Division abzuwehren und konnte sich erst Stunden vor dem Fall der Stadt absetzen. Auch diese Einheit schaffte es nicht, rechtzeitig zu den Ausgangsstellungen zu kommen, sodass schließlich nur vier Bataillone zum Angriff auf Höfen bereitstanden, anstelle der im deutschen Angriffsplan vorgesehenen vierzehn.

Die Deutschen gingen den steilen Hügel vor dem Dorf hinauf vor, bis sie etwa 200 m vor den amerikanischen Linien standen. Da eröffneten die Amerikaner synchron das Feuer und mähten die Angreifer reihenweise nieder. Es kam zu entsetzlichen Verlusten, aber die entschlossenen Deutschen

Der Kommandeur eines Jagdpanzers sucht den Horizont nach dem Feind ab. Der M10 nutzt das Gelände, um sein eigenes hohes Profil zu verringern. Dass der Turm oben offen und somit die Besatzung Granatsplittern und jedem Wetter ausgesetzt ist, ist deutlich sichtbar.

Zwei US-Infanteristen hinter einem Panzer in Deckung vor deutschem Artilleriefeuer. Da sie sich vor dem Ende des Feuers nicht bewegen können, vertreibt man sich die Zeit mit einer Zigarette. Der Mann im Vordergrund hält eine M1-Thompson-Maschinenpistole in der Hand.

drängten weiter vorwärts und stoppten erst, als sie in die Unterstände der Verteidiger stolperten. Das Abwehrfeuer war so stark, dass die Deutschen die amerikanischen Stellungen nicht erobern konnten und sich zurückziehen mussten. Ungefähr 30 Deutschen gelang es, einige Häuser zwischen den Kompanien I und K einnehmen, sie wurden aber nach einer Stunde wieder hinausgeworfen. Nach ihrem Rückzug zählte man die Verluste im 3. Bataillon, die sich auf vier Tote beliefen. Die angreifenden Volksgrenadiere hatten über 100 Mann verloren. Damit war der deutsche Angriff auf Höfen für den 16. Dezember zu Ende. Kurz bevor 24 Stunden nach dem Erstangriff vergangen waren, griffen die Deutschen wieder an, diesmal mit Sturmgeschützen. Wieder war das Abwehrfeuer mörderisch, und obwohl einige Deutsche das Dorf erreichen konnten, starben sie dort. Kurz nach Tagesanbruch brachen einige Deutsche durch und es sah so aus, als würden sie den Bataillonsgefechtsstand erobern. Oberstleutnant Butler forderte Artilleriefeuer auf seine eigene Stellung an (die Verbindung zur Außenwelt war wieder hergestellt), aber bevor dieser verzweifelte Befehl durchgeführt wurde, machten sich die Panzerabwehrgeschütze bemerkbar. Die Sturmgeschütze mussten sich zurückziehen und die Infanterie konnte sich ohne sie nicht halten. Wieder mussten die Deutschen zurück. Sie kamen nicht wieder.

Der Angriff auf Höfen zeigte, dass Hitlers Vorstellung, die Amerikaner seien leicht zu schlagen, alles andere als realistisch war. Mehr als 500 Soldaten mussten sterben, um dies zu beweisen. Höfen blieb fest in amerikanischer Hand.

MONSCHAU

Ähnliche Probleme hatten die Deutschen bei Monschau. Der Ort wurde von der 38. Aufklärungsschwadron unter dem Befehl von Oberstleutnant Robert E. O'Brien gehalten. Die Truppenstärke war relativ klein, man konnte aber 50 Maschinengewehre von den Fahrzeugen abbauen und damit die Stellungen verstärken. Mit Ausnahme des felsigen Terrains zur Rechten der Einheit, das Angreifern brauchbaren Schutz bot, hatten die Stellungen gutes Schussfeld über die Hangbereiche vor der Stadt. Auf Befehl von Generalfeldmarschall Model war Monschau im Gegensatz zu Höfen ein Artilleriebeschuss erspart geblieben; offenbar wollte er keine deutsche Stadt zerstören.

Die Sturmtruppen des deutschen 752. Regiments trugen ihren Angriff vor, sobald das Artilleriefeuer an der übrigen Front aufhörte. Die Vorposten der Schwadron meldeten Geräusche eines Vormarsches entlang der Straße, die von Südosten nach Monschau führte. Man ließ die Deutschen bis zur Straßensperre auf dieser Straße herankommen, als die amerikanischen Mörser Salven von Leuchtgranaten auf sie abschossen. Dann eröffneten die Soldaten das Feuer mit allem, was sie hatten, inklusive den 37-mm-Kanonen auf ihren Panzerspähwagen, die gegen Truppenansammlungen verheerend wirkende Schrapnelle schossen. Der erste Angriff wurde abgewiesen, aber die Deutschen unternahmen einen weiteren Angriff bei Tagesanbruch am 16. Dezember. Dieser wurde ebenfalls zurückgeschlagen; am ersten Tag erfolgten keine weiteren Angriffe auf den Ort.

BAHNHOF BUCHHOLZ

Eine weitere Kampfhandlung fand in der kleinen Stadt Buchholz statt. Das 3. Bataillon des 394. Infanterieregiments war hier als Divisionsreserve stationiert worden und war überrascht, dass hier eine Feindberührung und zwar mit Teilen

Ein Panther fährt zur Seite, um einen Kübelwagen vorbeizulassen. Die Bedingungen sind typisch für das, was beide Seiten in der Ardennenschlacht mitmachen mussten.

> Ende November wurden wir einem intensiven Training unterzogen. Wir wurden mit amerikanischer Kleidung, Dollars und englischen Pfund vertraut gemacht und erhielten passende „neue" Ausweispapiere. Wir mussten all unsere persönlichen Dinge abgeben, die von den Ausbildern aufbewahrt wurden.
>
> *Oberleutnant Dreier, kommandierender Offizier, 4./Panzerregiment 11*

des 12. Volksgrenadierregiments zustande kam. Die Deutschen hatten guten Grund, den Bahnhof anzugreifen, weil sie Kontrolle über den Bahnverkehr brauchten. Auf ihrem Rückzug im Herbst hatten sie die Straßenbrücke, die über die Schienen verlief, gesprengt; nun in der Offensive bedeutete das Fehlen dieser Brücke (über welche die internationale Straßenverbindung verlief) ein echtes Problem. Wegen des dichten Waldes mussten die Panzer auf der Straße vorrücken und wenn Panzereinheiten Losheimergraben erreichen sollten, um ihren Vormarsch zur Maas einzuleiten, mussten sie über die nun zerstörte Brücke. Der einzige Ausweg bestand darin, die Eisenbahn zu erobern und die Brücke von Pionieren wiederherstellen zu lassen. Die 12. Volksgrenadierdivision hatte also die Aufgabe, die Amerikaner aus der Gegend zu vertreiben, damit die Pioniere ihre Arbeit tun konnten.

EIN FRÜHSTÜCKSEMPFANG

Die L-Kompanie des 349. Bataillons war am Bahnhof Buchholz stationiert und hatte bereits einen aufregenden Morgen hinter sich. Der Artilleriebeschuss hatte die Männer in Deckung gezwungen, wo sie das Feuer 90 Minuten lang über sich ergehen lassen mussten. Es gab keine Verluste und sobald der Beschuss aufhörte, verließ man die Bunker und stellte sich zum Fassen des Frühstücks an. Die Feldküche war in der Nacht angerollt und sollte den Leuten das erste warme Essen seit Tagen servieren. Etwa um 7.45 Uhr, als die hungrigen Männer immer noch für ihr begehrtes Frühstück anstanden, bemerkten sie Gestalten, welche die Bahngleise in Zweierreihen herunterkamen. Bald wurde klar, dass es etwa 50 Mann waren, aber der Nebel machte ein sicheres Erkennen unmöglich. Man spekulierte darüber, zu welchem Teil des 394. sie gehören könnten, und einigte sich darauf, dass es sich wohl um den Waffen-Zug handle.

Hauptfeldwebel Elmer Krug, der die Frühstücksausgabe überwachte, war sich nicht sicher, ob diese Annahme stimmte. Er spähte etwas intensiver in den Nebel und erkannte die Wahrheit: Die Männer waren Deutsche. Zur gleichen Zeit meinten einige Amerikaner Stimmen zu hören, die kein Englisch sprachen. Krug brauchte diese Bestätigung nicht mehr, denn er legte schon seinen M1 Carbine an und eröffnete nach einem Warnschuss für seine Männer das Feuer. Die Attraktivität des warmen Frühstücks war vergessen; die Leute der L-Kompanie, die die Deutschen sehen konnten, griffen zu ihren Waffen und schossen. Das Frühstück und die weiteren Mahlzeiten mussten am 16. Dezember noch warten.

FEHLSCHUSS UND TREFFER

Die Deutschen sprangen entweder hinter den geschlossenen Güterwagen oder in die Gräben neben den Gleisen in Deckung. Nachdem sie einigermaßen geschützt waren, erwiderten sie das Feuer. Die L-Kompanie war von Einheiten der Panzerabwehrkompanie des Regiments verstärkt und die Kanoniere nahmen die Güterwagen mit ihren 57-mm-Kanonen unter Feuer. Man erzielte einige Treffer und der Gefreite John Claypool versuchte, die Deutschen mit der Bazooka anzugreifen. Es war aber nicht Claypools Glückstag. Er schoss mehrere Raketen ab, die zu seinem Ärger alle ihr Ziel verfehlten. Er lag nie weit daneben, konnte aber sein Visier nie richtig einstellen. Die erste lag zu kurz, also zielte er höher. Daraufhin flog die zweite über den Wagen hinweg. Er stellte sein Visier abermals nach und diesmal schlug die Rakete kurz vor dem Güterwagen ein, etwas näher als die erste. Claypool justierte nach und sah verärgert zu, wie seine vierte Rakete über den Waggon hinwegflog. Zu diesem Zeitpunkt stieß der Techniker 5, George Bodnar, zu Claypool, nachdem er selbstlos aufgesprungen war, um einen verwundeten Deutschen mit einem Schutzdach eines Zeltes abzudecken, in der Hoffnung ihn damit etwas zu schützen. Als er bei Claypool ankam, fragte er frozzelnd, wie Claypool mit der Bazooka zurechtkäme. Claypool erzählte von seinen Fehlschüssen und überließ Bodnar die Waffe. Man muss fairerweise anerkennen, dass Claypool seine Waffe selbst laden, zielen und abfeuern musste, was ihn etwas nervös gemacht haben mag. Bodnar konnte sich auf sein Ziel konzentrieren während Claypool die Rakete lud. Mit dem ersten Schuss verfehlte Bodnar sein Ziel knapp, aber der zweite schlug in den ersten Güterwagen ein. Etliche Deutsche sprangen heraus und liefen in Deckung, während Claypool nachlud. Die dritte Rakete schlug im Dach des Güterwagens ein, der als Folge des Beschusses in Flammen aufging. Die überlebenden

Müde Soldaten aus der B-Kompanie des 101. Pionierbataillons kommen aus den verschneiten Wäldern um Wiltz nach einer Nacht auf vorgeschobenem Posten. Die zwei Mann vorne tragen Bazookas, während der hintere mit seinen Munitionskisten für die Kamera posiert.

Deutschen gaben ihre Stellung auf und rannten zur nächsten Deckung, verfolgt vom Gewehrfeuer der Amerikaner, welches um sie herum den Dreck aufspritzen ließ.

Zu diesem Zeitpunkt schlugen deutsche Artilleriegeschosse um den Bahnhof herum ein, was aber nach einigen Minuten nachließ und dann ganz aufhörte. Die Amerikaner merkten, dass sich die Deutschen zurückzogen und die Unteroffiziere riefen ihren Leuten zu, sie sollten das Feuer einstellen, um Munition zu sparen. Die GIs näherten sich den Güterwagen, forderten die überlebenden Deutschen auf, sich zu ergeben, und sammelten über 30 Gefangene ein, die sie zum Bahnhof brachten.

TRAVALINI ROBBT VORWÄRTS

Major Norman Moore, der Kommandeur der L-Kompanie, ließ sich nicht zu der Annahme verleiten, dass die Deutschen an diesem Tag nichts mehr unternehmen würden. Er schickte einen Melder zur benachbarten K-Kompanie mit Befehlen für ihren Kommandanten, Hauptmann Wesley Simmons, er solle zur Hilfe kommen. Dann sandte Moore Instruktionen an den Mörser-Zug der M-Kompanie, er solle demnächst Feuerunterstützung geben. Als er dies durchgab, lief eine deutsche Patrouille in den Abschnitt der K-Kompanie, wurde jedoch nach kurzem, heftigem Feuerwechsel vertrieben. Die K-Kompanie verschanzte sich daraufhin in der Gewissheit, dass bald wieder etwas passieren würde. Um 10.50 Uhr sichtete man eine deutsche Patrouille in Richtung K-Kompanie, die sogleich beschossen wurde. Das amerikanische Feuer war sporadisch und die Patrouille zog sich rasch zurück, nachdem sie ihr Ziel erreicht hatte, den Standort der K-Kompanie auszukundschaften. Zehn Minuten später leiteten die Deutschen einen Angriff auf den Bahnhof Buchholz mit Mörserbeschuss ein. Zwei deutsche Kompanien waren auf die K-Kompanie angesetzt; es entwickelte sich wieder ein verbissenes Feuergefecht, bei welchem keine Seite nachgab.

Um feindliche Scharfschützen angreifen zu können, sind zwei Soldaten auf das Dach eines kleinen Hauses geklettert. Sie laden ihre M1-Garand-Gewehre; offenbar sind keine deutschen Scharfschützen in der Nähe, denn die beiden geben so, wie sie da sitzen, ideale Ziele ab.

DAS STURMGESCHÜTZ

Aufgrund der Erfahrungen des Ersten Weltkrieges kam die deutsche Wehrmacht zum Schluss, dass eine mobile Artillerie notwendig sei, die den Infanterieangriffen folgen und, falls nötig, Feuerunterstützung bieten konnte. Eine entsprechende Entwicklung begann kurz nach Hitlers Machtübernahme im Rahmen der deutschen Wiederaufrüstung. Auf der Karosserie und dem Laufwerk des Panzer III wurde eine Kanone montiert und als „Gepanzerte Selbstfahrlafette für Sturmgeschütz 7,5 cm SdKfz 142", abgekürzt: Sturmgeschütz III oder meist einfach StuG III, bezeichnet. Die Absicht war, das StuG III in Sturmgeschütz-Bataillonen mit 18 bis 24 Geschützen pro Einheit einzusetzen, mit der Aufgabe, Panzergrenadierdivisionen zu unterstützen. Die Leistungsfähigkeit des Geschützes hatte zur Folge, dass das StuG III häufig in der Panzerabwehr eingesetzt wurde. Als sich 1941 herausstellte, dass die deutsche Industrie nicht in der Lage sein würde, dem Bedarf der Panzerdivisionen nachzukommen, wurde das StuG III in die normalen Panzereinheiten integriert, um diese auf ihre Sollstärken zu bringen. Das Sturmgeschütz war keine glückliche Lösung, denn ohne Turm hatte es nicht die Flexibilität eines echten Panzers – aber immerhin war es besser als gar nichts.

Der neue Angriff brachte die Männer des Panzerabwehrzuges in Bedrängnis, als die Deutschen zu einem kleinen Schuppen auf einem nahen Bauernhof vorrückten. Feldwebel Savino Travalini, der Führer des Panzerabwehrzuges, befand sich direkt gegenüber dem Schuppen und beobachtete, wie die Deutschen direkt vor dem Gebäude ein Maschinengewehr installierten. Das MG42 eröffnete mit seinem wohl bekannten Klangmuster, das an das Zerreißen eines Baumwolltuches erinnert. Travalini erkannte, dass die MG-Schützen den Ausgang des ganzen Gefechts entscheiden konnten. Wenn sie es schafften, die Männer des 3. Zuges (bei dem der Panzerabwehrzug lag) mit ihrem Feuer niederzuhalten, konnten sie die Flanke der K-Kompanie unter starken Druck setzen und eine Einkreisung des ganzen Bataillons ermöglichen. Travalini steckte sich einige Handgranaten in seine Jacke und robbte vorwärts. Dabei hielt er ab und zu inne und gab ein paar Schuss aus seinem M1 Carbine in Richtung der Deutschen ab. Als er glaubte, nah genug zu sein, sprang er auf und schleuderte seine Handgranaten auf die Deutschen. Die Granaten explodierten, töteten die MG-Schützen und Travalini lief zurück zu seiner Stellung.

Das MG42 war zwar ausgeschaltet, aber aus dem Schuppen kam intensives Feuer auf die Stellung. Travalini ließ sich von seinen Leuten eine Bazooka mit Raketen geben, richtete das Visier auf den Schuppen ein und schoss. Das Geschoss traf die Mitte des Schuppens und Qualm quoll aus dem Eingang. Zwei benommene Deutsche verließen den Schuppen und taumelten weg. Travalini erschoss sie beide. Die Deutschen verließ jetzt offenbar der Mut und der Angriff erstarb.

In der Hitze des Gefechts konnte Hauptmann Simmonds nicht verfolgen, wie viele seiner Männer getroffen worden waren. Nachdem sich die Deutschen zurückgezogen hatten und das Schießen aufgehört hatte, war er erstaunt und erleichtert zu hören, dass nur ein Toter und zwei Verwundete zu beklagen waren. Im Hinblick auf die Heftigkeit des Gefechtes hatte er wesentlich höhere Verluste befürchtet.

LANZERATH

Die Angriffe auf der rechten Flanke des 394. Regiments waren abgewehrt, als sich herausstellte, dass die 99. Division den Kontakt zur 14. Kavallerie-Einheit verloren hatte und somit ihre südliche Flanke offen stand. Um 11.40 Uhr kam im Befehlsstand der 99. Division die Meldung an, dass sich die Kavallerie aus Lanzerath zurückziehe. Die kleine Aufklärungseinheit des 394. Regiments, die sich unter dem Kommando von Leutnant Lyle J. Bouck auf einem Hügel im Nordwesten von Lanzerath verschanzt hatte, blieb zurück.

Auch wenn der erst 20-jährige Lyle Bouck der zweitjüngste Mann in seinem Zug war, hatte er schon beachtliche Militärerfahrung. Sein Vater hatte als Unteroffizier in der Nationalgarde gedient und seinen Sohn überredet, 1938 am Sommerlager der St. Louis National Guard teilzunehmen. Sein Vater hatte auch seine Kontakte genutzt, damit die Altersregeln bei der Zulassung zur Guard flexibel gehandhabt wurden, sodass Bouck sich kurz vor seinem 15. Geburtstag eintragen durfte. Das Sommerlager machte ihm ebenso Spaß wie die Möglichkeit, etwas Geld zu verdienen. Als Jüngster der Einheit wurden ihm Aufgaben im Magazin des 138. Infanterieregiments der 35. Division zugewiesen. Kurz vor Weihnachten 1940 wurde das Regiment aktiviert und nach Little Rock in Arkansas verlegt. Bouck ging mit, obwohl er erst 17 war. Er erwies sich als kompetent in der Lagerhaltung und wurde zum Feldwebel befördert. Als die einjährige Aktivierung zu Ende ging, griffen die Japaner Pearl Harbor an.

Kurz vor seinem 18. Geburtstag (17. Dezember 1941) empfahl man Bouck, sich um die Aufnahme in die Schule für Offiziersanwärter zu bewerben. Er wurde angenommen und im August 1942 zum Leutnant befördert. Aufgrund seiner Fähigkeiten blieb er weitere zwei Jahre als Ausbilder in der Schule und nahm danach als bei weitem Jüngster an einem Fortbildungskurs für Offiziere teil. Anschließend wurde er nach Fort Hood, Texas, als Kompanieführer in einem Trainingslager geschickt. Da er den leitenden Offizier jedoch nicht mochte, bewarb er sich um eine offene Stelle bei der 99. Division, wurde angenommen und dem 394. Regiment als Führer des Waffenzuges zugeteilt, von wo er bald zum ausführenden Offizier der C-Kompanie avancierte. Er sollte dort aber nicht lange bleiben. Beim Übungstraining der Division hatte der Aufklärungszug des Regiments so schlecht abgeschnitten, dass der Divisionskommandeur den Zugführer und den Regimentskommandeur absetzte. Der neue Regimentskommandeur ersetzte den Aufklärungsoffizier durch Major Robert I. Kriz, der die Aufklärungskompanie völlig neu aufbauen sollte. Kriz schaute sich die vorhandenen Leute an und schickte alle bis auf vier weg. Auf der Suche nach einem Führer für den neuen Zug konnte Kriz zufällig Bouck dabei beobachten, wie er das Training auf dem MG-Stand leitete. Er war so beeindruckt, dass er Bouck das Kommando über den Aufklärungszug übertrug. Kriz und Bouck suchten zusammen 32 Mann aus und stellten den Zug neu auf. Es

> Ich bedaure, sagen zu müssen, dass ich den Eindruck hatte, dass man Teile dieser Offensive kaum als gut geplant oder gut vorbereitet bezeichnen konnte. Der Offensivplan, der uns vor dem 16. Dezember ausgehändigt wurde, war viel zu optimistisch und nach dem Beginn der Offensive gab es viele Probleme und Enttäuschungen.
>
> *Hauptmann Scherf, Kommandierender Offizier Kampfgruppe Y (II./150)*

US-Soldaten irgendwo in Belgien. Sie haben sich hinter einer Böschung verschanzt, um etwas Schutz gegen feindliches Feuer und Witterung zu gewinnen. Die wichtige Rolle von gut gebauten Unterständen zeigte sich während der Ardennenoffensive bei zahllosen Gelegenheiten.

wurde eine effiziente Einheit, aber bis zum 16. Dezember bestand sie nur noch aus 24 Mann. Von diesen hatten weitere sechs andere Aufgaben außerhalb des Zuges. Damit hatte Bouck noch 18 Mann, mit denen er seine Stellung gegen den Hauptstoßkeil des deutschen Angriffs verteidigen sollte.

Eine deutsche Mörser-Mannschaft beim Angriff. Die Aufnahme demonstriert, wie deutsche Einheiten von anderen Fronten für die Ardennenoffensive abgezogen wurden. Der Film wurde in Belgien gefunden, zeigt aber, wie die Männer russische Stellungen angreifen.

ETWAS STIMMT HIER NICHT

Bouck hatte natürlich keine Ahnung von dem bevorstehenden Angriff. Als er am 16. Dezember um 5.30 Uhr den Beginn des deutschen Artillerieangriffs vernahm, schickte er seine Leute in die Unterstände. Die Artillerie schoss zu weit und war somit keine direkte Gefahr für den Zug, Vorsicht war jedoch angezeigt. 90 Minuten lang genossen Bouck und seine Männer, wie das Artilleriefeuer die Morgendämmerung beleuchtete, bevor das unverwechselbare Geräusch heranfliegender Geschosse die Leute in Deckung springen ließ. Die Erde bebte, als die Granaten einschlugen. Bouck sprach per Funk mit dem Regiment und erfuhr, dass die gesamte Division unter Feuer lag. Als einige Minuten später das Feuer eingestellt wurde, inspizierten Bouck und seine Leute die Schäden. Zu seiner Erleichterung war keinem seiner Leute etwas passiert. Durch sein Fernglas beobachtete er das Terrain im Süden in der richtigen Annahme, dass die Deutschen solch einen Beschuss kaum ohne weitere Absichten gestartet hätten. Um 8.30 Uhr war Gewehrfeuer mit Explosionen aus

Richtung Losheimergraben zu vernehmen und Bouck blickte nach Norden, in der Hoffnung, etwas sehen zu können. Vier Halbkettenfahrzeuge mit Panzerabwehrgeschützen im Schlepp verließen den Ort. Sie gehörten zur A-Kompanie des 820. Panzerabwehrbataillons. Bouck war überrascht. Wenn auch der Aufklärungszug und die Panzerabwehreinheit nicht zur gleichen Formation gehörten (der Aufklärungszug lag knapp jenseits der Grenze zum V. Korps), so stand er doch immer in Verbindung zu den Pak-Leuten, sodass es ihm merkwürdig vorkam, dass sie so eilig abzogen, ohne ihm dazu etwas zu sagen.

Boucks Feldwebel, der Techniker Bill Slape meinte, man könne daraus nur den Schluss ziehen, dass etwas Schlimmes im Gange war. Bouck ging zurück in seinen Unterstand, nahm seinem Funker, dem Gefreiten William James Tsakanikas, das Handmikrofon ab und rief das Hauptquartier des Regiments an. Es gelang ihm, Major Kriz zu erreichen. Bouck berichtete, dass die Panzerabwehr abgezogen sei und bat um Instruktionen. Man befahl ihm, einen Beobachtungsposten im Ort einzurichten und sich dann wieder zu melden. Bouck entschied, dass zwei Mann dazu ausreichten, obwohl man vier Mann brauchte, um ihn einzurichten. Er beschloss, die Patrouille selbst in den Ort zu führen und nahm Slape, Tsakanikas und den Gefreiten John Cregar mit. Als die Gruppe sich auf den Ort zubewegte, spähte ein vierköpfiger Beobachtungsposten der 371. Feldartillerie aus einem Haus angestrengt in den Morgennebel. Der Führer des Postens, Leutnant Warren Springer, hatte gerade Wache und blickte durch sein Fernglas. Sein Stellvertreter, Feldwebel Peter Gachi, fragte, ob er etwas sähe, bekam aber keine sofortige Antwort. Springer spähte weiter und antwortete schließlich. Durch den Nebel konnte er eine große Anzahl Deutscher erkennen, die in Richtung Ort vorrückten. Er forderte sofort Artilleriefeuer an, erfuhr aber nur, dass die Batterien unter Infanteriebeschuss lägen und nicht in der Lage wären, zu feuern. Es ist unwahrscheinlich, dass Artilleriestellungen unter Gewehrfeuer liegen konnten, aber in der Eröffnungsphase der Offensive waren solche Fehler verständlich. Dies half Springer natürlich nicht viel, der nur die Möglichkeit sah, sich auf den nahe gelegenen Hügel zurückzuziehen, von wo er weiter beobachten und bei Bedarf versuchen konnte, Artilleriefeuer anzufordern.

ZUM RÜCKZUG GEZWUNGEN

Gerade als Springers Leute sich in ihrem Jeep aus Lanzerath zurückzogen, kam Boucks Gruppe an. Sie waren eine kleine Schlucht in Deckung heruntergekommen und verließen diesen in der Nähe eines Hauses, das Bouck ideal für seinen Beobachtungsposten erschien. Sie betraten das Haus und Tsakanikas ging mit Bouck nach oben, um das Obergeschoss zu überprüfen. Im ersten Raum stießen sie auf einen älteren Mann, der intensiv telefonierte. Dies schien höchst verdächtig, nicht zuletzt weil der Mann Deutsch sprach. Tsakanikas entriss ihm den Hörer und legte, überzeugt, es handle sich um einen Spion, sein Gewehr auf ihn an. Bouck war der gleichen Ansicht, sagte aber zu Tsakanikas – der den Mann erschießen wollte, es aber nicht tat –, dass man den Mann nicht gefangen nehmen könne. Der Alte floh aus dem Haus, vorbei an dem verdutzten Feldwebel Slape.

Bouck befahl Slape, seinen Stand oben einzurichten. Er selbst und Tsakanikas würden zum Zug zurückkehren und dabei das Verbindungskabel abrollen, über welches der Beobachtungsposten mit dem Zug in Verbindung blieb. Während dieser Instruktionen hörte Tsakanikas einen Jeep. Gefolgt von Bouck ging er hinaus und sah Truppenkolonnen auf dem Weg in den Ort. Bouck kam aufgrund der Helme zu dem Schluss, dass es sich um deutsche Fallschirmjäger handelte, die direkt auf ihr Haus zukamen. Slape drängte Bouck, sich sofort zum Zug zurückzuziehen, was er und Tsakanikas auch eilends taten, auf dem gleichen Weg, den sie gekommen waren. Slape und Cregar sollten so lange wie möglich bleiben

PANZERKAMPFWAGEN V PANTHER SCHWERER PANZER

Der Panther entstand als Gegenstück zu dem berühmten sowjetischen T 34, der für die deutsche Panzerwaffe zum harten Schock wurde, als sie ihm im Herbst 1941 erstmals gegenüberstand. Die deutsche Reaktion darauf war die Entwicklung eines Panzers mit einer 75-mm-Langrohrkanone und schrägen Panzerflächen, um den Schutz von Panzer und Besatzung zu verstärken. Die ersten Panther wurden im September 1942 ohne gründliche vorherige Erprobung im Gelände in Dienst gestellt. Dies bedeutete, dass viele der ersten Serie leicht ausfielen und mehr Verluste durch technisches Versagen als durch Feindeinwirkung zu beklagen waren. Nach der Behebung dieser Kinderkrankheiten stieg das Vertrauen in diesen Panzer, der den Panzer IV vollständig ablösen sollte. Dem Bedarf von 600 Panzern pro Monat konnten die Hersteller nicht nachkommen; das Produktionsmaximum lag bei 330 im Monat. Der Panther war wohl der beste deutsche Allzweckpanzer und etliche wurden sogar von der französischen Armee rekrutiert, bis die Neubewaffnung nach dem Krieg erfolgte.

und berichten und sich, sobald die Deutschen näher kämen, zum Zug zurück durchschlagen.

ZWEIFEL

Die Deutschen rückten langsam und vorsichtig vor, was Bouck und Tsakanikas erlaubte, zu fliehen; es war zu hoffen, dass ihr langsamer Vormarsch Slape und Cregar die gleiche Chance geben würde. Ihr Mangel an Dynamik rührte von der Unerfahrenheit der überwiegenden Zahl der Fallschirmjäger her. Außer ein bis zwei kampferprobten Leuten kamen alle übrigen aus anderen Teilen der Luftwaffe. Dies galt auch für den Kommandeur der Einheit, Oberst Helmut von Hofmann, der bis vor einigen Wochen noch in Berlin am Schreibtisch gesessen hatte. Er wollte weder Fehler machen noch böse Überraschungen erleben und entschied sich deshalb für ein langsames, vorsichtiges Vorrücken. Deshalb konnten die Deutschen die zwei Amerikaner beim Verlassen des Hauses und Springen in den Hohlweg nicht sehen. Innerhalb von Minuten hatten Bouck und Tsakanikas die Stellung des Zuges erreicht uns schlossen das Kabel an, sodass sie mit dem Beobachtungsposten sprechen konnten. Bouck befahl seinen Leuten, sich auf einen Angriff gegen die Deutschen vorzubereiten, obwohl ihre Chancen dabei fast Null waren. Er hatte das Glück, den Regimentsgefechtsstand zu erreichen, wobei ein Offizier antwortete, den er nicht kannte. Bouck berichtete, dass mindestens ein deutsches Bataillon in Lanzerath eingefallen sei und dass er Artillerieunterstützung benötige. Der Offizier glaubte ihm nicht und warf Bouck vor, sich etwas einzubilden. Er ging auf die Artillerieunterstützung gar nicht ein, sondern gab ziemlich harsch den Befehl, den Ort um jeden Preis zu halten. Bouck warf stinksauer den Hörer hin und ging zurück, um den deutschen Vormarsch zu beobachten.

Die Ankunft von vier Mann im Jeep, die einen der Wege zu ihrer Stellung heruntergekommen waren, lenkte Bouck ab. Einer der Leute ging von Unterstand zu Unterstand und fragte nach dem Zugführer. Er erreichte auch Bouck und

Deutsche Unteroffiziere blicken von ihrer Karte auf. Der Originaltext der Aufnahme von der US-Armee besagt, dass die beiden vor Artilleriefeuer in Deckung gingen, obwohl ihre entspannte Haltung zeigt, dass sie sich nicht durch herankommende Granaten bedroht fühlen.

> Der Ladeschütze war ein Funker ... Seine Aufgabe bestand darin, ein Mittelwellen-Funkgerät mit Schirmantenne auf dem Turm zu bedienen. Der Einsatz von Funkern in den Panzerbesatzungen war umstritten, weil diese keinerlei Panzerausbildung hatten. Wir hatten Angst, dass sie unsere Kampfkraft durch Bedienungsfehler beeinträchtigen könnten. Außerdem fehlten unserem Funker die einfachsten Grundvorstellungen darüber, wie die Pflichten im Panzer zwischen den einzelnen Besatzungsmitgliedern verteilt sind. Leutnant Gertenschleger mühte sich darum, ihn bei der ersten Gelegenheit loszuwerden
>
> *Obergefreiter Gries, Funker, Kampfgruppe Z (Ill.150)*

stellte sich als Warren Springer vor. Bouck war erleichtert, als er erfuhr, dass Springer Artillerist war und anbot, Artilleriefeuer anzufordern, wenn es benötigt würde. Im Hinblick auf die zahlenmäßige Ungleichheit zwischen den Deutschen und den Amerikanern meinte Bouck, dass er es dringend brauchte, sobald der Kampf begann. Springer ging weg, um sein Funkgerät aufzustellen, während Bouck zum Telefon gerufen wurde, um mit Slape zu sprechen, der vom Haus im Ort berichten wollte.

Die Deutschen hatten nicht nur das Haus erreicht, sie waren auch ins Erdgeschoss eingedrungen. Bouck befahl Slape und Cregar, das Haus zu verlassen, sobald dies möglich war; er wollte ihnen Hilfe schicken. Slape und Cregar warteten, bis sie sicher waren, dass die Deutschen das Haus wieder verlassen hatten, liefen dann die Treppen hinunter und zur nächsten Scheune, wo sie anhielten, um sicherzustellen, dass keine Deutschen sie beobachten konnten. In der Zwischenzeit beauftragte Bouck den Unteroffizier Aubrey McGehee sowie die Gefreiten James Silvola und „Pop" Robinson, Slape und Cregar beim Verlassen des Ortes zu

Ein deutscher Soldat geht vorsichtig durch das Gestrüpp vor (er weiß natürlich von der Kamera), das die Amerikaner vorher geräumt haben. Interessanterweise trägt er einen erbeuteten M1 Carbine anstelle einer deutschen Waffe.

Eine deutsche Patrouille kommt an einem verlassenen amerikanischen M8-Panzerwagen vorbei. Der Historiker Jean Paul Pallud fand heraus, dass sich die „vorrückenden" Soldaten an ihre eigenen Linien zurückzogen; vermutlich konnte der Fotograf so ein besseres Foto machen.

helfen. Sie marschierten auf den Ort zu, in der Hoffnung ihre Kameraden bald zu finden. Sobald Slape und Cregar halbwegs sicher waren, dass keine Deutschen in der Nähe waren, verließen sie die Scheune und rannten in Richtung Wald. Als sie in der Mitte des Waldes eine Straße überquerten, verließ sie ihr Glück. Sie wurden von zwei Fallschirmjägern gesehen, von denen einer ein MG42 trug. Die Deutschen eröffneten das Feuer. Cregar schaffte es über die Straße zurück in den Wald, während eine Kugel den Absatz von Slapes Stiefel traf, ihn abriss und Slape zu Fall brachte. Er landete hart auf der Straße, brach sich eine Rippe und das Brustbein. Trotzdem raffte er sich auf und zog sich im Geschosshagel in Deckung.

Als sie zur Aufklärungsstellung liefen, trafen sie zu ihrer Überraschung auf Bouck und Unteroffizier Risto Milosevich. Bouck war ungeduldig geworden und aufgebrochen, um selbst nach seinen Männern zu sehen. Diese hatten tatsächlich ihre Kameraden um einige Meter im Wald verfehlt. Mc Gehee und seine Begleiter waren in den Ort durchgekommen bis zur Scheune, in der sich Slape und Cregar versteckt hatten. Dort stellten sie fest, dass sie durch ein Maschinengewehr abgeschnitten waren. Um zurückzugelangen, musste erst das Maschinengewehr verschwinden; es sah danach aus, als müssten sie sich auf eine längere Wartezeit einrichten.

DER ERSTE ANGRIFF

Bouck kam gerade richtig zu seinem Zug zurück. Einige Deutsche kamen nun näher, erschienen aber unschlüssig. Es wirkte, als ob die Gegenseite aus Offizieren bestünde, die über die Lage diskutierten. Boucks Zug wollte eben das Feuer eröffnen, als ein Mädchen auf die Straße lief. Die Amerikaner hielten sich zurück und die Deutschen sprangen in Deckung, als das Mädchen aus unerfindlichen Gründen in Richtung von Boucks Stellung wies. Andere Teile der deutschen Einheit eröffneten das Feuer auf den Aufklärungszug, schossen aber unkonzentriert und zu hoch. Bouck rief Springer zu, Artillerie anzufordern, und erwiderte mit seinen Männern das Feuer. Die noch im offenen Gelände befindlichen Deutschen wurden niedergemäht. Zu Boucks Überraschung griffen die restlichen Deutschen frontal den Hang hinauf an, versuchten aber keinen Umgehungsangriff. Da sie kaum Deckung hatten, brachten ihnen die Amerikaner hohe Verluste bei. Nach mehreren Versuchen konnte Springer Artillerieunterstützung aktivieren. Einige Salven schlugen zwischen den Deutschen ein und verursachten weitere Verluste. Zu Springers Verärgerung hörte das Feuer schlagartig auf. Man erklärte ihm, dass der Bedarf an Artillerieunterstützung zu groß war und die Geschütze daher nur ein paar Salven abgeben könnten, um danach sofort das Ziel zu wechseln. Im Nachhinein betrachtet, war dies ein durchaus vernünftiger Versuch der Artillerie, so vielen Einheiten wie möglich zu helfen, aber verständlich ist auch Springers Ärger über das scheinbar mangelnde Verständnis für die verzweifelte Lage, in der sich der Aufklärungszug befand. Die Deutschen griffen weiter an und kamen bis auf 150 m an die Stellung heran, bevor sie zurückwichen.

VERZWEIFELTER WIDERSTAND

Mitten im Gefecht bemerkten McGehee und seine zwei Kameraden, dass das MG42, das ihnen den Rückzug versperrt hatte, abgezogen worden war. Sie kamen hoch und wollten sich an die Bahnlinie nach Buchholz durchschlagen, um dann die Schienen entlang zu den Kompanien zu gelangen, die dort lagen. Sie hatten erkannt, dass eine Rückkehr zur Stellung ihres Zuges unmöglich war. Doch im Wald wurden sie von Männern des 27. deutschen Füsilierregiments entdeckt. Die drei Amerikaner hatten keine Wahl, als das Feuer zu eröffnen, obwohl sie hoffnungslos in der Unterzahl waren.

Eine Schlange amerikanischer Kriegsgefangener schleppt sich an einem deutschen Panzer vorbei. Die Deutschen fotografierten solche Kolonnen gern, um die Moral der Heimatbevölkerung zu stützen; es ist schwer zu beurteilen, wie effektiv dies bei diesem Stand des Krieges noch war.

Ein Kradmelder bekommt eine Zigarette von einem Kameraden auf dem Hinterdeck eines Tiger-II-Panzers. Die Männer haben eine interessante Waffensammlung, insbesondere der Mann am nächsten zur Kamera, der eine erbeutete englische Sten Gun trägt.

Einige Deutsche fielen, aber ihre Kameraden erwiderten das Feuer. Saviola wurde an der Schulter, Robinson am rechten Bein getroffen. Wie durch ein Wunder blieb McGehee unverletzt, hatte aber keine Munition mehr. Da es somit sinnlos war, weiter zu kämpfen, hob er widerwillig die Hände und wurde mit seinen Kameraden gefangen genommen. McGehee wurde abgeführt, während die Sanitäter Saviola und Robinson neben ihren eigenen Verwundeten behandelten.

Nachdem sich die Deutschen zurückgezogen hatten, verschaffte sich Bouck einen raschen Überblick über die Lage und ordnete in Erwartung eines neuen Angriffs eine Munitionsausgabe in seinem Zug an. Er schickte einen Lagebericht an sein Hauptquartier. Dieses konnte seinen Bericht nur dankend bestätigen und ihn ermuntern, auszuharren. Daraus schloss Bouck, dass man im Hauptquartier des Regiments das Ausmaß des Kampfes um Lanzerath noch gar nicht erkannt hatte. Er konnte also nur seine Leute ermuntern und auf den nächsten Angriff warten, der sicher kommen würde.

Um 11.00 Uhr trugen die Deutschen ihren zweiten Angriff vor. Bouck war über ihre Taktik verblüfft, die sich in keiner Weise von der des ersten Angriffs unterschied. Die Deutschen kamen wieder den Hang hoch und wurden mit einer Feuerwelle der Verteidiger hinweggefegt. Wieder gab es hohe Verluste und das Feld vor der amerikanischen Stellung war mit Toten und Verwundeten übersät. Um 11.45 Uhr baten die Deutschen Bouck um Erlaubnis, die Verwundeten zu versorgen und abzuholen. Bouck war einverstanden. In der nächsten Stunde sahen die Amerikaner zu, wie die Sanitäter mehrmals zum Schlachtfeld kamen und die Verwundeten meist zuerst an Ort und Stelle versorgten und dann abtransportierten. In dieser Zeit war Bouck nicht untätig; er versuchte, Verstärkung und Artillerieunterstützung vom Hauptquartier zu bekommen, war aber nicht erfolgreicher als Springer, der seine liebe Not damit hatte, die Artillerie davon zu überzeugen, dass er von sehr starken Kräften angegriffen werde. Nach diesen Versuchen konnten die Amerikaner nichts weiter tun als warten.

DIE DRITTE ANGRIFFSWELLE

Um 14.00 Uhr griffen die deutschen Fallschirmjäger zum dritten Mal an. Jetzt begann Bouck wirklich an den deutschen Kommandeuren zu zweifeln, weil die Soldaten wieder frontal angreifen mussten. Wiederum verursachten die weit unterlegenen Amerikaner schwere Verluste, aber die deutschen An-

Der Tiger II war eine Weiterentwicklung des Tiger I und wurde entwickelt, um einen noch stärkeren Panzer gegen zukünftige schwere Panzer der Russen zu haben. Auf dem Schlachtfeld war er relativ unbeweglich, was seine Effektivität einschränkte.

griffe begannen sich auszuwirken. Der Aufklärungszug erlitt die ersten Verluste undBoucks Handfunkgerät war zerschossen. Jetzt konnte er mit niemandem außerhalb von Lanzerath mehr sprechen. Zwei Leute des Zuges sollten versuchen, das 3. Bataillon des 394. Regiments oder das Hauptquartier zu erreichen. Sie schlichen sich weg, kamen aber nicht durch; nach drei Tagen Verstecken in einer Scheune wurden sie von Deutschen entdeckt und gefangen genommen.

EIN BEFEHL ZUM RÜCKZUG

Nach Ende des dritten Angriffs schaute Bouck sich seine Stellung genauer an. Der Zug war nun in einer verzweifelten Lage: Mit ihm selbst zählte er noch zwölf Mann; die beiden Maschinengewehre waren unbrauchbar und das 0,3-Zoll-Maschinengewehr war wegen Überhitzung des Laufes ausgefallen und hing sichtbar durch. Das schwere Maschinengewehr auf dem Jeep (0,5 Zoll) war ebenfalls zerstört. Obendrein war kaum noch Munition vorhanden. Bouck entschied, dass man sich nur noch zurückziehen konnte. Er befahl seinen Leuten, sich auf das Signal (drei Pfiffe) vorzubereiten. Während sich die Männer fertig machten, entschied sich Bouck, zu bleiben und die Stellung zu verteidigen, weil dies schließlich seine Aufgabe war. Glücklicherweise traf Tsakanikas, als er vom Zerstören der Jeeps zurückkam, auf Bouck. Er merkte sofort, dass etwas nicht in Ordnung war und fragte seinen Offizier, was los sei. Bouck erklärte ihm, dass er hierbleiben wollte. Tsakanikas antwortete ganz entschieden, dass, wenn er bliebe, der Rest des Zuges ebenfalls blieb. Bouck gab nach und willigte ein, mit seinen Leuten abzuziehen. Gerade als er das Signal zum Abmarsch geben wollte, rief einer seiner Leute, dass die Deutschen auf der linken Flanke angriffen. Kurz darauf ertön-

Die unterschiedlichen Uniformen der amerikanische Gefangenen zeigen, dass sie aus verschiedenen Einheiten stammen. Sie hatten einen anstrengenden Weg zu den Lagern vor sich, wenig zu essen und waren Luftangriffen ausgesetzt. Einige flohen, aber nur wenige kamen durch.

SCHWERE PANZER: PANZERKAMPFWAGEN VI TIGER UND TIGER II

Ebenso wie der Panther ging der Tiger auf die schon vor dem Krieg gewonnene Erkenntnis zurück, dass der Panzer IV in der Produktion zu ersetzen sei (was aber nie geschah). Die erste Anordnung gab es 1941, der erste Panzer kam 1942 zum Einsatz. Zum Zeitpunkt seiner Entstehung war es ein exzellenter Panzer, der bei den alliierten Panzerbesatzungen von seinem ersten Einsatz in Tunesien bis zum Ende des Krieges immer höchsten Alarm auslöste. Seine Frontpanzerung widerstand allen alliierten Panzerkanonen, wogegen seine 88-mm-Kanone jeden alliierten Panzer durchschoss. Obwohl der Tiger eine hervorragende Waffe war, lagen die Pläne für sein Nachfolgemodell schon vor, als er eben in Produktion gegangen war. Letzteres war der Tiger II oder Königstiger. Dieser Panzer litt unter seinem kleinen Kraft-Gewicht-Verhältnis, wodurch er noch unbeweglicher wurde. Der Tiger II war auch unzuverlässig und auf dem Schlachtfeld schwierig zu steuern, was sich bei der Ardennenoffensive zeigte. Auch ihn machte seine Panzerung gegen die alliierten Panzerkanonen fast immun, während seine 88-mm-Kanone jeden britischen oder amerikanischen Panzer auf große Entfernungen vernichten konnte. Sein Gewicht und seine geringe Anzahl sowie der lähmende Mangel an Treibstoff in der zweiten Hälfte des Krieges machten ihn zu einer wesentlich weniger gefährlichen Waffe, als er andernfalls wohl gewesen wäre.

te ein weiterer Ruf, laut welchem die Deutschen auch auf der rechten Seite angriffen.

Dieser Wechsel in der Taktik kam durch eine etwas eigenartige Planung zustande. Als die Fallschirmjägeroffiziere über die nächste Aktion debattierten, kam einer ihrer Unteroffiziere zu ihnen. Feldwebel Vincent Kuhlbach war einer der wenigen erfahrenen Leute im ganzen Regiment und zunehmend verärgert darüber, wie die Offiziere ihre Angriffe durchführen ließen. Er sagte den Offizieren ganz offen, dass ihre Angriffsstrategie absolut lächerlich gewesen sei und erklärte ihnen, dass man die Amerikaner überwinden könne, wenn man die selbstmörderischen Frontalangriffe aufgäbe und stattdessen an den Flanken angriffe. Die Offiziere waren über diesen Rat froh; bevor sie etwas sagen konnten, war Kuhlmann schon weg und instruierte seine Leute, wie der nächste Angriff vorzutragen sei.

Diesmal gelang er. Der Aufklärungszug war jetzt in einer hoffnungslosen Lage und die Deutschen standen schon bald

über ihnen. Bouck erschoss zwei von ihnen, aber im Handumdrehen rissen zwei weitere die Abdeckung von dem Unterstand, aus welchem Bouck und Tsakanikas schossen. Tsakanikas richtete instinktiv sein Gewehr auf die Soldaten. Einer der beiden schoss aus kürzester Entfernung eine MG-Salve ab. Die Geschosse trafen Bouck in die Beine; Tsakanikas wurde schwer getroffen; als man ihn aus dem Unterstand zog, wandte sich einer der Deutschen wegen des Anblicks ab. Tsakanikas' rechte Gesichtshälfte war völlig entstellt und das Auge hing aus seiner Höhle; kaum vorzustellen, dass diese Verletzungen Tsakanikas nicht getötet hatten. Deutsche Sanitäter versuchten, ihn zu retten. Ein deutscher Unteroffizier trat auf Bouck zu; er hatte ihn an seinem Rangabzeichen als Offizier erkannt. Bouck brauchte die Stellung nicht mehr zu übergeben, sie war gefallen. Die Deutschen trieben die Reste des Zuges zusammen oder liefen in der Hoffnung umher, ihre Kameraden zu finden. Bouck und Tsakanikas wurden zum Café des Ortes gebracht, in dem Oberst von Hoffmann sein Hauptquartier aufgeschlagen hatte. Der lange Abwehrkampf des Aufklärungszuges um Lanzerath war vorbei.

DAS 394. REGIMENT

Während Boucks Zug seine letzte Schlacht schlug, hielt der Rest des 394. Regiments seine Stellung. Major Moore war im Bahnhof Buchholz nicht weiter angegriffen worden und dachte über die Lage seiner Leute nach. Um 14.30 Uhr hatte er sich mit seinen Planungsoffizieren beraten und man war zu dem Schluss gekommen, dass ihre Position nicht haltbar war. Moore entschied sich deshalb dafür, seine Leute zu einem sichereren Standort zu bringen. Sie wollten sich nach Norden absetzen und sich auf der anderen Seite der Straße von Losheimergraben nach Büllingen – 6 km in nordwestlicher Richtung – verschanzen. Die L-Kompanie zog als erste ab, die K-Kompanie sollte als Nachhut die Stellung bei Buchholz halten. Hauptmann Simmonds hielt es für angebracht, zunächst eine Patrouille loszuschicken, um das Terrain zu erkunden. Die Patrouille sah nichts, hörte aber Geräusche von Panzern und Fahrzeugen auf der Straße von Losheimergraben nach Lanzerath, bevor sie um 18.00 Uhr zurückkam. Simmonds gab dies an Moore weiter, der eine entsprechende Meldung zum Hauptquartier schickte. Noch bevor Moore seiner K-Kompanie befehlen konnte, aufzubrechen, schickte ihm Oberst Don Riley, der befehlshabende Offizier des 394. Infanterieregiments, die Order, zur Sicherung zwei Züge am Bahnhof Buchholz zu belassen. Moore war hierüber nicht froh und versuchte Riley davon abzubringen, aber vergeblich. Er gab die neue Order an Simmonds weiter, der mit der wenig beneidenswerten Aufgabe betraut wurde, den Befehl umzusetzen. Er beauftragte Leutnant P. Rose, die beiden zurückbleibenden Züge zu übernehmen, und zog mit dem Rest der Kompanie ab. Alles blieb ruhig, weil die Deutschen ihre Angriffe nicht fortführten. Die Ruhe sollte aber nicht lange anhalten.

Ein deutsches Halbkettenfahrzeug rollt in schwierigem Gelände an einem zerschossenen M10-Panzerjäger vorbei. Die Deutschen setzten zwar viele Halbkettenfahrzeuge ein, große Teile der Armee waren jedoch bis Kriegsende auf den Transport mit Pferdewagen angewiesen.

Malmedy 13 km
St. Vith 8

KAPITEL FÜNF

SECHSTE PANZERARMEE VERSPÄTET

Der hartnäckige Widerstand, auf den die 6. Panzerarmee stieß, verzögerte zunehmend den deutschen Vormarsch. Zwar fochten Panzer und Infanterie verbissen um den Durchbruch, aber eine Kombination aus Pech, Selbstüberschätzung und Verzögerungen aufgrund amerikanischer Aktionen führte dazu, dass die verwegensten Elemente von Hitlers Plan fast zum Scheitern verurteilt waren, bevor sie überhaupt eingeleitet werden konnten.

Lyle Bouck sass im Café in Lanzerath und schaute etwas überrascht in die Runde. Das Café war voll von Deutschen, die sich nach den harten Kämpfen des Nachmittags ausruhten. Ihm war unverständlich, warum die Deutschen in der Stadt Halt gemacht hatten, obwohl sie ohne Probleme weiter vorrücken konnten. Er wurde von Ereignissen außerhalb des Cafés in seinen Überlegungen gestört. Die Tür sprang auf und ein Mann ganz in Schwarz stolzierte herein, der nach dem diensthabenden Offizier fragte. Der langmütige Oberst von Hofmann erhob sich und gab sich als Befehlshaber über die Verbände um die Stadt und im Café zu erkennen.

Der Neuankömmling war sichtlich aufgeregt, und das mit gutem Grund. Er war einer der härtesten, dynamischsten und rücksichtslosesten Soldaten, die das Dritte Reich hervorgebracht hatte, und seiner Meinung nach lagen die Dinge

In dieser berühmten Aufnahme wurde der Mann auf dem Beifahrersitz oft fälschlicherweise als Joachim Peiper identifiziert. Es ist jedoch verbrieft, dass Peiper nie hier vorbeikam. Das Gewehr am Straßenschild wurde vom Fotografen hingehängt, damit das Schild gerade hing.

in Lanzerath nicht so, wie sie sein sollten. Er marschierte auf Oberst von Hofmann zu und meldete sich als Obersturmbannführer Joachim Peiper. Er hatte keinen guten Tag hinter sich und seine Stimmung hellte sich auch bei der Unterredung mit von Hofmann nicht auf. Peiper hatte zwar den niedrigeren Dienstgrad von beiden, was ihm aber offensichtlich nichts ausmachte; er übernahm das Kommando.

Peiper wollte wissen, warum von Hofmann nicht weiter vorgerückt war. Von Hofmann erklärte müde, dass der amerikanische Widerstand sehr stark gewesen sei, mindestens ein feindliches Bataillon vor ihnen läge und die Straßen vermint wären. Er legte eine Karte vor, um seinen Argumenten Nachdruck zu verleihen, aber Peiper blieb unbeeindruckt. Er konnte die Karte bei dem trüben Licht nicht gut sehen und heftete sie in einer dramatischen Geste mit seinem Dolch an die Wand. Er fragte von Hofmann, ob er Patrouillen zur Erkundung der US-Stellungen ausgeschickt hätte; von Hofmann gab zu, dies wegen der bald einbrechenden Dunkelheit unterlassen zu haben. Als Peiper die Karte genauer studierte, nahm seine Verärgerung zu. Von Hofmann wollte ihm helfen, aber Peiper schrie ihn an, es seien überhaupt keine Amerikaner im Gebiet vor den Fallschirmjägern und dass von Hofmann es nicht einmal für nötig gefunden hätte, sich davon zu überzeugen. Er verlangte, dass von Hofmann ihm ein Fallschirmjägerbataillon übergab; er wollte Vorbereitungen für einen Angriff am nächsten Morgen um 4.00 Uhr treffen. Damit drehte er sich auf dem Absatz um und schritt hinaus.

JOACHIM PEIPER

Joachim Peiper kam 1936 zur SS, war zunächst Stabsoffizier, wurde aber dann zur Leibstandarte Adolf Hitler überstellt. Er wurde wegen Tapferkeit im Frankreichfeldzug sowie in Jugoslawien ausgezeichnet und erhielt für seinen Einsatz in Russland das Ritterkreuz. Während der Ardennenoffensive wurde er zum Oberst befördert. Die Massaker der Kampfgruppe Peiper auf ihrem Vormarsch führten zu Peipers Verurteilung als Kriegsverbrecher. Er wurde zum Tode verurteilt, 1951 zu lebenslanger Haft begnadigt und 1957 entlassen. Er zog sich nach Frankreich zurück, wo ihm die Enthüllung seiner Identität in einer Zeitung Todesdrohungen einbrachte. Seine Familie ging nach Deutschland, er konnte aber nicht mehr folgen. Am französischen Nationalfeiertag 1976 wurde sein Haus angezündet. Neben seiner Leiche wurden in den Trümmern Gewehr und Pistole gefunden: Er war im Kampf gestorben.

SS-Obersturmbannführer Joachim Peiper, Kommandant des 1. SS-Panzerregiments Leibstandarte Adolf Hitler *in den Ardennen. Hier trägt Peiper das Ritterkreuz mit Eichenlaub, welches ihm für seine Taten an der Ostfront verliehen wurde.*

Lyle Bouck wurde Zeuge dieser merkwürdigen Szene, dachte aber nicht weiter darüber nach. Er wurde von der Uhr abgelenkt, die Mitternacht schlug. Es war der 17. Dezember 1944 und Lyle Bouck war nun 21 Jahre alt. Er hatte nicht gerade damit gerechnet, die ersten Stunden seines Geburtstages als Gefangener der Deutschen in einem kleinen Café zu verbringen. Sein letzter Tag als 20-Jähriger war wichtig gewesen, und nicht nur für Bouck. Obwohl ihm das nicht bewusst war, hatte der Aufklärungszug zusammen mit seinen Kameraden vom 394. Regiment eine nicht unbedeutende Rolle beim Stoppen der deutschen Offensive gespielt. Daher Peipers Erregung, denn von Hofmanns Einheit war eine besondere Rolle im Vormarsch zugedacht. Sie sollte zusammen mit Einheiten einer eigens formierten Panzerbrigade 150 die Speerspitze beim Vormarsch auf die Maas bilden. Die Verzögerungen hatten sich erheblich auf Peipers Vorstoß ausgewirkt, wobei die ohnehin schon wackeligen Pläne für die Panzerbrigade 150 zunichte gemacht wurden, bevor sie überhaupt in die Tat umgesetzt werden konnten.

KAMPFGRUPPE PEIPER

Als der Plan für die Ardennenoffensive am 6. Dezember der 6. Panzerarmee unterbreitet wurde, war die Rolle der Armee ausgiebig erörtert worden. Wie schon erwähnt, waren die Panzerdivisionen nicht für den ersten Angriff vorgesehen, dies blieb der Infanterie vorbehalten. Andererseits war klar, dass irgendein Panzerangriff erforderlich war, um den raschen Vorstoß zu den Maas-Brücken zu gewährleisten. Dies führte zu dem Entschluss, spezielle Einheiten des 1. SS-Panzerkorps hierfür einzusetzen. Der Stab der 6. Panzerarmee war von der ihm zugewiesenen Aufgabe nicht sehr erbaut, weil das waldreiche, von wenigen Straßen durchzogene Gelände für Panzer höchst ungeeignet war. Das Ersuchen, den Angriff weiter südlich zu starten, wo es bessere Straßen gab, wurde abgewiesen; es führte aber dazu, spezielle Sturmtruppen einzusetzen. Eine dieser Gruppen wurde SS-Sturmbannführer Herbert Kühlmann unterstellt, die andere Joachim Peiper.

Peiper stammte aus einer verdienten Militärfamilie. Mit 29 Jahren hatte er einen Rang in der SS inne, der dem eines Oberstleutnants entsprach. Seine Ernennung zum Kommandeur einer der beiden Stoßeinheiten war fast selbstverständlich. Sepp Dietrich kannte ihn gut und war von Peipers Leistungen an der Ostfront, wo Dietrich die Panzerdivision

Panther-Panzer rücken auf einer schneebedeckten Straße zu Beginn der Offensive vor. Wenn auch die deutschen Panzer denen der Alliierten überlegen waren ,so gab es nicht genug davon. Am Ende entschied die Quantität und nicht die Qualität.

SS-Leibstandarte befehligte, höchst beeindruckt. Während des harten Kampfes im Osten war Dietrich darum gebeten worden, der 302. Infanteriedivision zu helfen, die versuchte, sich aus einem erbitterten Kampf mit den Russen zurückzuziehen. Dietrich suchte Peipers Panzergrenadierbataillon aus und schickte es der Infanterie zu Hilfe. Peiper überschritt gegen erbitterten Widerstand den Donetz, wies eine Reihe von Gegenangriffen ab und rückte in Richtung der 302. Infanteriedivision vor. Zusammen mit der hart bedrängten Infanterie zog man sich an den Donetz zurück, den die Infanterie wegen der Eisdecke problemlos überqueren konnte. Peiper hatte aber Probleme, weil die Eisdecke seine Fahrzeuge nicht trug, doch er geriet nicht in Panik; er machte kehrt und kämpfte sich mit seiner Einheit durch die roten Linien, bis seine Panzergrenadiere zu einer Brücke kamen. Sie konnten diese überqueren und sich wieder bei der Division einfinden. Peiper erhielt die höchste deutsche Tapferkeitsauszeichnung, das Ritterkreuz. Seine Einheit erntete als ausgezeichnete Kampfeinheit legendären Ruhm, wurde aber auch durch die gnadenlose Haltung ihres Kommandeurs berüchtigt, der russische Dörfer bei der geringsten Provokation niederbrennen ließ. Peipers Ruhm steigerte sein ohnehin schon großes Selbstbewusstsein bis 1944 so weit, dass er es wagte, auch Ge-

JAGDPANZER IV

Der erste Jagpanzer IV wurde 1943 in Dienst gestellt und war, mit 75-mm-Kanone und guter Panzerung, bald bei den Besatzungen sehr beliebt. Zwar wurden die meisten an der Ostfront eingesetzt, doch auch die im Westen eingesetzten erwiesen sich als gefürchtete Gegner.

Soldaten an der Westfront!
Eure Stunde ist gekommen. Starke Angriffskräfte sind heute zum Kampf gegen die Angloamerikaner angetreten. Mehr brauche ich euch nicht zu sagen. Ihr fühlt es selbst. Es geht jetzt um alles oder nichts. Seid euch der heiligen Pflicht bewusst, alles zu geben und Übermenschliches zu vollbringen für unser Vaterland und den Führer.

Generalfeldmarschall Gerhard von Rundstedt, Tagesbefehl 16. 12. 1944, Oberbefehlshaber West

nerälen zu widersprechen, wenn er ihre Überlegungen für falsch hielt. Unter dem Dietrich-Patronat (einem alten Freund Hitlers, wie erwähnt) konnte er sich solches leisten, ohne Disziplinarmaßnahmen der gekränkten Generäle befürchten zu müssen. Natürlich bedeutete dies, dass der unerfahrene von Hofmann – nur eine Rangstufe über Peiper – sich immer von seinem jüngeren Kollegen dominiert fühlte.

IN FRAGE GESTELLTE BEFEHLE

Die Mischung aus Arroganz, Können und Rücksichtslosigkeit machte Peiper zum logischen Befehlshaber über eine der wichtigsten Angriffseinheiten der Ardennenoffensive. Trotz seines hohen Dienstgrades wurde Peiper nicht von Anfang an in die Planung einbezogen, auch wenn er merkte, dass etwas Wichtiges im Gange war, als sich der Stabsleiter der 6. Panzerarmee, SS-Brigadeführer Fritz Krämer, an ihn wandte. Krämer stellte ihm drei bedeutungsvolle Fragen. Die erste war, was Peiper von einem Angriff in der Eifel hielte. Als nächstes wollte er wissen, wie lange ein Panzerregiment braucht, um 80 km vorzurücken. Die dritte lautete, ob dies in einer Nacht geschehen könne. Peiper wusste nicht, was er sagen sollte, nahm aber an, dass die Antwort der ersten Frage von denen der beiden anderen abhing. Er beschloss, nicht bloß in eine Karte zu schauen, sondern nahm einen Panther und fuhr die gefragte Strecke nachts ab. Dann gab er Krämer die Auskunft, dass ein einzelner Panzer diese Distanz auf einer freien Straße in einer Nacht schaffen könne. Krämer war zufrieden und überbrachte die Botschaft dem Stab der Panzerarmee. Peipers Verdacht, die Angelegenheit könne bedeutsam sein, bestätigte sich, als er am 13. Dezember seine Instruktionen für die Offensive erhielt.

Peiper war von seinen Befehlen alles andere als begeistert. Die Straße, die er nehmen sollte, war eine zweiter Ordnung und, wie er protestierend mitteilte, nicht für Panzer geeignet. Er wurde mit der Bemerkung unterbrochen, dass Hitler selbst die Vormarschwege ausgesucht habe und dass sie nicht einfach geändert werden könnten, ganz gleich wie unpraktisch sie sich erwiesen, wenn diese Befehle in die Praxis umgesetzt würden. Ebenso unzufrieden war er darüber, dass ein großer Teil des Treibstoffs noch nicht bei seiner Einheit im Bereitstellungsraum angekommen war und er sich deshalb auf die Erbeutung von Treibstoff verlassen musste.

Die Kampfgruppe Peiper bestand wie die meisten deutschen Panzereinheiten aus verschiedenen Panzerformationen und „Wirbelwind"-Flugabwehrkanonen auf Selbstfahrlafetten (20-mm-„Vierlings-Flak"). Zwei Kompanien der Gruppe waren mit Panther-Panzern ausgerüstet, zwei weitere mit den älteren, aber immer noch hocheffektiven Panzern IV. Darüber hinaus hatte Peiper in seiner Gruppe eine Reihe der ungeheuren und gefürchteten Tiger-II-Panzer. Hinzu kamen einige Sturmgeschütze und einige Jagdpanther. Peiper wollte die zwei Panzer-IV-Kompanien als Vorhut einsetzen, denen die Panther folgen sollten. Neben den Panthern sollten die Halbkettenfahrzeuge mit den Panzergrenadieren fahren und dahinter die Pionier- und Artillerieeinheiten. Die Tiger sollten die Nachhut bilden, weil sie trotz ihrer Feuerkraft aufgrund ihres Gewichtes unbeweglich waren. Peiper war sich im Klaren darüber, dass diese nicht so schnell vorankommen würden wie erwartet und reihte sie deshalb an den Schluss.

Der Jagdpanzer IV war ein Panzerjäger auf dem Fahrgestell des Panzer IV in einer neuen geschweißten Flachbauweise, welche ihn für Hinterhaltstaktiken sehr geeignet machte.

Als die Offensive startete, war Peiper nicht in seiner Befehlsstelle, sondern in der der 12. Infanteriedivision, wo er die Fortschritte der Infanterie verfolgte. Sobald die Infanterie eine Bresche in die amerikanischen Linien geschlagen hätte, würde er sich zu seiner Einheit begeben und vorrücken. Bald stellte sich heraus, dass die Infanterie Probleme hatte; um 14.00 Uhr beschloss er, sich zu seiner Truppe zu begeben.

ES GEHT VORWÄRTS

Die Kampfgruppe Peiper hatte eben ihre Bereitstellung verlassen, als sie in einen massiven Verkehrsstau geriet und festsaß. Als Peiper ankam, war er wütend über den Mangel an Organisation, der seine Fahrzeuge in ein solches Chaos verstrickte. Er befahl seiner Gruppe, rücksichtslos vorzurücken. Wenn ihm etwas in den Weg kam, wurde es von der Straße geschoben. Nach weiterem Vorrücken auf der Straße zeigte sich der Grund für den Stau. Die Brücke über die Eisenbahnlinie 2 km östlich von Losheimergraben war von den Deutschen auf ihrem Rückzug gesprengt worden und noch nicht wieder aufgebaut. Der Verkehr hatte sich aufgestaut, weil man auf die Pioniere warten musste, die einen Übergang erstellen sollten. Peiper versuchte, etwas Ordnung zu schaffen und gleichzeitig herauszufinden, wie er seine Gruppe wieder in Bewegung bekam. Es stellte sich bald heraus, dass man den Bahneinschnitt etwa 50 m neben der Brücke durchfahren konnte. Peiper befahl seinen Panzern, vorsichtig die Böschung hinunterzufahren, was sie auch schafften. Auf der anderen Seite kamen sie leichter hinauf und waren bald wieder auf ihrem Weg. Am Abend war man knapp außerhalb von Losheim und um 22.00 Uhr waren selbst die schwerfälligen Tiger II beim Verband. Hinter Losheim wurde die Kolonne wieder aufgehalten, weil die Amerikaner die Straßen vermint hatten und damit jede Bewegung unmöglich machten. Peiper wartete auf die Pioniere mit ihren Detektoren; als er hörte, dass sie noch kilometerweit hinter ihnen seien, befahl er

US-Soldaten auf dem Weg in die Gefangenschaft nach dem deutschen Angriff. Die Vielzahl an Uniformen zeigt, dass die Leute aus verschiedenen Einheiten stammen. Der Weg zum Lager war hart und beschwerlich; es gab wenig zu essen, dafür aber Luftangriffe.

seinen Leuten, trotz der Gefahr weiterzufahren. Einige Panzer wurden zerstört oder beschädigt, aber der weitaus größte Teil kam durch. Dies sparte zwar Stunden, aber die Verkehrshindernisse und der stark gebremste Vormarsch der Infanterie hatten einen raschen Vorstoß praktisch zunichte gemacht – und es zeichnete sich ab, dass sich diese Verzögerungen auf die ohnehin geringen Chancen, die Maas zu überschreiten und Antwerpen zu erreichen, fatal auswirken mussten. Für Peiper war dies schon schlimm, aber für die Panzerbrigade 150 war alles noch viel übler.

DIE GREIF-KOMMANDOS

Hitler mag zwar den Kontakt zur Realität verloren haben, was Stärke und Kampfpotenzial seiner Truppen betraf, aber er konnte noch abschätzen, was eine Einheit aufhalten konnte, die an sich in der Lage war, nach Antwerpen durchzustoßen. Er begriff die entscheidende Bedeutung der Maas-Brücken und wusste, dass selbst spezielle Kampfeinheiten nicht so überraschend eingesetzt werden konnten, dass man die Brücken unzerstört erobern konnte. Wenn die Alliierten erkennen würden, worum es ging, bestand erhebliche Gefahr, dass sie die Brücken zerstören und somit der Offensive ein abruptes Ende bereiten würden. Ohne die Maas-Brücken wäre Antwerpen nichts als ein Traum (obwohl die Eroberung des Hafens selbst ohne das Brückenproblem weitaus schwieriger, wenn nicht sogar unmöglich gewesen wäre). Aber wie immer wusste Hitler eine Lösung.

Am 21.Oktober leistete Otto Skorzeny, Hitlers höchst angesehener Mann für Kommandoeinsätze, einer Aufforderung Folge, sich in der Wolfsschanze einzufinden. Skorzeny hatte sich mit einer gewagten Aktion zur Befreiung Mussolinis aus der Gefangenschaft einen Namen gemacht und galt seitdem als wagemutig. Bei dem Treffen gratulierte ihm Hitler erst zu seiner letzten Leistung, bei der er den Sohn des ungarischen Regenten kidnappte und den Regierungssitz in Budapest besetzte. Nachdem Skorzeny seinen Bericht abgeschlossen hatte, teilte ihm Hitler seine Ernennung zum SS-Obersturmbannführer mit. Skorzeny glaubte, dies sei das Ende seiner Audienz, aber Hitler bat ihn, noch zu bleiben, und unterbreitete ihm seine Pläne für die Offensive (womit Skorzeny der erste Truppenkommandeur war, der davon erfuhr). Er erklärte ihm, wie entscheidend die Maas-Brücken für die Offensive waren, und legte Skorzeny nahe, eine Spezialeinheit zur Sicherung der Brücken aufzustellen. Da keine Chance bestand, dass seine Einheit dies offen erreichen konnte, sollten seine Leute amerikanische Uniformen tragen und so hinter den feindlichen Linien zu den Brücken gelangen. Sobald die Offensive angelaufen war, sollten sie ihre amerikanischen Uniformen gegen ihre deutschen Kampfanzüge austauschen. Lediglich eine kleine Gruppe sollte verkleidet bleiben, um sich weiter hinter den feindlichen Linien bewegen zu können. Die, die ihre deutsche Uniform trugen, sollten die Brücken sichern, bis sie von den Spitzen des Vormarsches befreit würden. Die weiterhin in Verkleidung operierenden Soldaten sollten durch Sabotage und Desinformation beim Feind Verwirrung stiften.

PROBLEME

Skorzeny verließ das Treffen in dem Wissen, dass er sehr wenig Zeit zur Aufstellung dieser Spezialeinheit hatte, deren Mission unter dem Codenamen Operation Greif lief. Skorzeny fand bald heraus, dass die Sache noch schwieriger werden sollte, als er angenommen hatte. Wegen ihrer Wichtigkeit wurde die Operation streng geheim gehalten. Damit ergaben sich die ersten Probleme. Skorzeny benötigte zum einen große Mengen an erbeutetem amerikanischen Material, zum anderen Leute, die gut genug Englisch sprachen, um als Amerikaner durchzugehen. Der einzige Weg, um innerhalb der kurzen Zeit genügend Leute zu finden, war, eine Aufforderung auszugeben, Englisch sprechende Soldaten sollten sich freiwillig melden. Wie dies ablief, widersprach allen Grundregeln der Geheimhaltung. Am 25. Oktober gab das OKW an alle Truppenkommandeure den Befehl aus, dass Leute mit guten Englischkenntnissen, besonders mit amerikanischem Dialekt gesucht würden. Skorzeny war empört und drückte dies sofort in einem Funkspruch an Hitler aus. Er argumentierte, das Unternehmen wäre in entscheidender Weise bloßgestellt und müsste verschoben werden. Dazu sollte es aber nicht kommen. Es scheint, dass sich niemand überwinden konnte, Hitler die Meldung zu überbringen. Hitlers Zorn darüber, dass ein Fehler zum Abbruch einer wichtigen Aktion – wenn nicht sogar der wichtigsten Aktion – der Offensive geführt haben sollte, wollte man sich nicht mal vorstellen. Das OKW zeigte Verständnis für Skorzeny, besänftigte ihn und empfahl ihm, weiterzumachen.

DEUTSCHE YANKEES

Die Geheimhaltung war nicht das einzige Problem Skorzenys. Die Verwendung amerikanischer Uniformen gefiel ihm gar nicht; dies schien ihm gegen die Gesetze des Krieges zu verstoßen. General Westphal war darüber besonders besorgt, weil ihm klar war, dass man die Uniformen rasch nur von Kriegsgefangenen bekommen konnte. Dies war illegal (was natürlich nicht alle deutschen Militärführer gestört hätte) und vor allem war es Winter. Westphal verbot deshalb, die Uniformen auf diese Weise zu besorgen, weil er sich darüber im Klaren war, dass dies zu entsprechenden Maßnahmen ge-

Otto Skorzeny, einer der berühmtesten Kommandoleiter des Zweiten Weltkrieges und ein Günstling Hitlers. Er war vom Führer zur Leitung der Operation Greif ausersehen, den Versuch, die Maas-Brücken mit verkleideten Einheiten zu besetzen. Er merkte bald, dass dies unmöglich war.

gen deutsche Kriegsgefangene führen musste. Dieses Problem war aber im Hinblick auf die Größe der aufzustellenden Einheit unerheblich. Skorzeny hatte unter der Annahme geplant, dass seine Einheit mit dem Namen Panzerbrigade 150 die gleiche Stärke wie eine reguläre Brigade haben würde; es zeichnete sich jedoch immer klarer ab, dass er nicht genügend Leute zusammenbekommen würde. Bei genauerer Betrachtung wurde ebenfalls klar, dass er Panzerunterstützung brauchen würde, wenn er die Maas-Brücken halten sollte, bis Hilfe kam. Dies war nun ein besonders heikles Problem, da es amerikanische Panzer sein mussten und die Deutschen bei weitem nicht genug erbeutete US-Panzer hatten. Skorzeny fand heraus, dass es gerade eben so viele Beutepanzer gab, um eine kleine Sektion, nicht aber eine Brigade damit auszustatten. Daher änderte Skorzeny seine Planung dahingehend, dass die Panzerbrigade 150 aus nur zwei Panzerkompanien mit je zehn Panzern (wenn auch offen war, um was für Panzer es sich handeln würde), drei gepanzerten Aufklärungskompanien mit jeweils zehn Panzerspähwagen sowie aus Infanterie-, Luft- und Panzerabwehreinheiten bestehen würde.

Als Skorzeny sich mit diesen Problemen auseinander setzte, wurde klar, dass alles Theorie bleiben musste, wenn er nicht genügend Leute zusammenbekam. Es wurde auch klar, dass man nach der Anfangspanne in der Rekrutierung keine 3.300 Mann starke Brigade aus Englisch sprechenden Soldaten aufstellen konnte, sodass Skorzeny nur zwei Kampfgruppen anstelle der drei vorgesehenen aufstellen können würde.

Am 28. Oktober war Skorzeny zunehmend pessimistisch über die Erfolgsaussichten. Gerade mal zehn Leute hatten sich gemeldet, deren Englisch so gut war, dass sie damit als Amerikaner durchkommen würden. Weitere zehn sprachen zwar fließend Englisch, es fehlte aber der amerikanische Akzent und anstelle amerikanischer Redewendungen kannten sie nur englische. Eine dritte Gruppe von 120 Mann sprach zwar Englisch, wäre aber nie für Amerikaner gehalten worden. Die vierte Gruppe bestand aus 200 Freiwilligen, die gerade Yes und No sagen konnten. Skorzeny musste seine Pläne also entsprechend anpassen, d. h. das Gros der Leute musste sich in scheinbar mürrischer Stille bewegen und hatte Situationen zu vermeiden, in denen es erforderlich war, zu sprechen.

MANGEL AN LEUTEN

Die Leute wurden im Ausbildungslager der Panzerbrigade 150 bei Grafenwöhr zusammengezogen und vor ihrem Training auf strengste Geheimhaltung eingeschworen. Viele Freiwillige kamen aus der nicht kämpfenden Truppe des Heeres oder der Luftwaffe und hatten vom Infanteriekampf keine Ahnung. Skorzeny merkte bald, dass es unmöglich war, diese Leute zu einer effektiven Kampfeinheit auszubilden, und bat deshalb um Hilfe von ausgebildeten Einheiten. Man gestand ihm zwei Fallschirmjägerbataillone, eine Panzerkompanie und eine Nachrichtenabteilung zu. Mit zwei weiteren, wieder aufgefüllten Kompanien aus seinem eigenen Bereich, dem Fallschirmjägerbataillon 600, war er komplett. Er war nun etwas zufriedener, auch wenn ihm noch 800 Mann zu seiner Planstärke fehlten. Aber wenigstens konnte er nun drei Kampfgruppen aufstellen wie geplant, wenn auch der drastische Mangel an Uniformen und Ausrüstung bestehen blieb.

Die Schwierigkeiten in der Beschaffung von Uniformen und Ausrüstung waren unterschiedlich. Was die Panzer betraf, waren manche Teile nicht in ausreichender Menge zu finden. Hinzu kam, dass der Befehl an die Einheiten, erbeutetes Material abzugeben, die Wichtigkeit nicht genügend betonte. Viele Einheiten verfügten über erbeutete Uniformen, Waffen und Fahrzeuge, stellten sich aber aus gutem Grund taub. Da sie an eigenem Material knapp waren, konnten sie die erbeutete Ausrüstung gut gebrauchen und hatten keine Lust, sie abzugeben. Andere Einheiten waren durch den vagen Wortlaut des Aufrufs irritiert und lieferten russisches Material ab.

MANGEL AN AUSRÜSTUNG

Schließlich musste Skorzeny Westphal um Hilfe bitten. Am 9. November erging der Befehl, Skorzeny zehn Panzer, 20 gepanzerte Fahrzeuge, eine ähnliche Zahl von Geschützen auf Selbstfahrlafetten und mehr als 100 Jeeps zur Verfügung zu stellen, ebenso wie britische und amerikanische Uniformen. Dies half etwas, doch war manches, was ankam, von

Zwei M4-Sherman-Panzer pausieren in einer kurz zuvor befreiten und stark zerstörten belgischen Stadt auf ihrem Weg an die Front. Ihre Tarnung an Front und Flanken ist bemerkenswert. Beide Panzer sind mit der schweren M2 Browning ausgestattet.

zweifelhafter Qualität. Vieles war defekt und obwohl das Angebot an amerikanischen Waffen zunahm, mangelte es an Munition. Hätten die Amerikaner 9-mm-Maschinenpistolen benutzt, wäre die Situation nicht so prekär gewesen, weil man auf deutsche Bestände zurückgreifen hätte können, aber dies ging nicht, weil alle amerikanischen Waffen ein anderes Kaliber als die deutschen hatten. Daher war man ausschließlich auf Beutemunition angewiesen.

Eine erneute Suche förderte Beutematerial zutage, welches man in Waffendepots in Deutschland vergessen hatte. Dies waren aber nur ein oder zwei Teile auf der langen Bedarfsliste. Schließlich gab Skorzeny auf und beantragte Panther-Panzer, die so „verkleidet" waren, dass sie den amerikanischen M10-Jagdpanzern ähnelten. Die Verkleidung würde einem prüfenden Blick kaum standhalten, war aber besser als gar nichts. Als der Tag der Offensive näher rückte, wurde Skorzeny klar, dass er eine völlig andere Truppe zusammengestellt hatte, als ihm ursprünglich vorgeschwebt war. Anstelle einer vollständig verkleideten Brigade hatte er nun de facto eine Mischeinheit aus konventioneller Infanterie und einigen Leuten, die als Amerikaner durchgehen konnten, um entweder Konfusion hinter den feindlichen Linien durch Ausstreuen von Falschinformationen oder schlechten Nachrichten zu verursachen oder unentdeckt die Brücken zu erreichen.

BEGINN DER OPERATIONEN

Nach den Problemen beim Aufstellen und Ausrüsten der Panzerbrigade 150 war es nicht überraschend, dass nur ein kleiner Teil von Skorzenys Leuten nach Plan operierte. Ende November informierte Skorzeny seine Kommandeure über ihre Aufgaben. Die zwei Kampfgruppen sollten mit den Sturmeinheiten vorrücken, die zu den Maas-Brücken vorstießen. Sobald die Amerikaner zurückwichen, sollten sich die Kommandos aus der deutschen Frontlinie heraus-

Amerikanische Soldaten betrachten einen toten deutschen Soldaten in US-Uniform. Es war nicht immer leicht zu sagen, ob Deutsche mit amerikanischer Ausrüstung zu Greif-Kommandos gehörten oder nicht, denn viele Soldaten trugen amerikanische Kleidung gegen die Kälte.

lösen und sich unter die Feinde mischen. Sobald man die Maas-Brücken erreicht hatte, sollte man sie besetzen und den Entsatz durch die ersten Panzer abwarten. Der Plan war gewagt, schien aber einfach. Als die Offensive am 16. Dezember startete, warf der langsame Vormarsch die Pläne nach und nach über den Haufen. Die Panzerbrigade 150 wartete einen Tag lang auf den erhofften Durchbruch und steckte dabei in einem riesigen Verkehrsstau. Anstatt auf die Maas vorzurücken, saßen die Männer der Brigade herum und warteten. Einige von ihnen hatten sich durch die amerikanischen Linien gearbeitet und versuchten Verwirrung zu stiften. Zu ihnen hatte man keinen Kontakt. Falls sich die Lage nicht besserte, liefen die Greif-Kommandos Gefahr, überhaupt nicht zum Einsatz zu kommen.

LETZTER KAMPF AM BAHNHOF BUCHHOLZ

Kurz vor 4.00 Uhr holten Peipers Männer die Fallschirmjäger von von Hofmanns 1. Bataillon ab. Die Fallschirmjäger kamen auf die Beine und kletterten auf Peipers Panzer, die sie in die Schlacht gegen die Amerikaner am Bahnhof Buchholz

Deutsche Panzer rücken in offenem Gelände vor. Die Ardennen waren für Panzer ein schwieriges Terrain, und die Deutschen waren auf die wenigen Straßen angewiesen. Manche davon waren kaum befahrbar, was zu Staus führte und den Vormarsch am ersten Tag stark verzögerte.

fahren sollten. Als alle zusammen waren, schob sich Peipers Kettenfahrzeug an die Spitze der Kolonne und fuhr los.

Am Bahnhof bekam Leutnant Rose immer mehr Berichte von seinen Zugführern, dass sie feindliche Fahrzeuge, darunter Panzer, hörten, die sich auf sie zubewegten. Diesen Meldungen folgten bald kurze Mitteilungen, dass nun auch Stimmen zu hören seien, die eindeutig deutsch seien. Rose bestätigte diese Meldungen und instruierte seine Leute, das Feuer erst dann zu eröffnen, wenn er den Befehl dazu gäbe, gleichgültig, wie versucht sie auch sein mochten, loszuschlagen. Dadurch bliebe den Amerikanern immer noch die Möglichkeit, sich zurückzuziehen, falls die Deutschen überaus stark sein sollten. Als zusätzlicher Vorteil sollte das Ausbleiben des amerikanischen Abwehrfeuers außerdem unerfahrene deutsche Soldaten langsam nervös machen; entsprechende Kommentare über ihren Vormarsch ohne Widerstand waren jetzt schon zu hören. Schließlich bemerkte Rose jedoch, dass er keine Wahl mehr hatte, da die Gegner schon auf allen Seiten seiner Stellungen auftauchten und deshalb ein weiteres Stillhalten nutzlos war. Also gab er den Feuerbefehl. Durch den frühen Morgen schallten die Salven von Infanteriewaffen, durchsetzt von Bazooka-Schüssen. Die Fallschirmjäger stoben zwar auseinander, aber bald erwies sich Peipers Gruppe in allen Belangen als überlegen. Eines der „Wirbelwind"-Vierlingsflakgeschütze wurde vorgeschickt und deckte die machtlosen Amerikaner mit seinen Granaten ein. Der massive Beschuss zwang sie, den Kopf unten zu halten, was die Fallschirmjäger dazu nutzten, in den Unterstand

Ein M10-Jagdpanzer und ein M4-Sherman-Panzer. Der M10 ist getarnt und das Maschinengewehr am Heck des Turmes abgedeckt. Beachtenswert sind die vergrößerten Auspuffrohre am Heck des Sherman, was darauf hindeutet, dass er schwimmfähig gemacht wurde.

der K-Kompanie einzudringen. Ein erbitterter Nahkampf brach aus und die amerikanischen Verteidigungsstellungen fielen trotz verzweifelter Gegenwehr einer nach der anderen. Peiper schickte nun seine Panzer vorwärts, die mit ihren Maschinengewehren und Kanonen eingriffen. Geschosse regneten in das Bahnhofsgebäude hinein und langsam wurde das Ende des Kampfes absehbar. Am Befehlsstand des 3. Bataillons hörte Major Norman Moore deprimiert die Meldungen ab, die vom Buchholzer Bahnhof ankamen. Roses

„5.30 Uhr: Kurze Kommandos ertönten entlang der ganzen Angriffsfront. Die Kompanien nehmen lockere Aufstellung mit Blick nach Westen. Wir zittern vor Aufregung. Die Uhren sind schon lange vorher abgeglichen worden ... 20 Sekunden ... 10 Sekunden ... 5, ... 4, ... 3, ... 2, ... 1 ... Feuer! Die Mündungen mehrerer tausend Geschütze, Haubitzen und Werfer dröhnen zusammen fast wie in einer einzigen Detonation. Das Mündungsfeuer beleuchtet den Himmel im Osten hinter den Fallschirmjägern, so dass es fast taghell wird. ... 6.00 Uhr: Auf einen Schlag hört dieser Höllenlärm auf!
Dann erschallt das Kommando: ‚Angriff!'
Wir rennen los!"

Fallschirmjäger Rudi Frühbeisser, 1. Kompanie, Fallschirmjägerregiment 9

Funker, der Feldwebel Alvin Rausch, berichtete gefasst, dass die Deutschen in den Gefechtsstand eingedrungen waren und Rose gefangen genommen hatten. Im gleichen Ton forderte er sofortigen Artilleriebeschuss auf die Stellung an und erklärte, er werde sein Funkgerät zerstören, damit es nicht in Feindeshand fiele. Er beendete seine Meldung und der Funkverkehr brach ab. Der Bahnhof Buchholz fiel erst 24 Stunden später, als im deutschen Plan vorgesehen war.

HOFFNUNGSLOSE SITUATION

Rauschs dramatische Berichte wurden auch von Oberstleutnant Robert Douglas im Befehlsstand des 1. Bataillons mitgehört, von wo aus er auch den Lärm des Gefechts mitbekam, welches weniger als 1 km entfernt ablief. Douglas wusste, dass die Deutschen nun auch auf dem Weg zu seinen Stellungen waren, die um die wichtigen Straßenkreuzungen um Losheimergraben gruppiert lagen. Sein Bataillon bestand zwar nur noch zur Hälfte, aber die Berichte, die er von seinen Patrouillen bekam (von denen manche nicht zurückkamen), erforderten sein Handeln, und er verlegte seinen Befehlsstand zu den Zollhäusern an der Straße, von wo er einen besseren Überblick über das Schlachtfeld hatte. Um 6.40 Uhr, kurz nach Douglas' Umzug, folgten die Männer von Oberstleutnant Ostholds 48. Grenadierregiment ihrem Kommandeur in den Kampf gegen den Rest von Douglas' Bataillon.

Der Angriff machte Fortschritte, aber gerade in der entscheidenden Phase kamen die Sturmgeschütze nicht, die Osthold erwartete. Der deutsche Vorstoß kam zum Stehen und zu Ostholds zusätzlichem Frust hörte die Artillerie mit ihrer Feuerunterstützung einige Minuten früher als geplant

DER JAGDPANZER

Das Konzept des Jagdpanzers im Unterschied zum normalen Panzer entstammt zwei komplementären Philosophien, die teils auf Grundsatzdoktrin, teils auf nützlicher Erwägung basierten. Die erste ging davon aus, dass der Jagdpanzer ausschließlich gegen feindliche Panzer eingesetzt werden solle, während der Panzer selbst sowohl zur Infanterieunterstützung als auch gegen feindliche Panzer eingesetzt werden sollte. Die Vorstellung von speziellen Anti-Panzer-Fahrzeugen ging im Wesentlichen auf amerikanische Vorstellungen aus der Zwischenkriegszeit zurück, wo man glaubte, dass ein wendiger, mit einer Schnellfeuerkanone ausgestatteter Jagdpanzer ein Mittel sei, mit massierten, schnellen feindlichen Panzerformationen fertig zu werden. Die Erfahrung im Zweiten Weltkrieg zeigte, dass normale Panzer als Jagdpanzer genauso effektiv waren wie ihre spezialisierten Brüder. Das zweite Konzept basierte auf reinen Nützlichkeitserwägungen. Der Bau von Panzern mit schwereren Kanonen war begrenzt, da der Turmring nicht unbegrenzt belastbar war, sodass ein neues Design erforderlich wurde. Mitten im Krieg einen völlig neuen Panzer zu entwickeln, war unpraktisch, sodass sich von selbst ergab, ein bestehendes Chassis so zu modifizieren, dass es einen starren Aufbau tragen konnte, in den man eine schwerere Kanone installieren konnte. Für Nazideutschland schien dies mit fortschreitendem Krieg zunehmend attraktiv. Anfängliche „Hau-ruck"-Konstruktionen wurden bald von akzeptablen Jagdpanzern abgelöst, die man viel schneller auf einem gegebenen Chassis bauen konnte als einen Panzer mit Drehturm. Dies versetzte die Deutschen in die Lage, viel mehr Panzerfahrzeuge aufzubieten, als es sonst möglich gewesen wäre – 1944 eine wichtige Überlegung.

Die amerikanischen Jagdpanzer basierten nicht auf dem Konzept des turmlosen Panzers. Die höhere Einschätzung des Panzers selbst als Mittel gegen den feindlichen Panzer bedeutete, dass der amerikanische Jagdpanzer kein spezialisiertes Antipanzerfahrzeug war, sondern mehr die konventionelle Rolle des Panzers innehatte.

auf. Unterdessen griff Oberstleutnant Heinz-Georg Lemms 27. Füsilierregiment die B-Kompanie an, die sich verbissen wehrte. Die Deutschen stoppten in einer Linie von erbeuteten Unterständen und warteten auf eine Gelegenheit, weiter vorzurücken. Trotz des hartnäckigen Widerstandes seiner Leute wurde Douglas klar, dass seine Situation hoffnungslos war. Über Sprechfunk bat er Oberst Riley um Erlaubnis, sich nach Westen in eine bessere Verteidigungsposition absetzen zu dürfen. Riley dachte einige Momente nach, bevor er sein Einverständnis gab. Douglas machte sich daran, sein Bataillon über den Rückzug zu informieren, was aber schwierig wurde, weil der Kontakt vom Bataillonsstand zu einigen Einheiten abgebrochen war. Seine Befehle wurden von Meldegängern überbracht und die Männer des 1. Bataillons begannen, sich so leise wie möglich zurückzuziehen.

EHRENVOLLE KAPITULATION

Als die Deutschen ihre Angriffe wieder aufnahmen, trafen sie trotz Douglas' Rückzugbefehl auf massiven Widerstand einer Gruppe von Amerikanern, die immer noch in der Nähe der Zollstation verschanzt waren und offenbar den Befehl zum Rückzug nicht bekommen hatten. Der Angriff geriet ins Stocken und Osterhold lief nach vorne, um nachzusehen. Das Fehlen der Sturmgeschütze war wieder einmal das Problem. Diese waren zwar auf die US-Stellungen zugefahren, aber in schweres Bazooka-Feuer geraten. Ihr Kommandeur lag im Straßengraben und ließ seine Verletzungen behandeln. Damit war klar, dass die Sturmgeschütze hier keine Hilfe bieten würden. Osterhold überlegte, wie er das Problem lösen konnte, als ihm einfiel, dass seine Leute einige amerikanische Minen erbeutet hatten. Er gab Befehl, sie mit einigen deutschen Zeitzündern nach vorne zu bringen. Er wollte die Zeitzünder an den Minen montieren und diese als große, improvisierte Handgranaten gegen die Zollstation einsetzen. Einige seiner Leute holten das Gewünschte. Als die Minen präpariert waren, versicherte sich Osterhold der Hilfe zweier Unteroffiziere, die mit ihm den Angriff auf die Zollstation vortragen sollten. Sie nahmen ihre Minen und sprinteten über die Straße. Osterhold wollte die Minen eben ins Gebäude werfen, als ihn etwas davon abhielt. Er erkannte, dass seine Männer bereits die Kontrolle über die Straßenkreuzung gewonnen und damit ihr Angriffsziel erreicht hatten; daher erschien es ihm sinnlos, die verbliebenen Amerikaner zu töten. Er legte die Minen nieder und rief die Amerikaner an; zum Glück sprach er gut Englisch. Einige Schimpfworte, die aus dem Keller kamen, zeigten ihm, dass man ihn hörte, und er fuhr fort. Da die Deutschen inzwischen die ganze Gegend unter Kontrolle hatten und die Amerikaner in auswegloser Situation waren, war es keine Schande, sich zu ergeben. Wenn man dieses Angebot nicht annähme, sei er gezwungen, die Minen ins Haus zu werfen, das zwangsläufig einstürzen würde. Das wolle er aber nicht, also würden die Amerikaner sich bitte ergeben?

HEKTISCHE SUCHE NACH SICHERUNGSSTIFTEN

Die amerikanischen Soldaten im Keller sahen ein, dass Osterholds Angebot sinnvoll war. Eine weiße Flagge wurde improvisiert und einer stieg heraus, um den deutschen Kommandeur zu sprechen. Osterhold kam ihm entgegen und nahm die Übergabe ab. Als man aber in den Keller ging, befand man sich in einer tödlichen Farce. Einige Amerikaner hatten eben mit Handgranaten antworten wollen, als Osterhold seine dringende Bitte um Aufgabe gerufen hatte. Man hatte sie nicht geworfen, aber in der Annahme, sie nicht mehr zu brauchen, die Sicherungsstifte weggeworfen. Osterhold wurde klar, dass er in einer Gruppe von Soldaten mit entsicherten Handgranaten stand. Ein Amerikaner schlug hilfreich vor, die Handgranaten aus dem Fenster zu werfen, aber Osterhold wusste, dass seine Leute dies so deuten würden, dass ihr Kommandeur in einen Hinterhalt geraten war, und sofort angreifen würden. Es gab nur eine Lösung: Osterhold nahm seine Taschenlampe und eine Gruppe amerikanischer Gefangener und ein deutscher Generalleutnant suchten bei spärlichem Licht auf dem Boden die Sicherungsstifte zusammen. Nachdem die Handgranaten gesichert waren, übergab Osterhold die GIs seinen Leuten. Er schrie ein paar davon an, die versuchten, den Amerikanern Zigaretten wegzunehmen; vorher hatte er schon mitgeteilt, dass jeder, der versuchte,

Ein deutscher Soldat neben den Überresten eines amerikanischen Konvois. Es sieht so aus, als wären sie nach etwas Brauchbarem durchwühlt worden. Die prekäre Versorgungslage der Deutschen zwang sie, alle feindlichen Versorgungsgüter zu nutzen, die sie kriegen konnten.

Oben: Deutsche Fallschirmjäger springen aus ihrem Ju52-Transporter. Am vordersten Fallschirm hängt ein Container. Viele dieser Soldaten in der Ardennenschlacht waren unerfahren, teils sogar noch nie aus einem Flugzeug gesprungen. Kein Wunder, dass die Mission fehlschlug.

Rechts: Die Größe eines Tiger II zeigt sich an der Zahl der Männer auf seinem Heck. Der Mann mit der Zigarettenpackung in der Hand hat ein MG42, eine der besten Waffen aller Zeiten. Sie wurde für 7,62-mm-Munition modifiziert und wird in der deutschen Armee noch eingesetzt.

den Gefangenen persönliche Dinge abzunehmen, sich vor einem sehr wütenden Bataillonskommandeur verantworten würde müssen. Als die Amerikaner abgeführt wurden, schaute sich Osterhold am Buchholzer Bahnhof um und dachte an die harten Kämpfe, die nötig gewesen waren, um den Feind zurückzuwerfen. Es war jetzt 15.00 Uhr am 17. Dezember und die 6. Panzerdivision lag weit im Zeitplan zurück. Obwohl sie es noch nicht nicht wussten, hatte der erbitterte Abwehrkampf der Amerikaner auf der Route der 6. Panzerarmee entscheidend dazu beigetragen, dass die Pläne, die Maas-Brücken zu erobern, nie Realität wurden. Die Rolle einiger Einheiten nicht nur des 394. Infanterieregiments kann kaum genug betont werden.

SCHLAPPE DER FALLSCHIRMJÄGER

Nachdem das 394. Infanterieregiment den alliierten Truppen durch seinen Widerstand wertvolle Zeit verschafft hatte, waren einige Einheiten der Angriffsspitze überhaupt noch nicht zum Zuge gekommen. Wie schon berichtet, saß der größte Teil der Panzerbrigade 150 am ersten Tag der Offensive im Verkehrsstau fest, sodass ihre Kommandeure immer mehr zu der Überzeugung kamen, ihren Auftrag nicht erfüllen zu können. Für die Fallschirmjägereinheit unter Oberstleutnant von der Heydte war die Situation besonders übel. Auf dem Weg zum Abflughafen blieben einige Transportfahrzeuge wegen Treibstoffmangels liegen. Am 15. Dezember um 22.00 Uhr war nur ein Drittel der für den Absprung vorgesehenen 1.200 Mann eingetroffen. In der Wartezeit informierte sich von der Heydte über die Ju52-Staffel, die sie zum Absprungziel fliegen sollte. Die Einheit hatte einen guten Ruf, weil sie die Deutschen im Kessel von Stalingrad versorgt hatte. Leider war dies vergangener Ruhm, denn der einzige, der bei den Einsätzen dabei gewesen war, war der Staffelkommandant. Keiner seiner Leute hatte je Fallschirmjäger im Kampfgebiet abgesetzt oder einen Kampfeinsatz geflogen. Und um die traurige Geschichte abzurunden: Der Staffelkommandant musste feststellen, dass er als einziger eine Maschine schon einmal nachts geflogen hatte. Von der Heydte war entsetzt

und hoffte, dass man das Unternehmen abbrechen würde. Dieser Wunsch erfüllte sich aber nicht. Das Hauptquartier der 6. Armee schickte einen Offizier, der fragte, warum die Aktion noch nicht angelaufen war. General Krämer legte daraufhin den Angriff auf die Nacht von 16. auf 17. Dezember fest. Kurz vor Mitternacht stieg eine Flotte von Ju52-Transportern von zwei Flugplätzen auf und steuerte auf den Einsatzpunkt zu. In der Führungsmaschine wurde von der Heydte etwas zuversichtlicher, da alles programmgemäß zu laufen schien. Am Ziel sprang er traditionsgemäß als erster ab.

Von der Heydte war gehandikapt, weil sein rechter Arm geschient war und er deshalb kaum seinen Fallschirm steuern konnte. In Bodennähe erwischte ihn eine Windbö und ließ ihn hart landen. Der Aufprall war so stark, dass er für einige Zeit bewusstlos liegen blieb und natürlich nicht mitbekam, was passierte. Als er zu sich kam, war er völlig allein. Das machte ihm nicht viel aus; er schaute auf seinen Kompass und rechnete sich aus, in welcher Richtung der Sammelpunkt liegen musste. Er marschierte zielstrebig in diese Richtung in der Gewissheit, dass seine Leute auf ihn warten würden. Als er die Straßenkreuzung erreichte, an der ihr Sammelpunkt lag, sah er nur eine kleine Gruppe von 20 Soldaten. Dies war alles, was er nun hatte. Von den 1.200 für den Absprung vorgesehenen Leuten waren die 21 Mann an der Kreuzung von Belle Croix die einzigen, die im Zielgebiet standen. Die Piloten hatten zwar ihr Bestes gegeben, aber ihre Staffel war durch starke Seitenwinde abgetrieben worden, sodass sich ihre Last über eine weite Fläche verteilte. Ein paar weitere Leute erschienen, später noch welche. Von der Heydte schickte kleine Suchtrupps nach seinen Männern los, die in den umliegenden Wäldern niedergegangen sein mochten. Sie fanden etliche; als die Suchtrupps aber zurückkamen, war klar, dass man kaum mit mehr Leuten rechnen durfte. Eine Zählung ergab nun 350 Mann. Damit war völlig ausgeschlossen, dass die Fallschirmjäger die für sie ursprünglich vorgese-

Deutsche Gefangener werden durch ein zerstörtes belgisches Dorf geführt. Wachen wie Gefangene sind vom harten Kampf gezeichnet. Im Laufe der Ardennenschlacht wiederholten sich diese Szenen, nur wurden die Züge mit den deutschen Gefangenen immer länger.

Der Oberkommandierende General Dwight D. Eisenhower, hier beim Vorbereiten der Landung in der Normandie, leitete die Alliierten in Westeuropa. Er legte seinen Kommandeuren nahe, die Ardennenoffensive mehr als Chance denn als Rückschlag zu sehen.

hene Aufgabe erfüllen konnten. Zu allem Überfluss war der Nachrichtenzug vollständig verschwunden und von der Heydtes persönliches Funkgerät beim Aufprall zu Bruch gegangen. Zwei Drittel der Einsatzgruppe fehlten und obendrein war man auch noch von der Außenwelt abgeschnitten. Von der Heydte entschied sich dafür, mit seiner kleinen Mannschaft soviel wie möglich zu bewirken, indem er kleinere amerikanische Gruppen in einer Art Guerillataktik angriff, um den Eindruck zu erwecken, dass viel mehr Leute als tatsächlich vorhanden an den Aktionen beteiligt waren. Von der Heydte hatte bei seinen Planungen keine Ahnung davon, dass die Amerikaner hinsichtlich seiner Truppe schon zu einem ganz anderen Schluss gekommen waren.

VERWIRRUNG

Die breite Streuung beim Absetzen der Fallschirmjäger erwies sich als Vorteil für die Deutschen. Die Amerikaner waren völlig verwirrt, weil sie nicht genau wussten, was passiert war. Am Morgen des 17. Dezember brachten sie viel Zeit damit zu, verstreute Fallschirmjäger überall entlang der Front aufzulesen. Gerade dies machte dem US-Oberkommando zu schaffen. Die erbitterten Kämpfe lieferten kein klares Bild davon, was vor sich ging. Man wusste nur, dass zahlreiche lokale Gefechte abliefen, an denen eine große Anzahl ihrer Einheiten beteiligt war, und dass kleine Gruppen von Amerikanern bis zum letzten Mann fochten; ferner, dass zurückweichende Soldaten und Zivilisten die Straßen verstopften. Dazu gab es noch Besorgnis erregende Hinweise, dass Deutsche in amerikanischen Uniformen Sabotageakte verübten. Und nun kamen noch die Meldungen von Fallschirmjägern entlang der ganzen Front. Der logische Schluss war, dass die Deutschen eine beachtliche Zahl von Fallschirmjägern abgesetzt haben mussten. Auf den Gedanken, dass es sich um eine kleine Zahl handeln könnte, die aufgrund von Fehlplanungen, schlechtem Wetter oder Pech entlang der ganzen Front niedergegangen war, kam man einfach nicht. Einsatzkommandos suchten eine ganze Woche lang nach Fallschirmjägern. Man fand aber keine; im Kampf an der Front wären die Leute nützlicher gewesen.

DIE EINHEIT STIELAU

Berichte über Deutsche in US-Uniformen trugen ebenfalls zur Verwirrung der Amerikaner bei. Der größte Teil der Panzerbrigade 150 hatte aber am 16. Dezember viel Zeit im Stau verbracht, sodass Skorzeny am folgenden Tag entschied, dass seine Leute keine Chance hätten, ihren eigentlichen Auftrag zu erfüllen; wenn sie die Maas erreichen wollten, müssten sie sich in eine fast geschlagene Armee einschmuggeln. Wenn die Amerikaner sich auch zurückziehen mussten, bedeutete der hartnäckige Widerstand, auf den der Angriff stieß, dass Skorzenys Kommandos sicherlich enttarnt worden wären. Am 17. Dezember nachmittags schlug Skorzeny vor, die Operation abzublasen und seine Leute in die normalen Truppen einzugliedern. Dies wurde akzeptiert und so endete die Operation Greif, bevor sie richtig begonnen hatte. Ein Teil der kleinen Gruppen, die wie geplant operierten, hatte jedoch Erfolg. Es handelte sich dabei um die Einheit Stielau, die einzige Gruppe der Panzerbrigade, die verdeckt arbeitete. Sie umfasste die Leute mit den besten Englischkenntnissen, die in amerikanischer Kleidung steckten und mit amerikanischen Waffen ausgerüstet waren. Ohne Erfahrung in verdeckten Operationen hatten sie den großen Nachteil, dass sie nie die Zeit gehabt hatten, das notwendige Gefühl dafür zu entwickeln, wann ein Zug, der scheinbar einer guten Idee entsprang, zu riskant war oder nicht. Sie hatten auch viel zu wenig Zeit gehabt, die Amerikaner eingehender zu studieren, was sie der Gefahr aussetzte, grundlegende Fehler zu machen, die zu ihrer Enttarnung führen mussten.

JAGDTIGER

Der Jagdtiger stellte den Superlativ der Jagdpanzer dar, was Größe und Bewaffnung betrifft; als Kampfeinheit war er jedoch dem Jagdpanther unterlegen. Auf dem Chassis des Königstigers montiert, war er sehr schwer und für den mobilen Einsatz denkbar ungeeignet. Seine 128-mm-Kanone war das schwerste Panzerabwehrgeschütz, das während des Krieges auf ein gepanzertes Chassis montiert wurde. Auch wenn er der Panzer mit der stärksten Bewaffnung und stärksten Panzerung seiner Zeit war, war sein Motor unterdimensioniert. Dieser Mangel an Beweglichkeit ließ ihn in der Ardennenoffensive kaum zum Zuge kommen. Eigentlich sollten diese Jagdpanzer zu Oberst von der Heydtes Fallschirmjägern durchstoßen; selbst wenn deren Aktion erfolgreich verlaufen wäre, muss man bezweifeln, dass die Jagdtiger durchgekommen wären, weil sie für das schwierige Terrain völlig ungeeignet waren.

DIE RICHTIGE ANTWORT, BITTE!

60 Jahre danach lässt sich kaum noch genau sagen, wie viele Männer der Einheit Stielau tatsächlich Erfolg hatten, weil die Amerikaner wegen der Bedrohung durch eine letztlich kleine Gruppe höchst paranoid reagierten. Das Problem wurde dadurch verkompliziert, dass viele deutsche Soldaten in dieser Offensive erbeutete amerikanische Kleidung trugen, um nicht zu frieren; natürlich wurden sie dadurch fälschlich häufig den Greif-Kommandos zugeordnet. Etliche Vorkommnisse wurden Stielaus Leuten zugeschrieben, wie etwa Straßenschilder zu verdrehen, um amerikanische Verstärkungen in falsche Richtungen zu schicken, sich als auf dem Rückzug befindlich auszugeben und kleinere amerikanische Gruppen vor herannahenden deutsche Einheiten zu warnen oder Sprengungen zu vereiteln.

Ein gefangener Anführer eines Greif-Kommandos trug zum Chaos bei, indem er behauptete, die Greif-Kommandos wollten Eisenhower entführen und dass er zu seiner eigenen Sicherheit in einem Hotel festgehalten werde. Die amerikanischen Truppen entwickelten nun ihre eigenen Sicherheitssysteme: Statt eines Losungswortes verlangten sie Antworten auf Fragen, die nur ein Amerikaner kennen konnte. General Bruce Clark wurde kurzzeitig festgesetzt, weil er nicht wusste, in welcher Liga die Clubs von Chicago spielten. Omar Bradley wurden Fragen nach den Hauptstädten der US-Staaten und zu Football gestellt. Er konnte nicht sagen, wer der Ehemann von Betty Grable war (der Musiker Harry James), der Wachhabende ließ ihn aber durch, vermutlich weil er sich nicht vorstellen konnte, dass die Deutschen einen Agenten als General Bradley verkleiden würden. Die folgende Geschichte ist leider vielleicht unwahr: Demnach sollten einige Einheiten nach dem Text der dritten Strophe von *Star Spangled Banner* fragen; wer sie kannte, war höchstwahrscheinlich kein Amerikaner. Die Enttarnten erwartete das Erschießungskommando. So wurden die deut-

Der gewaltige Jagdtiger war der höchste Ausdruck für Hitlers Begeisterung für schwere Panzer. Trotz seiner eindrucksvollen 128-mm-Kanone und einer bis zu 25 cm starken Panzerung war der Jagdtiger taktisch ineffektiv, weil er schlecht manövrierbar war.

schen Gruppen in US-Uniformen hinter den amerikanischen Linien für die deutschen Soldaten an der Front zum Problem. Als bekannt wurde, dass die Amerikaner alle deutschen Gefangenen in US-Kleidung erschießen würden, verfügte man, dass amerikanische Uniformteile nicht getragen werden dürften, sondern abzugeben seien. Wenn also jemand US-Kleidung angezogen hatte, um sich zu wärmen, durfte er nun wieder frieren, was die Moral der Truppe kaum förderte.

Das Ausmaß der von den Kommandos gestifteten Verwirrung (und die daraus resultierenden Verzögerungen) stand zur Zahl der Verursacher in keinem Verhältnis; auf den Ausgang der Schlacht hatten sie natürlich keinen entscheidenden Einfluss. Immerhin war es gelungen, eine gewisse Verunsicherung in den amerikanischen Reihen zu säen. Dies war zwar ein gewisser Beitrag zum Gesamtgeschehen, jedoch sollte man auch nicht vergessen, das diese Kommandos eigentlich nur die Vorhut der Streitkräfte sein sollten, welche die Maas-Brücken erobern sollten, was nie geschah.

DER ERSTE TAG DER 6. PANZERARMEE

Der Angriff der 6. Panzerarmee zeitigte am ersten Tag gemischte Ergebnisse. Hitler war euphorisch und sprach vom „guten alten Dietrich“, der die Losheim-Bresche geschlagen habe. Dies war natürlich falsch. Hartnäckiger amerikanischer Widerstand hatte den deutschen Vormarsch erheblich verzögert. Das eindrucksvollste Beispiel war wohl Lyle Bouck mit seinem Nachrichtenzug; die 99. Division hatte darüber hinaus den Vorstoß nach Höfen und entlang der internationalen Autobahn gestoppt. Der Einsatz der Fallschirmjäger war ein völliger Fehlschlag und die Panzerbrigade 150 musste ihre Schlüsselfunktion in der Offensive aufgeben und als konventionelle Einheit weiterkämpfen. Dies bedeutete aber nicht, dass der deutsche Angriff zum Stehen gekommen war: Weit gefehlt! Der radikale Vorstoß von Joachim Peiper ermöglichte den Deutschen, durch die Bresche von Losheim zu stoßen, während östlich von Krinkelt-Rocherath die 12. SS-Panzerdivision zum Angriff bereitstand. Trotz dieser Erfolge konnte die 6. Panzerarmee keines der für den ersten Tag gesteckten Ziele erreichen. Hitlers Hauptziel, die Einnahme von Antwerpen, erforderte noch enormen Einsatz, wenn es erreicht werden sollte – doch es sollte nicht gelingen.

Der Vorstoß der 1. SS-Panzerdivision war der wichtigste Durchbruch durch die alliierten Linien und sollte an die Maas und nach Antwerpen führen. Trotz des Überraschungsmoments und des massiven Truppeneinsatzes gelang es der Division nicht, die gesteckten Ziele zu erreichen.

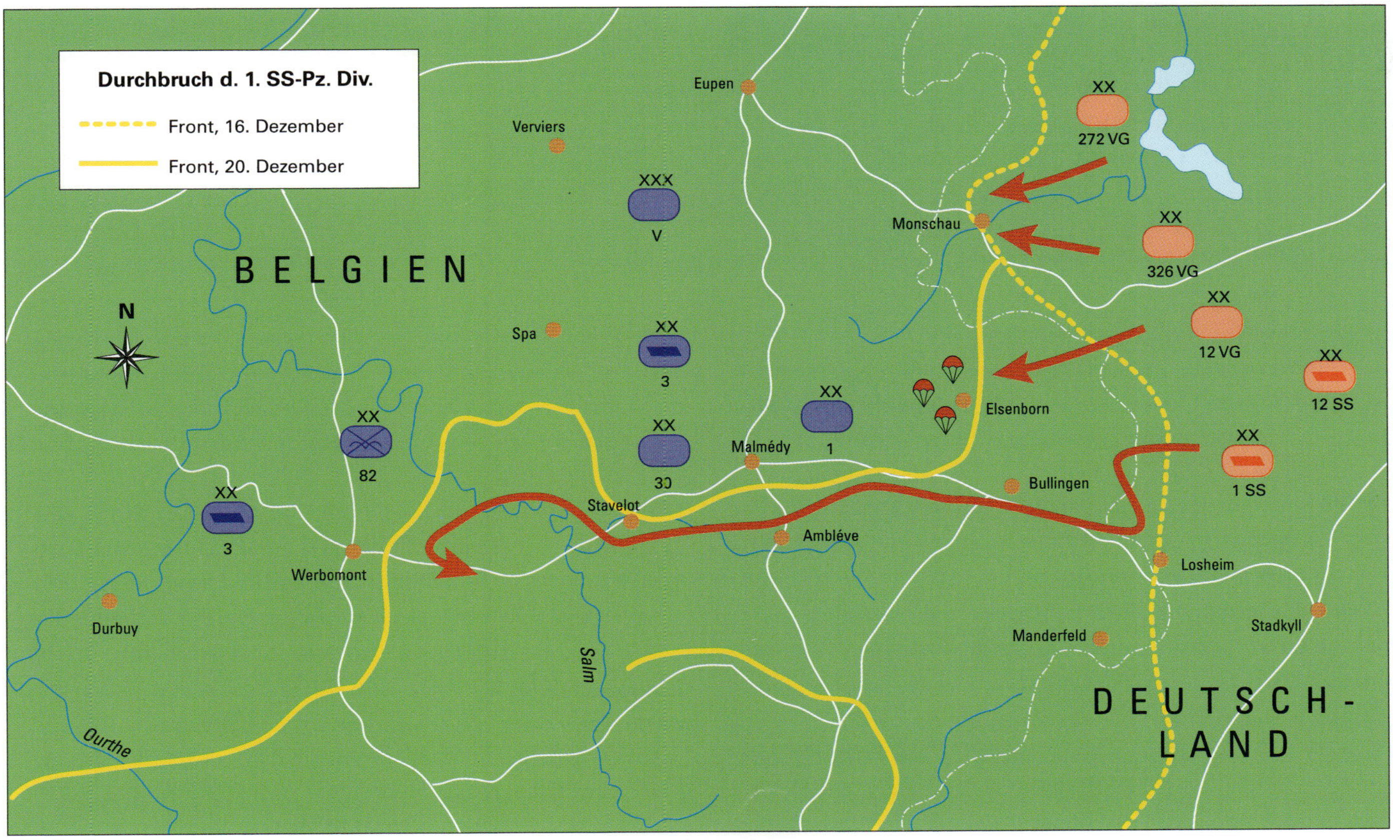

KAPITEL SECHS

DIE FÜNFTE PANZERARMEE GREIFT AN

Die Einheiten der fünften Panzerarmee waren nicht so gut ausgerüstet wie die der sechsten, die den Hauptstoß führen sollten, aber sie unterstanden dem Kommando eines der fähigsten deutschen Generäle. Es geht im Wesentlichen auf sein Können zurück, dass die fünfte Panzerarmee die Amerikaner in härteste Bedrängnis brachte. Auf ihrem Vormarschweg lag die unerfahrene 106. Infanteriedivision, für die sich damit eine Katastrophe abzeichnete.

Der Kommandeur der fünften Panzerarmee, war einer der hervorragendsten Praktiker des Panzereinsatzes, und – anders als einige Kommandeure, die Hitler sehr schätzte – war er seiner Aufgabe in der Offensive voll gewachsen. Von Manteuffel war ein besonderer Mensch, nicht zuletzt, weil er nur 1,58 m groß war. In seiner Offiziersausbildung musste ihm deshalb ein verkürzter Degen angefertigt werden, damit er beim Gehen nicht darüberstolperte, was aber der einzige Minuspunkt war, den seine Ausbilder zu vermelden hatten. Er machte beim Militär erfolgreich Karriere, obwohl er kein Freund der Nazis war (er vertrat die Ansicht, dass sich Armee-Offiziere nicht in die Politik einmischen sollten). Seine Karriere erlitt einen gewissen Rückschlag, als er sich in Russland mit Hitlers Favorit Walter Model entzweite. Model hatte dem damaligen Oberst von Manteuffel befohlen, einen

Eine Panther-Kolonne rollt durch ödes Land zum Einsatzgebiet. Der Panther war einer der besten Panzer des Krieges, konnte aber gegen Kriegsende nicht in annähernd ausreichender Zahl produziert werden, um damit den konsequenten Vormarsch der Alliierten zu stoppen.

Angriff vorzutragen, aber der Schnee war so tief, dass seine Leute kaum vorwärts kamen. Zu Models Verärgerung brach von Manteuffel den Angriff ab und befürchtete seine Entlassung. Bevor es aber soweit kam, wurde von Manteuffel nach Frankreich versetzt; danach befehligte er auf hervorragende Weise eine Division in Nordafrika, bevor er wieder an der russischen Front mit der Leitung der Elite-Division *Großdeutschland* betraut wurde. Seine Leistungen im Osten hatten Hitler so sehr beeindruckt, dass er verfügte, dass von Manteuffel den Befehl über die fünfte Panzerarmee übernehmen solle, obwohl er vorher kein Korps befehligt hatte, was normalerweise als Voraussetzung für eine Armee-Leitung galt.

Von Manteuffel war von Hitlers Plan nicht überzeugt und brachte seine Bedenken zum Ausdruck. Er konnte Hitler sogar überzeugen, dass einige Zielsetzungen für seine Armee am besten durch eine Infiltrationstaktik ohne vorherigen Artilleriebeschuss zu erreichen waren; seine Argumente basierten auf seiner persönlichen Teilnahme an Spähtruppeinsätzen seiner Männer in seinem Frontabschnitt. Er hatte festgestellt, dass die Stellungen der 28. US-Division auf dem anderen Ufer der Our nicht besonders stark besetzt waren; als sich das 110. Infanterieregiment nachts aus seinen Stellungen zurückzog, lud die Lücke bis zu den Stellungen des 112. Infanterieregiments von Manteuffel mit seinen Leuten ein, zwischen den US-Linien hindurchzustoßen, ohne sie vorher mit lautem Artilleriebeschuss zu wecken. Er hoffte, dass seine Soldaten die Amerikaner einkreisen konnten, bevor diese die Bedrohung erkannten, und damit einen deutlichen Vorteil für ihren weiteren Weg zur Bergkette erringen konnten, welche die Amerikaner als „Skyline Drive" bezeichneten.

All diese Pläne zielten darauf ab, dass die 5. Panzerarmee ihr wichtigstes Ziel, nämlich St. Vith einzunehmen, erreichte. Diese Stadt war für die Offensive höchst bedeutsam, weil ihr Besitz den Deutschen Zugang zum Straßennetz verschaffte, über welches sie wesentlich leichter an die Maas und zu den strategisch wichtigen Brücken gelangt wären.

DIE 28. DIVISION

Die Schwächen in der Verteidigungsposition der 28. US-Division beruhten nicht auf mangelnder Aufmerksamkeit fürs Detail oder strategischem Unvermögen ihrer Kommandeure, sondern ausschließlich auf Materialverschleiß und Mangel an Soldaten. Nach schweren Verlusten im Hürtgenwald hatte man die Division zur Erholung an einen ruhigen Frontabschnitt verlegt. Dessen Länge war so groß, dass die zwei Panzerkorps der 5. Panzerarmee im Endeffekt zehnmal mehr Leute zur Verfügung hatten als die Verteidiger.

Das 112. Infanterieregiment hatte die Our im Rücken seiner Stellungen, wodurch ein Rückzug vor einem feindlichen Angriff problematisch wurde. Das 110. Regiment durfte 24 km Frontlinie im Zentrum der 28. Division mit zwei Bataillonen besetzen, da das dritte Regiment die Infanteriereserve der Division bildete. Dies bedeutete, dass Oberst Hurley Fuller, der Regimentskommandeur, für die Verteilung seiner Einheiten keine große Wahl hatte. Da die Absicherung der ganzen Front unmöglich war, musste er sich damit begnügen, kleine Vorposten entlang des Flusses mit jeweils einer Kampfgruppe anzulegen. Während sie tagsüber in ihren Stellungen am Fluss lagen, patrouillierten sie nachts an den Hängen des „Skyline Drive". Die Bergkette selbst sollte behelfsmäßig mit einer Einheit gesichert werden, die die fünf Straßen abriegeln sollte, die vom Our-Tal heraufführten. Die Einheit hatte etwas Artillerieunterstützung, aber das Artilleriebataillon war gezwungen, seine Geschütze über einen größeren Abschnitt zu verteilen, weil ihre Zusammenziehung auf einen Punkt bedeutet hätte, dass Teilabschnitte außerhalb

General Hasso von Manteuffel, ein hervorragender Kommandeur, übernahm am 1. September 1944 das Kommando über die 5. Panzerarmee. Seine sorgfältige Planung ließ die 5. Panzerarmee zur erfolgreichsten der drei in den Ardennen eingesetzten deutschen Armeen werden.

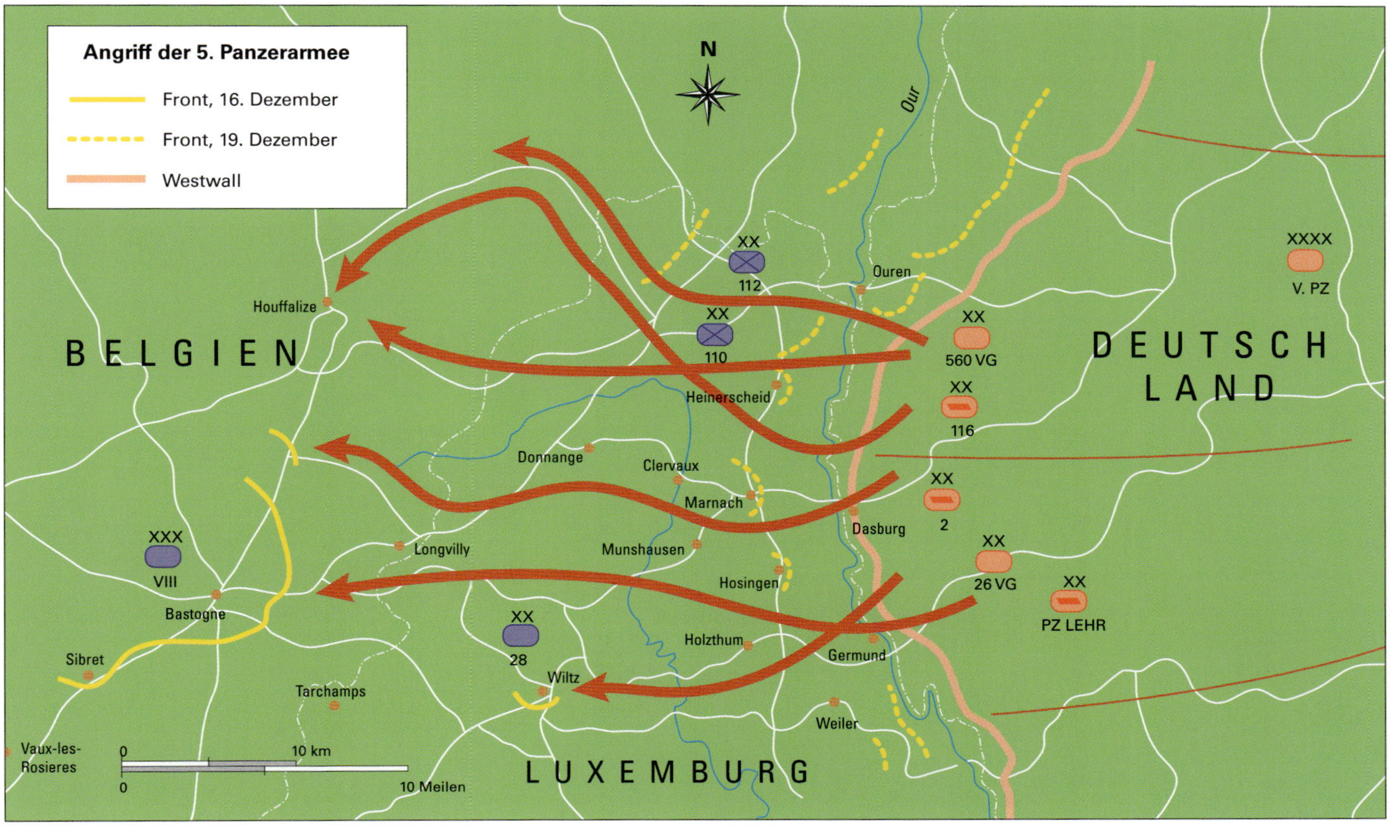

Der Angriff der 5. Panzerarmee war durch neue Strategien gekennzeichnet, die zu ihrem Erfolg beitrugen. Die amerikanischen Verteidigungslinien waren dünn besetzt. Trotzdem kämpften die US-Truppen tapfer und es fiel den Deutschen schwer, sie zurückzudrängen.

der Reichweite der Geschütze gelegen hätten. Obwohl dieses Auseinanderziehen eine deutliche Abnahme der Feuerkraft bedeutete, so schien dies noch sinnvoller, als einige Abschnitte ohne jede Artillerieunterstützung zu lassen.

DIE 106. INFANTERIEDIVISION

Die fünfte Panzerarmee stand nicht nur der 28. Division gegenüber. Die Front gegenüber ihren Verbänden im Norden wurde von der 106. Infanteriedivision unter Generalmajor Alan W. Jones gehalten. Die 106. Division hatte noch nicht die geringste Kampferfahrung. Sie war am 20. Oktober in den USA eingeschifft und in Europa sofort an die Front geschickt worden. Genau wie die 99. Division sollte die 106. in einem ruhigen Frontabschnitt durch Spähtrupptätigkeit und kleinere Unternehmungen Erfahrungen sammeln, bevor man sie bei größeren Operationen einsetzte. Die Division bezog am 11. Dezember, d. h. weniger als eine Woche vor dem deutschen Angriff, nördlich von General Middletons VIII. Korps Stellung. Ohne die geringste Ahnung von dem bevorstehenden massiven deutschen Angriff, war die 106. Division natürlich im Nachteil. Jones und sein Stab hatten gerade erst angefangen, das Notwendigste für ihre Verteidigung zusammenzustellen, konnten aber den örtlichen Gegebenheiten noch nicht Rechnung tragen. Insbesondere fehlte eine koordinierte Verteidigungsstrategie mit ihren Nachbareinheiten.

Darüber hinaus hatte die 106. Division auch ihre Probleme mit dem Nachschub. Es fehlte an Bazooka-Raketen und der Vorrat an 0,3-Zoll-Munition für den M1 Carbine war auch knapp. Der Nachschub erreichte zwar die Nachschublager, aber das nächste lag 64 km vom Hauptquartier der 106. entfernt, was eine rasche Auffüllung der Bestände problematisch machte. Auch wenn General Jones nicht die Zeit zum Ausarbeiten einer umfassenden Verteidigungsstrategie hatte, so war er doch weitsichtig genug, Anti-Panzerminen anzufordern, um seine Stellungen abzusichern. Die Lieferung der Minen dauerte jedoch länger als fünf Tage, sodass sie noch nicht ausgelegt waren, als die Deutschen angriffen. Die Unerfahrenheit der 106. Division zeigte sich auch in einem Mangel an automatischen Waffen. Die Erfahrung hatte gezeigt, dass diese im Angriff wie bei der Verteidigung sehr hilfreich waren, sodass die erfahrenen Divisionen jede Gelegenheit genutzt hatten, sich mit BARs und leichten Maschinenpistolen einzudecken. Dadurch missachteten sie die Normausstattung mit solchen Waffen, wie sie in den Militärrichtlinien festgelegt waren. Offenbar nahm aber niemand Anstoß daran, dass die praktische Erfahrung über das dominierte, was „das Buch" zu solchen Fragen zu sagen hatte. Leider hatte die 106. Division noch keine Gelegenheit gehabt, herauszufinden, dass solche Abweichungen von der Norm notwendig waren, und hielt deshalb am vorschriftsmäßigen Standardverhältnis von Gewehren zu automatischen Waffen fest. Dies war im Hinblick auf den 34 km langen Frontabschnitt höchst bedauerlich, denn die Abwehr eines Angreifers ist mit automatischen Waffen sehr viel effektiver als mit Gewehrfeuer, wie genau man mit letzterem auch zielen mag.

Die Mannschaft einer M7-Selbstfahrlafette bereitet sich auf den Unterstützungseinsatz vor. Man beachte die improvisierte Leiter. Am 16. Dezember wurden die M7 von der deutschen Infanterie auf ganzer Front angegriffen, unterstützten aber die Verteidiger, solange sie konnten.

Der einzige Vorteil für die 106. war der, dass das Gelände in ihrem Bereich für den Angreifer nicht besonders günstig war, denn es gab ein paar Stellen, wo der Angreifer dichter gedrängt durchmusste, was ihn dem Abwehrfeuer der Verteidiger verstärkt aussetzte.

KAVALLERIE

Die letzte Einheit der US-Verteidigung, die zu erwähnen ist, ist die 14. Kavalleriegruppe unter Oberst Mark A. Devine. Diese musste einen Bereich halten, in dem sich die Fronten der 5. und 6. Panzerarmee überschnitten und der an den Abschnitt der 99. Infanteriedivision grenzte. Wie erwähnt operierten Einheiten der 99. Division, wie etwa der Aufklärungszug von Lyle Bouck, auf dem Gebiet der 14. Kavallerie, was zu Unklarheiten darüber führt, welche der Panzerarmeen mit Einheiten der 14. Kavallerie im Kampf stand, wenn es um die Geschichte dieser Schlacht geht. Für die Amerikaner war die Frage, welche deutsche Formation sie angriff, nebensächlich und Sache der Historiker. Sie sahen sich stets einer großen Überzahl gegenüber und das war für sie entscheidend.

Männer der Kompanie B des 630. Antipanzerregiments graben sich bei Wiltz ein, nachdem sie in der ersten Phase des deutschen Angriffs ihre Fahrzeuge verloren hatten. Die Fähigkeit amerikanischer Spezialeinheiten, als Infanterie zu kämpfen, machte den Deutschen zu schaffen.

Unter Oberst Devines Kommando stand auch die 18. Kavallerie-Aufkärungsschwadron, welche mit 800 Mann den Losheimer Graben verteidigen durfte. Sie waren in Abwehrinseln in den kleinen Dörfern angeordnet, die in der Gegend verstreut lagen, was der geringen Stärke der Einheit am besten Rechnung zu tragen schien. Devine war besorgt, weil der 18. Schwadron einer ihrer drei Züge (das Kavallerie-Äquivalent einer Kompanie) fehlte, welcher abgestellt worden war, die Stellungen am anderen Ende der Schneeeifel zu verstärken. Immerhin wurden die Leute dieser Einheit von zwölf Panzerabwehrkanonen vom Kaliber 76 mm, zwei Aufklärungszügen vom 820. Panzerjagdbataillon und einigen Selbstfahrgeschützen des 275. Panzerregimentes unterstützt.

Alles in allem waren die amerikanischen Einheiten, die der 5. Panzerarmee gegenüberstanden, an Stärke unterlegen und an manchen Orten in großer Gefahr, eingekesselt zu werden.

DER ANGRIFF

Von Manteuffel hatte sich gegen eine Artillerie-Einleitung des Angriffs entschieden und startete in seinem Bereich mit kleineren Sturmeinheiten, die sich vorsichtig zwischen den amerikanischen Stellungen vorschoben. Im Bereich der 5. Panzerarmee um den Losheimer Graben gingen die deutschen Vorhut-Einheiten zwischen Weckerath und Roth bei Prüm vor. Ein Volksgrenadierbataillon stieß durch den Graben nach Auw vor, von wo die Straßen an die Our und an den „Skyline Drive" ausgingen. Im östlichen Teil der Linie kam der Angriff auf das Dorf Kobscheid zum Stehen, weil die Amerikaner ihre Abwehrstellungen mit schweren Maschinengewehren (12,7 mm) verstärkt hatten, die man von Panzerfahrzeugen abmontiert hatte. Mit diesen Waffen war es relativ einfach, die Deutschen den größten Teil des 16. Dezembers aufzuhalten.

Bei Roth war die Situation nicht so einfach für die Amerikaner. Die Deutschen lancierten einen massiven Angriff mit dem Ziel, die Verteidiger aus dem Ort zu werfen, dessen Gründe offensichtlich waren: Die Kontrolle der Straßen hier war erforderlich, damit man Truppen, Panzer, und Nachschub für die Einheiten heranbringen konnte, die vorher den Ort im Zuge der Infiltrationstaktik umgangen hatten. Roth wurde von der 18. Aufklärungskavallerieschwadron, Zug A, unter Hauptmann Stanley E. Porché und zwei Panzerabwehrgeschützen verteidigt. Ihre prekäre Situation veranlasste Oberst Devine, ihnen einen Zug leichte Panzer zu Hilfe zu senden, der aber auf Widerstand stieß und deshalb nicht durchkam. Bis zum späten Morgen waren die Panzer keinen Schritt weiter gekommen, womit die Verteidigung von Roth wenig später aussichtslos erschien.

Weiter entlang der Abwehrlinie lag der Ort Weckerath, der vom Kommandobunker des C-Zuges verteidigt wurde. Ein Zug von leichten Panzern konnte eben noch zur Verstärkung anrollen, als eine Kolonne von 15 deutschen Sturmgeschützen mit einem Bataillon Infanterie auftauchte. Es wurde bald klar, dass sie nicht auf die Amerikaner direkt zuhielt, sondern versuchte den Ort zu umfahren. Die Kolonne wurde zwar unter Feuer genommen, doch die Deutschen fuhren weiter, ohne dies weiter zu beachten. Die Amerikaner kämpften in diesem Frontsektor zwar heftig, aber die Deutschen konnten sich gegen meist geringen Widerstand methodisch vorarbeiten.

Die Lage wurde kritisch, weil die 14. Kavalleriegruppe mit der 106. Infanteriedivision keine koordinierte Verteidigungsstrategie mehr aufstellen konnte. Da die Division erst kürzlich an der Front eingetroffen war, wurde Oberst Devine bei seinem Besuch im Hauptquartier der Division in St. Vith von Stabsoffizieren mit Fragen bestürmt, wie man die Stellungen der 106. Division befestigen sollte, sodass für die Koordination mit der Kavallerie kaum Zeit blieb. Devine wartete einige Zeit,

> Ohne den Willen und die Entschlossenheit dieser Soldaten, die überlegenen deutschen Kräfte aufzuhalten, wäre ein anders Kapitel Geschichte als das heute vorliegende geschrieben worden.
>
> *Major General Troy H. Middleton, Kommandant, VIII. Korps*

bis ihm klar wurde, dass er wohl nicht mit General Jones sprechen konnte. Er kehrte in sein HQ zurück und machte eigene Pläne. Wenn die 106. Division sich erst einmal in ihren neuen Stellungen eingenistet hätte, würde man seinen Plan durch einen neuen, koordinierten Plan ersetzen, aber diese Vorstellung wurde von den Ereignissen überholt.

RÜCKZUG DER KAVALLERIE

Devines Plan sah einen Rückzug mit Abwehrkampf bis auf die Hügelkette vor, auf der der Ort Manderfeld lag. Er würde dann die 32. Aufklärungsschwadron zu einem Gegenangriff einsetzen, während sich die 18. Aufklärungsschwadron weiter

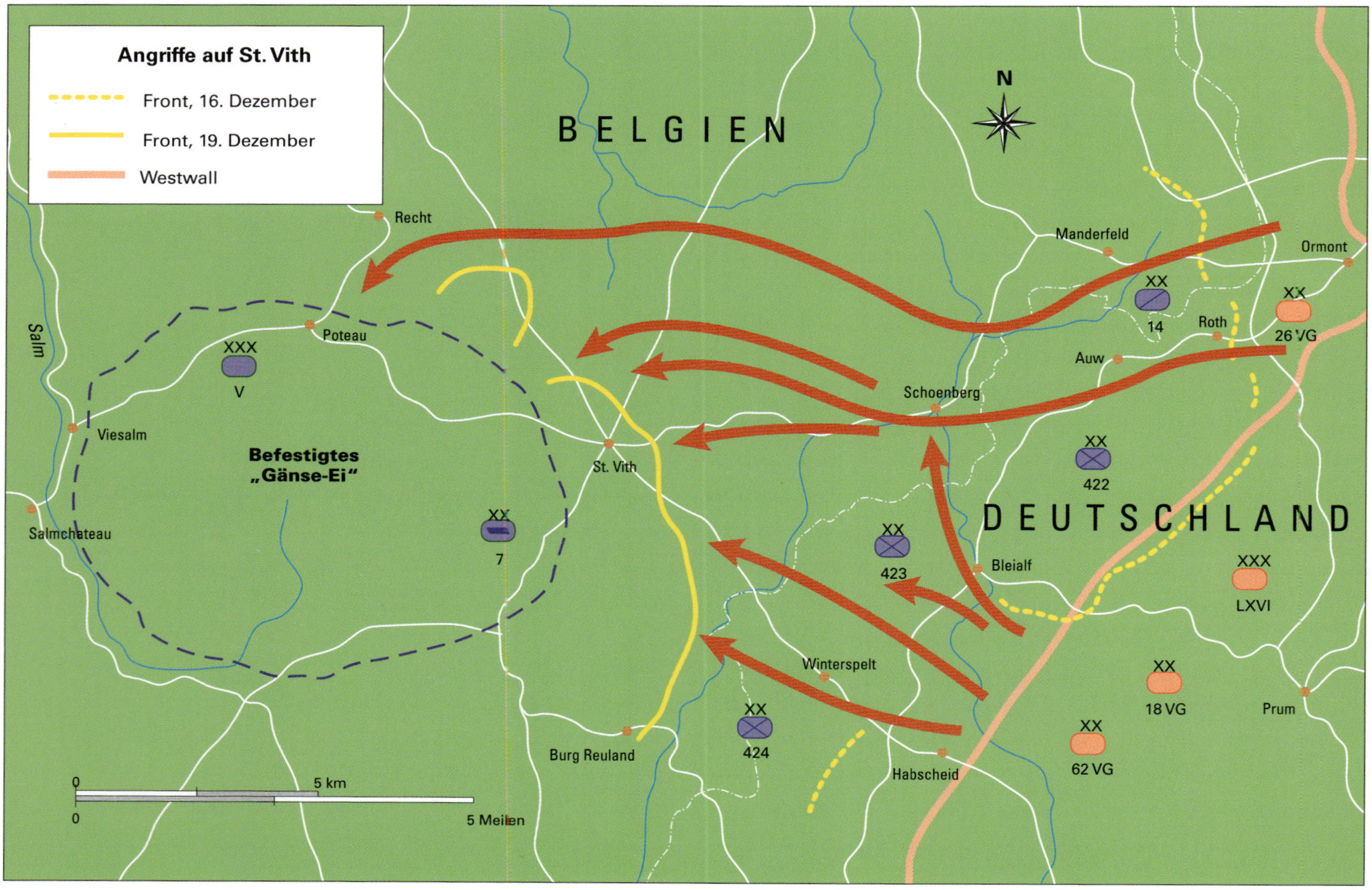

Links: St. Vith war ein Hauptziel für die Deutschen, weil es einen Straßenknotenpunkt in den Ardennen bildete. Es war für das Tempo der Offensive wichtig, dass dieser Ort innerhalb weniger Stunden erobert wurde, aber die Abwehrfront der Amerikaner hielt stand.

Oben: Auf diesem Standbild aus einem Propagandafilm gehen deutsche Soldaten an einem verlassenen M8-Panzerfahrzeug vorbei. Wenn auch gestellt, vermittelt dieses Foto einen guten Eindruck von der Standarduniform und -bewaffnung gegen Ende des Krieges.

zurückziehen sollte. Als der deutsche Angriff am 16. Dezember kam, befahl Devine, dass sich die 18. Schwadron um 11.00 zurückzuziehen solle, in der Hoffnung, dass bis dahin die 32. Schwadron zum Gegenangriff eingetroffen war.

HILFE WIRD ANGEFORDERT

Die Reaktionen auf den Befehl zum Rückzug waren unterschiedlich. Die Einheiten in Kobscheid und Roth erklärten, dass dies unmöglich sei, weil die Deutschen so überlegen seien, dass jeder Versuch, sich bei Tag zurückzuziehen, einem Selbstmord gleichkäme. Die Besatzung von Kobscheid meinte, man könne sich in der Dunkelheit zurückziehen; die Situation in Roth war dagegen fatal. Hauptmann Porsché berichtete, dass die feindlichen Sturmgeschütze 68 m vor seinem Befehlsstand stünden und dass die Stellung nicht zu halten sei. Minuten später war Roth überrannt und die Amerikaner mussten sich ergeben. 87 Mann wanderten in Gefangenschaft.

Devine sah ein, dass er ohne Hilfe seine Verteidigung nicht aufrechterhalten konnte, und bat die 106. Division um Hilfe. Die Antwort war nicht ermutigend: General Jones bedauerte nicht helfen zu können, weil der Feind bei St. Vith massiv angreife; er könne keinen Mann entbehren.

Nachdem feststand, dass keine Hilfe zu erwarten war, begann die Kavallerie mit dem Rückzug. Aus Weckerath, Krewinkel und Afst zogen sich die Männer der Kavallerie unter extrem schwerem Beschuss zurück, während die Besatzung von Kobscheid kämpfte, um die Deutschen bis zur Nacht hinzuhalten. Als es dunkelte, zerstörten sie ihre Fahrzeuge, damit sie nicht in Feindeshand fielen, und verließen das Dorf in Richtung des nahen Waldes. 72 Stunden lang arbeiteten sie sich durch das Gehölz bis nach St. Vith.

Als der Tag heraufzog wurde klar, dass die Deutschen versuchten, die Stellungen in den Hügeln bei Manderfeld einzukreisen. Devine sandte einen Trupp der 32. Aufklärungsschwadron nach Andler, einem kleinen Dorf am Eingang

GIs aus den Stellungen, die am 16. Dezember angegriffen wurden, erzählen ihren interessierten Kameraden, wie sie fliehen konnten. Die Deutschen machten bei ihrer Offensive viele Gefangene, aber viele kleine Gruppen konnten ihnen im Schutz des dichten Waldes entkommen.

zum Our-Tal, während ein anderer Trupp der 32., unterstützt von Panzerjägern der 18. Aufklärungsschwadron, nach Norden zog, um die Nordflanke der Amerikaner zu schützen. Dieser Trupp kam nicht durch, wodurch nun die Stellungen der 14. Kavallerie-Gruppe gefährdet waren. Devine wog seine Chancen ab und kam zu dem Schluss, dass, wenn die Nordflanke nicht zu halten war, er sich zurückziehen musste. Per Funk forderte er vom Hauptquartier der 106. Division die Erlaubnis für seinen Rückzug an. Die Kavallerie zog sich auf die nächste Hügelkette zurück, verlegte aber ihre Südflanke nach Andler, um den deutschen Vorstoß ins Our-Tal zu verzögern. Während der Rückzug an sich sinnvoll war, sah es laut Karte so aus, dass durch diese Entscheidung die Verbindung zwischen der 14. Kavallerie und dem 422. Infanterieregiment der 106. Division abgebrochen war, wodurch die Nordflanke der 106. Division offen stand. In Wirklichkeit war diese Befürchtung gegenstandslos, weil die Deutschen bereits so tief in die Linien zwischen der Kavallerie und der 422. Infanterie eingedrungen waren, dass die Flanke ohnehin bedroht war. Die106. Division stand vor einem Desaster.

EIN DESASTER FÜR DIE 106. DIVISION

Das Artilleriefeuer zur Eröffnung der Offensive gegen die 106. Division war zwar nicht so stark, wie auf US-Stellungen anderswo, es war aber sehr effektiv. Es zerstörte viele Telefonverbindungen, Munitionsdepots und Versorgungsbasen. Innerhalb von Minuten verlor das 423. Infanterieregiment die Verbindung zum Divisionshauptquartier und musste sich auf Funkkontakt verlassen. Unangenehmer war, dass durch die schlechte Sicht die angreifenden Deutschen erst zu sehen waren, wenn sie schon fast auf den amerikanischen Unterständen saßen und den Verteidigern kaum Zeit zum Reagieren blieb.

Der erste Ansturm richtete sich gegen die Stellungen des 424. Infanterieregiments nördlich von Heckhuscheid. Diese wurden von der K- und L-Kompanie gehalten, wobei letztere in einer kleinen Häusergruppe an der Straßenkreuzung und hinter einer Böschung lag und die K-Kompanie entlang den

Häusern von Heckhuscheid. Die Deutschen konnten die Häuser relativ rasch erobern und diese als Feuerstellungen zur Unterstützung des Angriffs auf die Hügelkette benutzen. Die L-Kompanie zog sich zurück, sammelte sich zum Gegenangriff, eroberte ihre alten Stellungen zurück und machte 200 Gefangene. Die K-Kompanie kam unter schweres Artillerie- und Mörserfeuer, konnte aber mehrere deutsche Angriffe stoppen und erbeutete das erste Dokument, in dem vom Unternehmen Greif die Rede war. Seine Verbreitung verursachte einen Teil der bereits erwähnten Panik. Einige hundert Meter weiter südlich, nahe Grosskampenberg, brachten die Soldaten des 424. Regiments der 116. Panzerdivision schwere Verluste bei, als diese diagonal vor der Flanke des Bataillons vorbeirollten und in starkes Abwehrfeuer der Verteidiger geriet.

Bei Eigelscheid lagen die Amerikaner der 62.Volksgrenadierdivision gegenüber, welche durch die amerikanischen Linien stoßen wollte, um dann einen raschen Vorstoß auf St. Vith mit einem Fahrrad-Bataillon zu machen. Ziel war, die Stadt zu besetzen und Benzinvorräte zu erobern. In Wirklichkeit gab es keine größeren Treibstoffvorräte in St. Vith. Schon in der ersten Phase bereitete die Unerfahrenheit den deutschen Soldaten Probleme. Als sie in der Abenddämmerung angriffen, wurde dies offensichtlich, denn sie rückten in dichten Gruppen vor (was sie zu leichten Zielen machte) und schossen herum, offenbar ohne auf etwas Bestimmtes zu zielen. Die Geschützkompanie unter Hauptmann Joseph Freesland hörte, wie die deutschen Unteroffiziere versuchten Ordnung in ihren Angriff zu bekommen, aber ohne Erfolg. Freesland forderte Artilleriefeuer an, das bei den Angreifern schwere Verluste verursachte. Davon ließen sich die Deutschen nicht entmutigen; jedes Mal, wenn das Feuer aufhörte, sammelten sie sich und gingen erneut vor, nur um wieder in starkes Abwehrfeuer zu geraten, da sich die Geschützkompanie etliche Maschinengewehre zur Verstärkung ihrer Stellungen ausgeliehen hatte. Mehr Artillerie

GIs untersuchen einen deutschen Panzer IV, der von einem Jagdpanzer M10 am 17. Dezember 1944 in der Nähe von Wirtzfeld abgeschossen wurde. Das Foto zeigt, dass die Ansicht, dass alliierte Panzerkanonen den deutschen Panzern nichts anhaben könnten, völlig falsch war.

GIs gehen vorsichtig durch ein Waldgebiet, sich wohl bewusst, dass die Deutschen ihnen irgendwo zwischen den Bäumen auflauern könnten. Das Waldgebiet gestattete es, sich relativ leicht zu bewegen, ohne gesehen zu werden, ein Faktor, der von beiden Seiten genutzt wurde.

wurde angefordert, die Deutschen zogen sich wieder zurück und alles fing von vorne an. Obwohl seine Abwehr noch standhielt, sah Freesland, dass seine Lage nicht rosig aussah. Er fuhr zum Regiments-HQ und bat um Hilfe durch dass Reservebataillon. Dieses war aber Teil der Divisionsreserve und durfte nur mit Genehmigung von General Jones eingesetzt werden, die nicht gegeben wurde. Bei seiner Rückkehr fand Freesland die Lage stark verschlechtert vor. Die Aufklärungsschwadron war bei Grosslangenfeld überrollt worden, wodurch die Deutschen nun von einer anderen Seite angreifen konnten; mit ihnen kamen vier Sturmgeschütze.

Freesland bat noch einmal im HQ um Hilfe. Diesmal hatte er mehr Glück. Der kommandierende Offizier, Oberst Alexander D. Reid, war in Begleitung von Brigadegeneral Herbert T. Perrin, Jones´ Stellvertreter. Als dieser Freeslands Bericht hörte, wartete er nicht auf Jones, sondern schickte die C-Kompanie der Reserve unverzüglich zur Hilfe. Während diese in Richtung Eigelscheid rollte, kontaktierte Perrin Jones um Genehmigung, den Rest des Reservebataillons vorwärts zu schicken. Jones willigte ein, aber als die Verstärkung eintraf, waren die Deutschen kurz davor, das Dorf einzunehmen. Freesland ordnete den Rückzug an; die Reste der Geschützkompanie zogen sich zusammen mit den eingetroffenen Verstärkungen in Richtung Winterspelt zum 1. Bataillon zurück. Nach Einbruch der Dunkelheit griffen die Volksgrenadiere Winterspelt an, wodurch eine Gefahr entstand: Wenn das 424. weiter zurückgeworfen würde, wären die Deutschen in der Lage, beide Regimenter in der Schneeeifel einzuschließen.

DER NORDSEKTOR

Im Norden des 424. war das 423. Infanterieregiment am Ende des 16. Dezember in einer etwas besseren Lage, wenn auch

> Meine Sturmabteilungen infiltrierten rasch die amerikanische Front – wie Regentropfen. Um 4 Uhr nachmittags rückten die Panzer vor.
>
> *General Hasso von Manteuffel beschreibt die Aktionen der 5. Panzerarmee am 16. Dezember 1944*

„besser“ nur ein relativer Begriff war. Nach dem Verlust ihrer Telefonverbindungen durch die Artillerie war das 423. auf ganzer Breite angegriffen worden. Um 6.00 Uhr kam die Panzerabwehrkompanie des Regiments bei Bleialf – einem wichtigen Ort, der Zugang zur südlichen Umgehung der Schneeeifel bot – unter Infanteriefeuer. Die Vorhut des 293. Volksgrenadierregiments (18. Volksgrenadierdivision) begann in Bleialf einzusickern, während eine andere Einheit sich zwischen den Panzerabwehrstellungen und dem B-Zug der 18. Aufklärungsschwadron hindurchschob und dabei den Zug auf der rechten Seite der Panzerabwehrkompanie vernichtete. Der Kommandeur des 423. Regiments, Oberst Charles C. Cavender, bat General Jones um Freigabe seines 2. Bataillons, das einen größeren Teil der Divisionsreserve stellte. Jones hatte Verständnis für Cavender, wollte aber nicht die Hälfte seiner ohnehin geringen Reserven freistellen. Cavender stellte daraufhin eine spezielle Truppe aus Leuten der Servicekompanie des Regiments, der B-Kompanie des 81. Sturmpionierbataillons und der Hauptquartier-Kompanie, soweit sie abkömmlich waren, zusammen. Einige Leute der Geschützkom-

3-ZOLL-PANZERABWEHRKANONE M5

Die 3-Zoll-(76,2 mm)-Panzerabwehrkanone war eine ziemlich ungewöhnliche Waffe, weil sie die Komponenten existierender Waffen zu einer neuen kombinierte. Das Rohr stammte von einer Panzerabwehrkanone, während der Verschluss und die Lafette von der M2A1-105-mm-Haubitze kamen. Die Kanone war ziemlich schwer und wurde normalerweise von einer 6x6-Zugmaschine bewegt, was den flexiblen Einsatz ziemlich erschwerte. Trotzdem war die M5 effektiv und in der Ardennenschlacht viel im Einsatz. Sie blieb auch nach dem Krieg noch einige Zeit im Dienst.

Die deutsche Offensive in der Schneeeifel wurde erschwert, weil das Gelände den Verteidigern entgegenkam. Die Front war aber nur dünn besetzt; amerikanische Truppen hielten die dreifache Frontlänge von dem, was laut US-Army-Doktrin als sinnvoll galt.

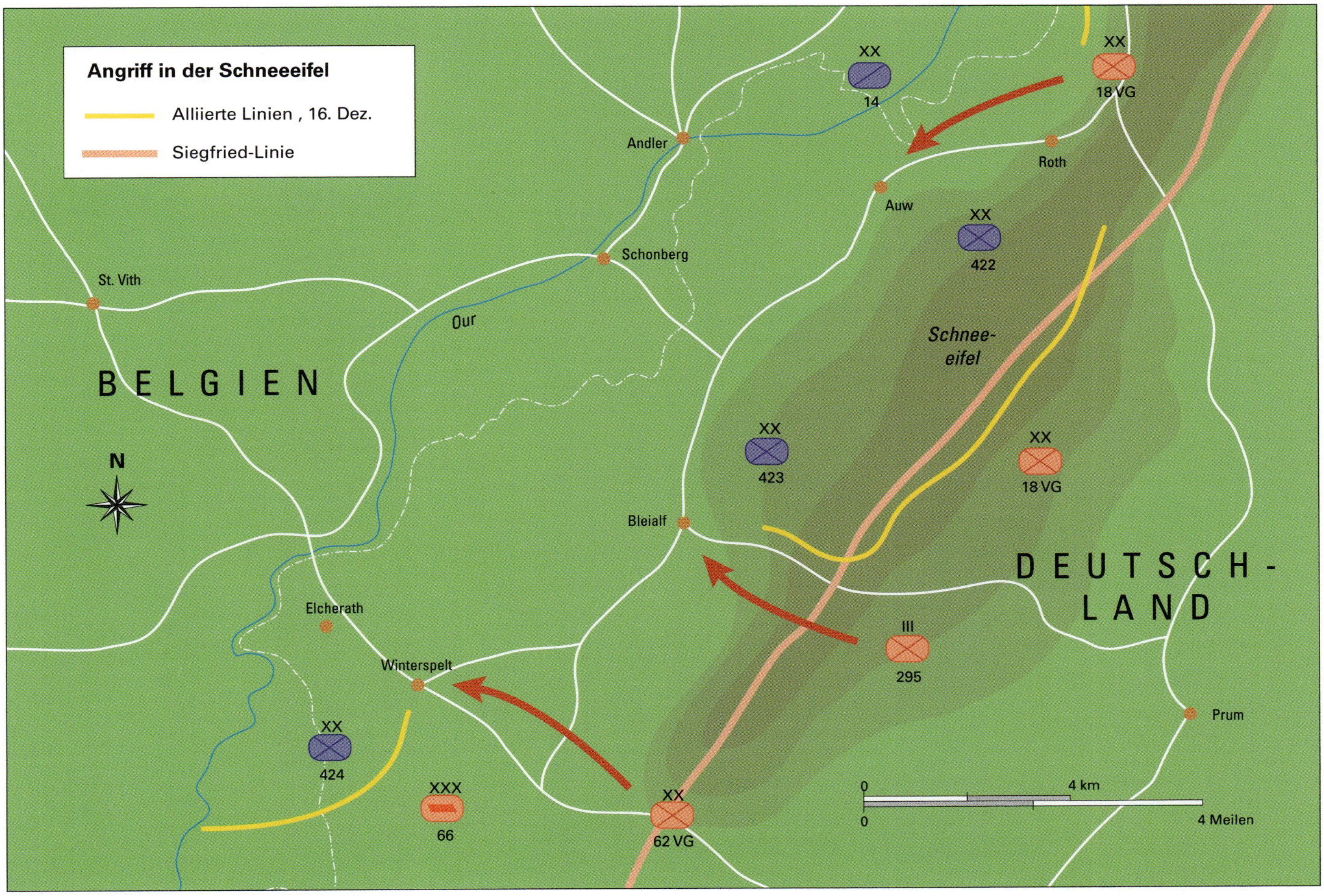

panie rundeten die kleine Streitmacht ab, die nach Bleialf in Marsch gesetzt wurde. Nach erbittertem Häuserkampf waren die Deutschen bis auf einige, die sich in der Nähe der Bahnlinie verschanzt hatten, fast alle aus dem Dorf geworfen.

DAS 422. REGIMENT ZIEHT SICH ZURÜCK

Zur 106. Division gehörte als letzte Einheit das 422. Regiment, welches an der Flanke und im Rücken ständig vom 294. Volksgrenadierregiment angegriffen wurde. Die A-Kompanie des 81.Sturmpionierbataillons wurde genauso in die Kämpfe verwickelt wie ihre Kollegen von der B-Kompanie in Auw mit seinem wichtigen Straßennetz. Die Pioniere griffen die deutsche Vorhut an, aber die Sturmgeschütze zwangen sie zum Rückzug. Der Rückzug war heikel; der 1. Zug sollte als letzter abziehen, als die Deutschen nur noch ein paar Meter hinter ihnen standen. Der Unteroffizier Edward S. Withee stand zur Deckung des Rückzuges in der Nähe und war nur mit einer Maschinenpistole bewaffnet. Trotz der Übermacht verschaffte Withee seinen Leuten genügend Zeit, zu entkommen; er überlebte wie durch ein Wunder und wurde danach gefangen genommen. Später wurde er mit dem „Distinguished Service Cross" ausgezeichnet.

Gegen Mittag brachen die Deutschen von ihren neuen Stellungen in Auw auf, um die Artilleriestellungen an der Straße Auw–Bleialf anzugreifen, damit die Geschütze nicht auf den Angriff in das Our-Tal selbst schießen konnten. Die erste Angriffswelle wurde von den Kanonieren zurückgeschlagen, indem die Geschütze auf Schrapnell-Feuer eingestellt wurden. Danach erfolgte ein amerikanischer Versuch, Auw zurückzuerobern, indem Oberst George L. Deschenaux, der Kommandeur des 422. Infanterieregiments, gegen 13.00 Uhr einen Stoßtrupp losschickte. Der Angriff erfolgte trotz eines Schneesturms, aber gerade als der Stoßtrupp mit der Vorhut der Deutschen in Kontakt kam, erreichte ihn der Befehl zu stoppen und sich zum Regimentskommandostand in Schlausenbach zurückzuziehen, wo man eine Verteidigungslinie zum Schutz des Hauptquartiers aufbauen musste, weil dieses von feindlicher Infanterie bedroht wurde. Er hatte die Wahl, seinen Angriff weiterzuführen oder das HQ zu schützen; wenn dieses fiel, würde der Zusammenhalt des Regiments gefährdet, weil die zentrale Leitung fehlte. Er rief die angreifenden Einheiten zurück. Als sich der Stoßtrupp absetzte, trugen die Deutschen einen erneuten Angriff gegen die Artilleriestellungen auf der Auw-Bleialf-Straße vor, diesmal mit Unterstützung durch Sturmgeschütze. Einige Kanoniere setzten Bazookas gegen die Sturmgeschütze ein, während ihre Kameraden die Infanterie weiter mit Schrapnell beschossen. Der Angriff wurde abgewiesen, allerdings unter schweren Verlusten der Kanoniere.

VERSTÄRKUNG

Als der 16. Dezember zu Ende ging, hatte die 106. Infanteriedivision relativ wenig Boden verloren. Dies täuschte aber nicht darüber hinweg, dass es den Deutschen gelungen war, sich tief zwischen die Stellungen des 423. und 424. Regiments hineinzuschieben; es war ihnen auch gelungen, sich so zu positionieren, dass Flanken und Rücken des 422.Regiments ungedeckt waren. Als die Nacht hereinbrach, nahmen die Deutschen ihre Angriffe wieder auf, um die Amerikaner zu erschöpfen, während frische deutsche Truppen für einen massiveren Angriff am nächsten Morgen herangeführt wurden. Sie drohten nun, die beiden US-Regimenter in der Schneeeifel einzuschließen. General Jones hatte all seine Reserven in den Kampf geworfen und wartete nun auf Verstärkungen. Die Notlage der 106. Division hatte das VIII. Korps, die 1. Armee und die 12. Armeegruppe veranlasst, schleunigst Verstärkun-

Eine deutsche Panzerbesatzung fährt außen auf einem Panther mit. Die Männer wirken vergnügt und ihre Uniformen sauber, was bedeutet, dass sie hier nicht nach dem Verlust ihres Panzers zu den eigenen Linien zurückgebracht werden.

Ein Jagdpanzer IV rollt auf schwerem Boden vorwärts. Die deutsche Infanterie verließ sich auf die Hilfe von Sturmgeschützen und Jagdpanzern, doch da für die Offensive nur wenige dieser Panzerfahrzeuge verfügbar waren, blieben viele Einheiten ohne diese Unterstützung.

gen zusammenzustellen. Die 1. Armee stellte dem VIII. Korps das Einsatzkommando B (CCB) der 9. Panzerdivision unter Brigadegeneral H. Hoge zur Verfügung, wodurch General Middleton seine Reserve, das Einsatzkommando R, der 28. Division zur Hilfe schicken konnte. Das Kommando B wurde zur 106. Division gesandt. Hoge brach kurz nach 18.00 Uhr nach St. Vith auf und erreichte Jones' HQ eine halbe Stunde später. Hoges CCB sollte vom Losheim-Graben bei Manderfeld aus einen Gegenangriff gegen den feindlichen Durchbruch starten, der die Stellungen in der Schneeeifel bedrohte.

Kurz nach der Einweisung von Hoge erhielt Jones einen Telefonanruf von Middleton, der ihm mitteilte, dass er zusätzlich ein Einsatzkommando von der 7. Panzerdivision zu Hilfe schicken würde. Dieses würde am 17. Dezember um 7.00 Uhr eintreffen; die ganze Division würde folgen. Diese Schätzung war viel zu optimistisch, was die Marschgeschwindigkeit der Truppe betraf. Der Vorhut des Einsatzkommandos konnte vielleicht um 7.00 Uhr in St. Vith eintreffen, doch das Gros der versprochenen Verstärkungen hätte in wenigen Stunden fast 100 km zurücklegen müssen, was nicht zu schaffen war. Da er dies offensichtlich nicht erkannte, dirigierte Jones das Einsatzkommando B um, mit dem Auftrag, Winterspelt zu verteidigen. Dies schien insofern sinnvoll, als das Kommando St. Vith verlassen hätte, bevor die 7. Panzerdivision eintraf, was zu einem Stau hätte führen können. Jones fragte sich auch, wie klug es war, zwei Regimenter in der Schneeeifel allein zu lassen. Er rief Middleton an, um den Rückzug vorzuschlagen, aber die schlechte Verbindung und ein sekundenlanger Ausfall der Leitung ließ Jones glauben, Middleton habe ihm befohlen, seine Truppen an Ort und Stelle zu lassen, während der Kommandeur des VIII. Korps, glaubte, man habe sich soeben auf den Rückzug geeinigt. Das 422. und 423. Regiment waren in großer Gefahr.

ZUNEHMENDE BEDROHUNG

Die Lage dieser Regimenter hätte sich auch nicht verbessert, wenn ihnen Ähnliches passiert wäre wie der Kavallerie am späten Nachmittag des 16. Dezember. Gegen 18.30 Uhr zog sich die 18. Aufklärungsschwadron nach Wereth zurück und ließ den A-Zug der 32. Aufklärer stark gefährdet zurück. Der Zugschef versuchte, Erlaubnis zu bekommen, sich zurückzuziehen, konnte aber sein HQ nicht erreichen. Eine Beurteilung der Lage führte zu dem Schluss, dass die Position der 32. Schwadron zunehmend kritisch wurde; man beschloss, sich nach Honsfeld abzusetzen. Die 32. zog sich hierhin zurück und geriet damit in die Zuständigkeit der 99. Division.

Inzwischen wurde der B-Zug bei Andler von einer deutschen Einheit aus Tiger-Panzern und Infanterie angegriffen. Diese gehörte zur 6. Panzerarmee, die auf der Suche nach Straßen für den Tiger in den Bereich der 5. Panzerarmee geraten war. Der B-Zug zog sich eilig zurück und ließ die Leute des A-Zuges der 32. bei Herresbach allein, die sich nun auch zurückziehen mussten. Der B-Zug wich nach Schönberg aus, wurde aber sofort vom deutschen 294. Regiment angegriffen, das den Zug nach Westen abdrängte. Beim Zurückweichen suchte man eine günstige Verteidigungsposition, von der aus man die Deutschen aufhalten konnte. Man fand sie bei einer scharfen Straßenkurve in der Nähe von Heuem, wo man die Deutschen für zwei Stunden bremsen konnte, bis der Befehl zum Rückzug nach St. Vith eintraf.

DIE HÜGELKETTE „SKYLINE DRIVE"

Die Angriffe der 5. Panzerarmee gegen die Einheiten der 28. Division begannen mit dem Eindringen von Stoßtrupps durch die Frontlücken. Die Mörserstellungen nahe Sevenig kamen unter Beschuss, aber die Angreifer konnten vertrieben werden. Ein Angriff auf einen Zug, der zum Frühstück anstand, war erfolgreicher; die Amerikaner waren gezwungen zu fliehen. Anzeichen für einen größeren Angriff brachte erst das Tageslicht, das den Blick auf deutsche Truppen freigab, die auf die amerikanische Front zumarschierten. Eine der angreifenden Kompanien bot sich als Ziel für Teile des 424. Regiments an, welche die Angreifer prompt zerstreuten. Dieses Muster wiederholte sich den ganzen Tag über, bis ein Gegenangriff des 2. Bataillons des 112. Regiments die Deutschen von ihren mühsam eroberten Stellungen vertrieb und die alte Frontlinie wiederherstellte. Am Ende des Tages hatte es das 112. geschafft, eine der beiden Hauptkolonnen der 5. Panzerarmee zu bremsen.

Während sich das 112. über einen erfolgreichen Tag freute, erging es dem 110. Infanterieregiment schlecht. Dichter Nebel erleichterte es den Einheiten der 26. Grenadierdivision, hinter die Verteidigungslinien auf der Hügelkette durchzusickern, ohne gesehen zu werden. Die Verteidiger hörten die Volks-

Amerikanische Soldaten marschieren durch ein verwüstetes Dorf – solche deprimierenden Szenen wiederholten sich in den Ardennen im Winter 1944/45 öfter. Der Boden ist schlammig, das Wetter grau und kalt und überall sehen die Soldaten nur Bilder der Zerstörung.

grenadiere, sahen aber nicht, ob es eigene oder gegnerische Kräfte waren, und wagten nicht, das Feuer zu eröffnen. Ein Zug wurde überrollt, als die Deutschen in kürzester Distanz aus dem Nebel auftauchten, aber die Volksgrenadiere machten nichts aus ihrem Vorteil, als sie Hosingen erreichten. Der Angriff verlor an Schwung und wurde schließlich abgewehrt. Dass Hosingen nicht erobert wurde, war wichtig, da man den Ort nicht umgehen konnte; die besten Straßen westwärts und zur Brücke von Gemünd verliefen durch diesen Ort.

Im Norden gerieten die Deutschen beim Angriff auf Marnach nach dem Überqueren der Our in ein amerikanisches Minenfeld . Auch Marnach konnte man nicht umgehen, weil dieser Ort Zugang zur wichtigen Straße nach Clervaux bot. Als die Deutschen aus dem Minenfeld herausgefunden hatten, kamen sie erst im Ort an, als der Nebel sich schon lichtete. Die Verteidiger machten sie aus und eröffneten das Feuer. Obwohl der Angriff misslang, passierten andere deutsche Einheiten den Ort in Richtung Clervaux. Die angreifende Einheit durfte sich neu zum Angriff formieren.

DER FLUSS WIRD VERTEIDIGT

Oberst Fuller hatte Probleme, das Hauptquartier der Division zu erreichen; als ihm dies kurz nach 9.00 Uhr schließlich gelang, sagte er sofort zu Generalmajor Cota , dass er sein 2. Bataillon aus der Divisionsreserve zurückhaben musste. Cota hatte Bedenken, da er die Reserve nicht gern verteilte, bevor er genau wusste, was bei seinen Truppen ablief. Er schickte aber zwei Kompanien Sherman-Panzer des 707. Panzerbataillons zur Unterstützung von Fuller auf den Weg. Die 34 Panzer bildeten eine schlagkräftige Einheit, die Fuller jedoch aufteilen musste, um den Hilferufen von überall entlang der Front seines Regiments Rechnung zu tragen. Zwei Züge brachen nach Marnach auf, weil Fuller die Verteidigung dieser Gegend als vorrangig ansah. Leider entwickelten sich die Dinge gegen den raschen Einsatz der Panzer. Oberstleutnant Donald Paul hatte eine Patrouille von der A-Kompanie seines 1. Bataillons zur Hilfe nach Marnach geschickt, die aber von feindlichen Einheiten beim Umgehen des Ortes zurückgeworfen worden war. Paul schickte darauf seine Reserve, die C-Kompanie, los, um die Deutschen durch einen Angriff von Süden aus Marnach zu vertreiben. Seine Leute waren schon auf dem Weg, als Oberst Paul hörte, dass Panzer vom 707. Bataillon auf dem Weg nach Marnach seien. Er bat, diese sollten erst in Richtung Munshausen fahren, um sich mit der C-Kompanie zu vereinigen. Die Kompanie war aber in schweres Feuer geraten, musste die Straße verlassen und querfeldein weiterziehen. Als Paul hörte, dass die C-Kompanie nicht an ihrem Bestimmungsort angekommen war, schickte er eine Panzergruppe zurück, um die fehlende Kompanie zu suchen. Mit ihr sollte sie dann Munshausen verteidigen. Die andere Panzergruppe schickte er nach Hosingen; die Verteidiger von Marnach blieben ohne Panzerunterstützung.

Während sich das 110. Regiment verzweifelt wehrte, bauten deutsche Pioniere eilends Brücken über die Our. Das dauerte relativ lang, weil die Brücken stark genug sein mussten, um Panther-Panzer zu tragen. Das Herbeischaffen des notwendigen Materials war wegen des steil abfallenden Ufers schwierig, zumal der Fluss selbst von Regen und Schnee angeschwollen war. Die erste Brücke war gegen 13.00 Uhr fertig, doch der elfte Panzer geriet beim Übersetzen außer Kontrolle, stieß gegen die Brücke und fiel ins Wasser. Die Brücke musste repariert werden; erst gegen 16.00 Uhr konnte weiter übergesetzt werden. Zur gleichen Zeit war eine Brücke bei Gemünd fertig geworden, über welche die Deutschen ihre Panzer in den Kampf schicken konnten. Zur gleichen Zeit, als die Pioniere sich um die Übergänge bemühten, hatten die Deutschen starken Druck auf die ganze Frontlinie ausgeübt, wodurch die Verteidigungsstellungen anfingen, aufzuweichen. Oberst Fuller musste eine provisorische Schützenkompanie aus Leuten aufstellen, die zufällig in Clervaux ihre Freizeit verbrachten, und diese losschicken, um die Straße zwischen Marnach und Clervaux zu bewachen. Gleichzeitig durfte die Belegschaft des HQ dieses selbst befestigen. Kurz nach Einbruch der Dunkelheit

DER LEICHTE PANZER M3/M5

Der leichte Panzer M3 wurde auf dem europäischen Kriegsschauplatz am häufigsten als Aufklärungspanzer eingesetzt, da seine Bewaffnung, eine 37-mm-Kanone, den deutschen Panzern nichts anhaben konnte. Der Panzer wurde nicht zuerst von den Amerikanern, sondern von den Briten eingesetzt, die ihn als „Stuart“ oder „Honey“ bezeichneten. Zur Zeit der Ardennenoffensive war der M3 schon weiterentwickelt worden; der neue Typ, der M5, unterschied sich vom älteren durch zwei Cadillac-Motoren anstelle eines einzelnen. Da die Kanone ohnehin veraltet war, entfernte man häufig den Turm zur besseren Tarnung des Panzers und baute weitere Maschinengewehre anstelle der Kanone ein.

Eine Panther-Mannschaft im Gespräch mit Kameraden. Die Kanone des Panther ist nach hinten gedreht, sodass man erkennen kann, dass er keine Bedrohung ist. Man hatte sich auf diese Vorsichtsmaßnahme geeinigt, um nicht als feindlicher Panzer beschossen zu werden.

schickten die Verteidiger von Marnach ihre letzte Meldung, laut der das Dorf massiv von Infanterie und Halbkettenfahrzeugen angegriffen werde. Der Kampf ging bis in die Nacht weiter. Schließlich erreichte Oberst Fuller die Freigabe seines 2. Bataillons von General Cota und plante, mit ihm Marnach zurückzuerobern. Obwohl die Situation sehr ernst war, waren die Deutschen nicht sehr gut vorangekommen. Ungefähr 2.000 Amerikaner hatten mindestens 10.000 deutsche Angreifer aufgehalten, eine enorme Leistung. Das hatte auch seinen Zoll gefordert; bei den Amerikanern gab es Hunderte von Opfern und die Munition wurde knapp. Zu allem Überfluss sammelten sich um Mitternacht zum 17. Dezember deutsche Panzer in Marnach – nun fest in deutscher Hand –, wo sie sich auf einen Angriff auf Clervaux vorbereiteten.

DAS SCHICKSAL DER 106. DIVISION

Nach den ersten 24 Stunden der deutschen Offensive waren das 422. und das 423. Infanterieregiment in arger Bedrängnis. Die Deutschen konnten sie völlig isolieren; Funkverbindungen zum Hauptquartier der 106. Division waren nur kurzzeitig möglich. Versuche, ihnen zu helfen, schlugen fehl und am Morgen des 18. Dezember waren sie völlig eingeschlossen. General Jones gab den Befehl zum Ausbruch bei Schönberg, was man auch am nächsten Morgen versuchte, aber ihr Bemühen war völlig hoffnungslos. Die zwei Regimenter verloren den Kontakt, als sie sich auf ihr Ziel zubewegten und unter schweren Beschuss kamen. Am späten Nachmittag sahen Oberst Cavender und Oberst Deschenaux die Hoffnungslosigkeit ihrer Lage ein und bereiteten widerwillig die Kapitulation vor. Etwa 8.000 amerikanische Soldaten marschierten in Gefangenschaft. Die 106. Division war damit als geschlossene Kampfeinheit vernichtet.

DIE 110. INFANTERIE BEI CLERVAUX

Kurz nach Mitternacht am 17. Dezember schlugen die ersten deutschen Granaten in Clervaux ein, die den deutschen Stoßtrupps Deckung gaben, welche die amerikanischen Stellungen in der Stadt angriffen. Wenn auch nicht besonders heftig gekämpft wurde, schien es der Artillerie in Clervaux (B-Batterie des 109. Feldartilleriebataillons) geraten, sich zurückzuziehen, selbst wenn man dann den geplanten Gegenangriff von Fuller nicht unterstützen konnte, weil die Reichweite der Geschütze nicht mehr ausreichte. Der A-Batterie der 109. Artillerie erging es noch schlechter, weil ihre Stellun-

gen von den Deutschen überrannt wurden, die sich hinter die Hügelkette geschoben hatten. Damit konnten nur noch die C-Batterie und die 110. Geschütz-Kompanie den Gegenangriff unterstützen. Da beide Einheiten aber schon die Abwehrstellungen entlang der Hügelkette unterstützen mussten, konnte Fuller nicht mit ihrer Hilfe rechnen.

> Wir versagten, weil unsere rechte Flanke bei Monschau mit dem Kopf gegen die Wand lief.
>
> *General Hasso-Eccard von Manteuffel*

EINE KRITISCHE SITUATION

Das 2. Bataillon rückte vor und stieß sofort auf Schwierigkeiten. Die F-Kompanie stieß direkt auf deutsche Soldaten, die aus dem nahe gelegenen Wald auftauchten und brauchte zwei Stunden, um sie zu vertreiben. Die E-Kompanie kam etwas weiter, bis auch sie auf Deutsche stieß. Sie verstrickte sich in ein wildes Gefecht, als Oberst Fuller einen Zug seiner Panzer abstellte, um die Straße von Marnach nach Clervaux zu sperren, auf der die Deutschen schon vorrückten. Der Zug konnte gegen den deutschen Vormarsch wenig ausrichten. Die Panzer des 707. Panzerbataillons stießen auf deutsche Panzerjäger und verloren im Nu acht ihrer 18 Panzer. Die Infanterie erzielte mit der Panzerfaust drei weitere Abschüsse. Die Situation wurde kritisch, weil die zweite Panzerdivision nun in Schwung kam und auf Clervaux zuhielt, um einen Angriff von der Rückseite her anstatt frontal zu starten. Die Verteidiger taten ihr Bestes, wurden aber zurückgedrängt.

Die Lage in Clervaux selbst war etwas besser. Um 9.30 Uhr näherten sich deutsche Panzer auf der Straße von Marnach und Fuller schickte ihnen seine Reserve von fünf Shermans entgegen. Es gab ein hartes Gefecht, in dem drei Shermans zerstört wurden, während die Deutschen vier Panzer verloren. Alle Überlebenden zogen sich zurück. Die zwei verbliebenen Shermans fuhren zu ihrer Kompanie zurück, um Munition nachzufassen, was sie dem weiteren Geschehen entzog. Fuller wies einen weiteren Zug unter Leutnant Raymond E. Fleig an, von seiner Stellung bei Munshausen nach Cler-

Bastogne war ein wichtiger Straßenknotenpunkt, der wenige Tage nach Beginn der Offensive von den Deutschen eingeschlossen wurde. Die 101. Luftlandedivision, die nach Wetterbesserung aus der Luft versorgt wurde, verteidigte die Stadt heroisch.

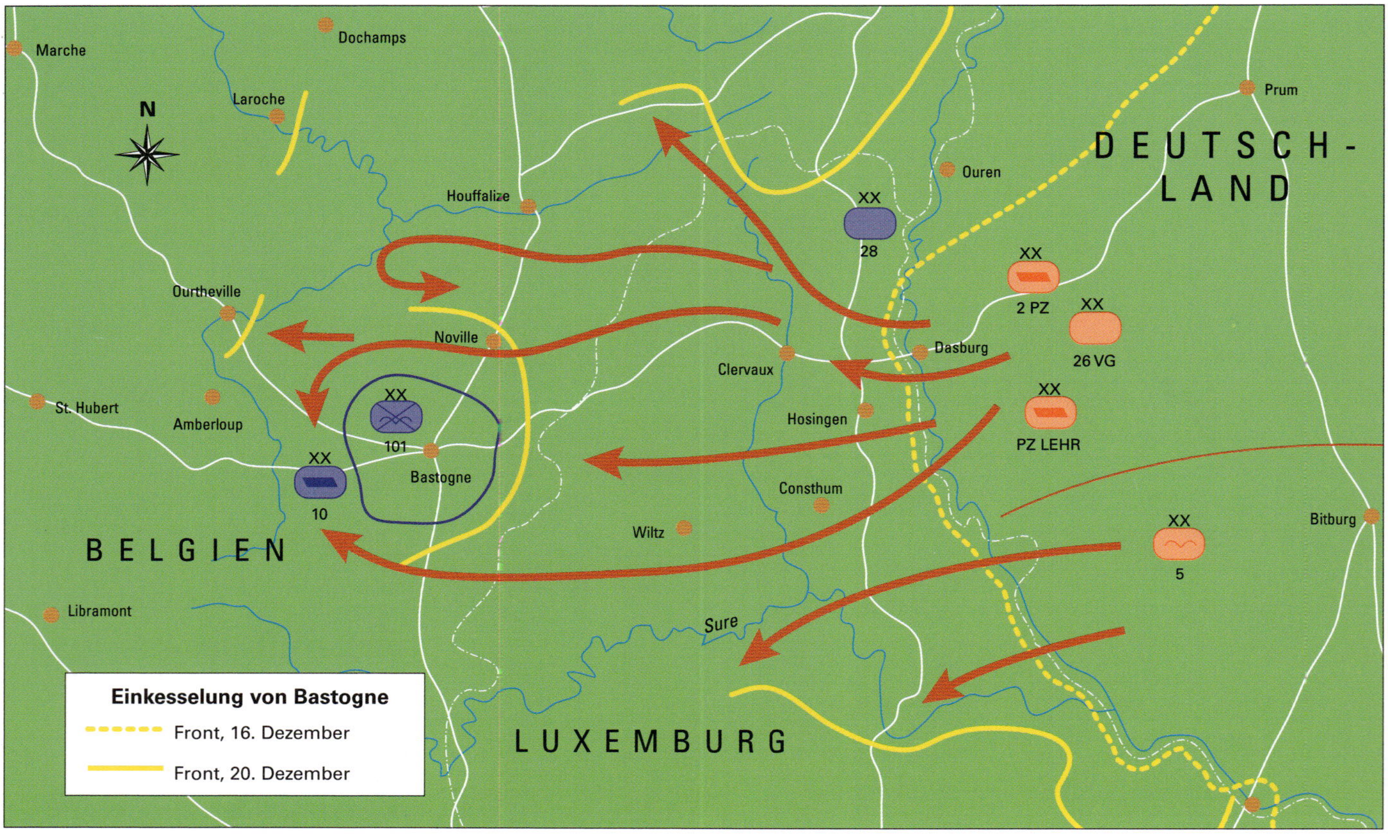

Ein M4-Panzer des 23. Panzerbataillons in einem Bombenkrater. Der offizielle Text zu dieser Aufnahme lautet, dass die Besatzung zurücksetzte, als sie von einer deutschen Kanone beschossen wurde, ohne den Krater hinter ihnen zu bemerken. Prompt fiel der Panzer ins Loch.

vaux aufzubrechen. Als Fleig die Straßenkreuzung erreichte, eröffnete ein Panzer IV auf der Straße oberhalb von Clervaux das Feuer. Die zwei Panzer beschossen sich, bis dem Richtschützen von Fleigs Panzer der entscheidende Treffer glückte. Das Panzerwrack blockierte perfekt die Straße von Marnach nach Clervaux. Auch wenn kein deutscher Panzer mehr aus dieser Richtung in die Stadt fahren konnte, stoppte das nicht die Angriffe aus anderen Richtungen. Am Nachmittag sah sich Fuller gezwungen, um Erlaubnis für den Rückzug zu bitten. General Cota stand vor einer schweren Entscheidung; einerseits wollte er kein Regiment verlieren, andererseits musste er die Deutschen daran hindern, Bastogne zu erreichen. Er verweigerte die Erlaubnis zum Rückzug. Gegen 18.30 Uhr erfuhr Fuller, dass sechs deutsche Panzer die Stellungen in den Hügeln nördlich der Stadt umfahren hatten und in Richtung Clervaux fuhren. Das bedeutete, dass die 110. nun von hinten angegriffen wurde. Fuller rief Cotas Stabschef, Oberst Jesse L. Gibney um Erlaubnis zum Rückzug an. Gibney lehnte wieder ab, aber als die beiden Männer sprachen, wurde Fuller mit der Meldung unterbrochen, dass deutsche Panzer sich auf den Befehlsstand im Hotel Claravallis zu bewegten. Fuller sprach weiter, wurde aber wieder unterbrochen und zwar durch drei Panzergranaten, die im Befehlsstand einschlugen.

Er erklärte Gibney, dass zum Reden keine Zeit war, legte auf, lief in sein Zimmer, um seinen Carbine zu holen, wo er zehn seiner Leute fand, die Deckung suchten. Kurz darauf schlug eine Panzerfaust ein, die die Hälfte seiner Männer verwundete. Fuller verband gerade einem erblindeten Mann die Augen, als ein Militärpolizist auftauchte und ihnen erklärte, wie sie das Gebäude durch einen Notausgang verlassen konnten. Als sie in Sicherheit waren, hielt er kurz inne und führte dann seine Gruppe – nun 14 Leute – zum Dorf Esselborn, in der Hoffnung dort ein Telefon zu finden, fand aber keines. Die erste Mitteilung über den Verlust von Clervaux erreichte das HQ der 28. Division, als ein Telefonvermittler berichtete, dass ein Panzer seine Kanone in die Hotellobby gestoßen und es für eine gute Idee gehalten habe, den Vermittlerschrank zu zerschießen. Als der 17. Dezember zu Ende ging, waren die Deutschen in guter Ausgangsposition, um nach Bastogne vorzustoßen. Dort wartete schon die 101. Luftlandedivision auf sie. Die Schlacht sollte Stoff für Legenden abgeben.

KAPITEL SIEBEN

DIE SIEBTE ARMEE

Die dritte deutsche Einheit, die in der Offensive zum Einsatz kam, war die schlecht ausgerüstete und kaum versorgte siebte Armee. Hitler hatte sich wenig um diese Einheit gekümmert, weil er davon überzeugt war, dass seine beiden anderen Armeen in solchem Tempo vorstoßen würden, dass der siebten Armee fast nur eine formale Rolle zukam. Er sollte sich gewaltig geirrt haben.

Die siebte Armee war unter dem Befehl des Generals der Panzertruppen Erich Brandenberger die mit Abstand am schlechtesten ausgerüstete Einheit der drei Armeen in den Ardennen. Brandenberger hatte drei Volksgrenadier- und eine Fallschirmjägerdivision unter seinem Kommando, mit denen er die Südflanke der Offensive von der deutschen Grenze bis zur Maas sichern sollte. Wenn die beiden anderen Armeen ihr Ziel erreichten und bis zur Maas vorstießen, hätte jede der vier Divisionen einen Abschnitt von ca. 32 km sichern müssen, was für einen entschlossenen Angriff von Pattons 3. Armee kaum ein Hindernis bedeutet hätte. Dazu war die siebte Armee auch noch überwiegend auf Pferde als Transportmittel angewiesen und konnte sich damit niemals gleich schnell bewegen wie motorisierte Einheiten. Hitler hatte die Probleme der siebten Armee nie sehr ernst genommen, weil er dachte, die 5. und 6. Panzerarmee hätten längst die Maas überschritten, bis die Amerikaner einen Gegenangriff starteten.

Das Foto stammt zwar von der Ostfront aus dem Jahre 1943, es illustriert aber ein großes Problem der deutschen Armeen, nämlich das Fehlen von motorisierten Transportmitteln. Ein großer Teil der Logistik beruhte auf Pferden, die langsam waren und viel Futter brauchten.

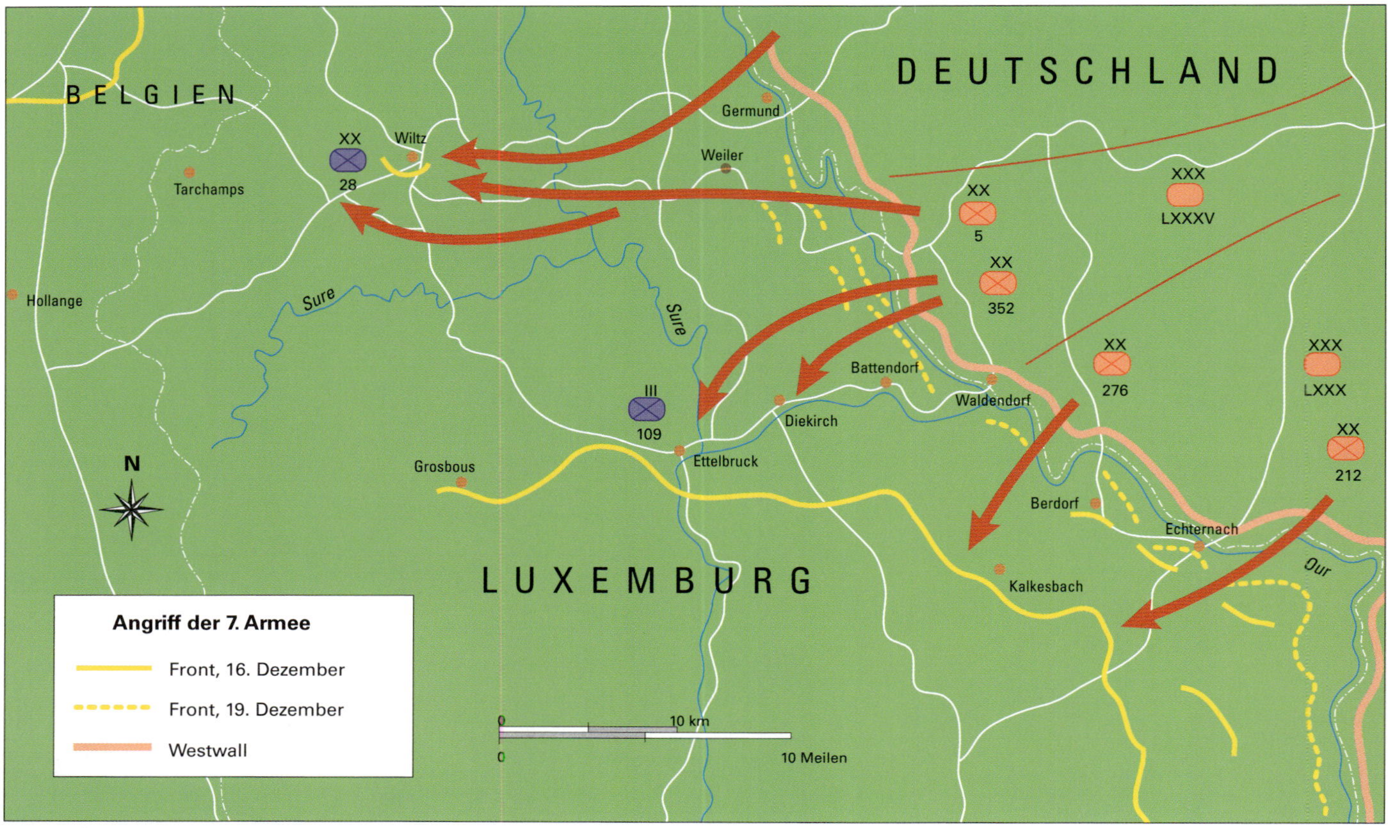

Die 7. Armee war in Bezug auf Mannschaftsstärke und Ausrüstung der „arme Verwandte". Es heißt, dass Hitler sich nicht um die Details seines Plans kümmerte. Weder von Rundstedt noch Model konnten den Führer überzeugen, dass zum Gelingen mehr Truppen nötig waren.

Diese Ansicht teilten nur wenige von Hitlers Generälen. Allen war nur zu bewusst, dass das allgemein akzeptierte Rezept zum Umgang mit einer feindlichen Offensive darin bestand, die „Schultern" der Offensive (die Kräfte an den Seiten der zentralen Stoßeinheit, des „Kopfes") zu halten, damit der feindliche Einbruch sich nicht verbreitern konnte. Wenn die Schultern blockiert waren, musste man als nächstes den Einbruch an der Basis abriegeln. Wenn die 7. Armee nicht stark genug war, die Amerikaner am Durchbrechen zu hindern, würden die gesamten Offensivstreitkräfte abgeschnitten. Von Rundstedt und Model drängten Hitler, Brandenbergers Kräfte zu verstärken, fanden aber kein Gehör. Somit stand Brandenberger mit einer Armee in Unterzahl da, der auch die wichtigste Ausrüstung fehlte. Er hatte kaum halb so viel Artillerie und Raketenwerfer zur Verfügung wie die 6. Armee: nur 30 Sturmgeschütze und keine Panzer. Wie sollte er mit einer solchen Streitmacht Hitlers Pläne erfüllen? Seine Antwort lautete ganz einfach: gar nicht! Er konnte vielleicht mit einem seiner Korps einen lokalen Einbruch in der Nähe von Echternach erzielen und seine Truppen einen Verteidigungsriegel bis ca.16 km vor Luxemburg aufbauen lassen. Sein anderes Korps konnte bei genügend engem Kontakt zur 5. Panzerarmee von dieser mitgerissen im Süden von Bastogne vielleicht eine Verteidigungslinie errichten. Brandenberger hatte hinsichtlich der Maas als erstes Ziel nicht die geringsten Illusionen; er hielt dies schlicht für unmöglich.

Auf dem deutschen Nordflügel sollte das LXXXV. Korps unter General der Infanterie Baptist Kneiss den Angriff vortragen. Seine 5. Fallschirmjägerdivision (wiederum als Infanterie eingesetzt und kaum aus qualifizierten Fallschirmjägern bestehend) sollte über die Wiltz in Richtung des gleichnamigen Ortes vorrücken und dabei das Hauptquartier der 28. Division umgehen. Südlich von Bastogne sollte sie dann einen Abwehrriegel bilden. Die andere Division des LXXXV. Korps, die 352. Volksgrenadiere, sollte die Our überschreiten, zum Westufer der Sûre vorstoßen und auf der hohen Ufer-

Amerikanische Infanteristen besetzen einen schmalen Schützengraben. Diese Gräben hatten keine Abdeckungen, wie sie sich beim Ausbruch der Schlacht bewährten. Zwischen den Bäumen explodierende Granaten übersäten den Boden unter ihnen mit tödlichen Holzsplittern.

LEICHTER PANZERWAGEN M8

Der M8 war das wichtigste amerikanische Panzerfahrzeug des Krieges. Von ihm wurden bis Kriegsende 11.667 Stück gebaut. Das Fahrzeug war geräumig und hatte vier Mann als Besatzung. Die Hauptbewaffnung bestand aus einer 37-mm-Kanone in einem offenen Turm, wobei häufig zusätzlich ein schweres Maschinengewehr auf einem Ring über dem Turm angebracht war. Die Briten benutzten den M8 ebenfalls und nannten ihn „Greyhound". Sie betrachteten ihn aber als minengefährdet – ein kleiner Nachteil, der durch die Fähigkeit des M8, mit jedem Gelände fertig zu werden, weit aufgewogen wurde.

kante oberhalb des Flusses Abwehrstellungen beziehen. Zur Unterstützung dieser Pläne wurden die meisten Sturmgeschütze dem LXXXV. Korps zugeteilt. Es erhielt auch zwei Drittel der Artillerie der 7. Armee, um die Stellungen des 109. Infanterieregiments zu beschießen.

GEFÄHRDUNGEN

Auf dem Südflügel wollte das LXXX. Korps seine 276. Volksgrenadierdivision über die Sûre setzen und nach dem Niederkämpfen ihrer amerikanischen Gegner auf dem anderen Ufer Abwehrstellungen einrichten lassen. Der genaue Verlauf der Verteidigungslinie war nicht festgelegt, weil Brandenberger nicht absehen konnte, wie weit seine Volksgrenadiere in die feindlichen Linien einbrechen konnten. Er hoffte, die Front 13 km südlich der Stadt Luxemburg errichten zu können, war in diesem Punkt aber flexibel. Am wichtigsten war, die Abwehrstellung überhaupt zu erstellen, aber nicht unbedingt dort, wo Brandenberger hoffte. Die andere Division des LXXX. Korps war die 212. Volksgrenadierdivision, die Brandenberger als seine beste Einheit ansah. Er übertrug ihr deshalb die Aufgabe, die Südflanke der Armee zu festigen und das Reserveregiment der Armee zu stellen. Zweifellos war die 212. Volksgrenadierdivision besser als die anderen Einheiten – nach ihrer schweren Zeit an der Ostfront wurde sie neu formiert und die Soldaten, die als überdurchschnittlich angesehen wurden, unter die Leitung erfahrener Offiziere und Unteroffiziere gestellt. Sie verfügte aber nur über vier Sturmgeschütze und eingeschränkte Artillerieeinheiten.

Trotzdem war die Lage für Brandenberger nicht aussichtslos. Wenn er auch viel weniger Leute als gewünscht zur Verfügung hatte, hatte er immer noch mehr als die Amerikaner, die der 7. Armee gegenüberstanden. Diese bestanden aus dem 109. Infanterieregiment (dass dritte Regiment der 28. Division, neben dem 110. und 112.), einem Regiment der 4. Infanteriedivision, der 12. Infanteriedivision und dem 60. Infanteriebataillon der 9. Panzerdivision. Letzteres lag auf einem Plateau zwischen Sûre und dem Fluss Ernz Noire in Stellung. Die enge Schlucht des Ernz Noire war für die Verteidiger kein Vorteil, weil drei Straßen über sie führten, von denen eine direkt im Rücken des Hauptquartiers des Bataillons verlief. Zur Besorgnis von Oberstleutnant Kenneth W. Collins, dem Bataillonskommandeur, gehörte der Ernz Noire selbst nicht zum Bereich des 60. Panzerinfanteriebataillons. Zuständig war die 12. Infanteriedivision, die aber so ausgedünnt war, dass nur ein paar Mann vorhanden waren, um einem deutschen Angriff in der Schlucht entgegenzutreten.

Auch die Nordflanke machte Oberst Collins Sorgen, weil zwischen seinen Leuten und der nächsten Stellung der 109. Infanterie eine Lücke von mehr als 1,6 km bestand. Er schickte deshalb einen Trupp zum Auffüllen der Lücke, glaubte aber kaum, dass dieser im Falle eines Angriffs mehr tun könnte, als Alarm zu schlagen. Die übrige Front machte Collins weniger Sorgen, da die meisten seiner Stellungen offenes Schussfeld ins Sûre-Tal hatten, wodurch man die nummerische Überlegenheit der angreifenden Deutschen ausgleichen konnte. Außerdem konnte die 109. Infanteriedivision ein Bataillon zur Reserve freistellen, nachdem das 60. Panzerinfanteriebataillon eingetroffen war und eine Kompanie mittelschwerer Panzer vom 707. Panzerbataillon zur Unterstützung des 109. Infanterieregiments bereitgestellt worden war. Ebenso wie das 12. Infanterieregiment hatte auch dieses Aussichten auf Unterstützung von zwei Regimentern weiter im Süden, aber der Divisionskommandeur Generalmajor Raymond O. Barton musste mit Angriffen der Deutschen in seinem Bereich rechnen und würde kaum in der Lage sein, diese Regimenter zur Unterstützung der 12. freizustellen.

DER ERSTE ANGRIFF

Wegen des Mangels an Artillerie bei der 7. Armee wurden, wie schon erwähnt, die meisten Geschütze und Nebelwerfer zur Unterstützung des LXXXV. Korps abgestellt. Das Gros der Einschläge landete im Sektor der 109. Infanterie, wobei das Hauptquartier und die Artilleriestellungen getroffen wurden. Die Sturmkompanien gingen unter dem Schutz des dichten Nebels vor, der über der gesamten Front hing, und rückten vor, ohne gesehen zu werden. An manchen Stellen bemerkten die Amerikaner den Angriff der Deutschen erst, als sie von ihnen aus einigen Metern Abstand beschossen wurden. Die Fallschirmjäger, die gegen den Nordflügel der 109. Infanterie im Einsatz waren, folgten der Weisung, Widerstand wenn möglich zu meiden. Bei Vianden sah die F-Kompanie keine Fallschirmjäger, weil diese sie auf ihrem Weg zum Südabschnitt der Hügelkette „Skyline-Drive" einfach umgingen. Eine andere Gruppe rückte in Walsdorf ein, das ohne Verteidigung war. Am Nachmittag zog diese Einheit weiter nach Brandenburg, wo das Hauptquartier des 2. Bataillons der 109. Infanterie lag. Dies veranlasste den Bataillonskonmmandeur, Oberstleutnant James E. Rudder, eine Kompanie der Regimentsreserve zur Unterstützung des Hauptquartiers abzustellen. Rudder sorgte sich auch um die F-Kompanie, welche Fouhren verteidigte. Die Straße durch Fouhren führte das Sûre-Tal entlang bis nach Diekirch und war für die Deutschen wichtig. Der Ort lag jedoch auf der Divisionsgrenze zwischen der 5. Fallschirmjägerdivision und der 352. Volksgrenadierdivision, sodass es offenbar auf der deutschen Seite Unklarheiten darüber gab, wer sich um das Dorf zu kümmern habe. Kleine Gruppen machten Überfälle auf den Ort, ohne dass ein koordinierter Angriff vorgetragen wurde. Als der Tag zu Ende ging, war der Ort noch voll in der Hand der E-Kompanie. Die Deutschen mögen für die Verteidiger von Fouhren nicht so bedrohlich gewesen sein, wie sie es gekonnt hätten, aber sie brauchten den Ort auch nicht einzunehmen, weil sie unbefestigte kleine Dörfer besetzen konnten, die ihnen mit ihren Straßen Zugang zum Sûre-Tal gewährten. Oberst Rudder wurde klar, dass die Deutschen, wenn sie das Tal hinab vorstießen, den Nachschub für das 3. Bataillon blockieren würden. Kurz nach Mittag schickte er eine Kompanie des Reservebataillons, unterstützt von einer Panzerschwadron, los, um die Deutschen aus den Dörfern zu vertreiben. Später verstärkte er diese Truppe mit seinen letzten Reserven. Die zwei Reservekompanien erreichten das Umfeld der zwei Dörfer und blockierten die Straßen ins Sûre-Tal. Die Deutschen blieben im Besitz der Dörfer, aus denen sie sich aber wohl bald zurückziehen würden.

Das 3. Bataillon selbst wurde auch angegriffen, aber die Abwehrstellungen waren gut. Der deutsche Angriff war heftig, wurde aber abgewehrt. Da die Deutschen das Gelände

Ein deutscher LKW benutzt eine Brücke amerikanischer Pioniere, die man auf dem Rückzug preisgegeben hatte. Die Deutschen hatten auf ihrem Rückzug an die Landesgrenzen viele Brücken gesprengt, nur um dann bei der Offensive festzustellen, wie sehr man sie brauchte.

nicht einnehmen konnten, konnten die Artilleriebeobachter das Feuer auf die Pioniere lenken, die versuchten, Brücken über die Our zu bauen. Bei Tagesende saß das 109. in seinen Stellungen, ohne größere Verluste beklagen zu müssen.

> Am Abend des 16. Dezember 1944 war die 7. Armee mit den erreichten taktischen Erfolgen zufrieden. Wenn es auch stimmt, dass die gesteckten Ziele vor allem im Mittelabschnitt und auf dem Südflügel nicht erreicht wurden, so stimmt auch, dass der Einbruch in die Front des Gegners vor allem auf dem strategisch wichtigen rechten Flügel gelungen war.
>
> *General Erich Brandenberger*

LANGSAMER FORTSCHRITT

Als die Offensive begann, blieb die 60. Panzerinfanterie von intensivem Artilleriebeschuss verschont; Hauptziel des Feuers war das Hauptquartier bei Beaufort. Als sich der Nebel langsam hob, zeigte sich, dass die Deutschen in ansehnlicher Zahl über die Sûre setzten, wogegen sofort Artilleriefeuer angefordert wurde. Obwohl dieses recht massiv war, verhinderte es nicht das Übersetzen der Deutschen, die sich sofort in Hogenberg verschanzten. Am Ende des Tages waren die Stellungen der 109. sowie der 60. Panzerinfanterie unversehrt, was auch für die 12. Infanterie galt. Die Deutschen erzielten Anfangserfolge bei Echternach – wie von Brandenberger erhofft –, bekamen aber Probleme, nachdem sich die Amerikaner von ihren Vorposten in ihre Hauptverteidigungslinien in Osweiler und Dickweiler zurückzogen. Der Angriff auf Osweiler wurde unter Verlust von 50 Mann abgewehrt, während dem Angriff auf Dickweiler der Schwung fehlte. Dieser sollte am späten Nachmittag nachgeholt werden, aber da hatte man die Abwehr mit drei Panzern verstärkt, welche den Deutschen hart zusetzten. 50 Mann fielen, 35 ergaben sich und der Rest zog sich zurück. Die Lage der F-Kompanie bei Berdorf sah zwar nicht gut aus, aber bei Tagesende wurde die Stellung noch gehalten.

Am Ende des 16. Dezember war es der 7. Armee nicht gelungen, eine der Brücken zu erobern, um ihre Panzereinheiten über den Fluss zu bringen. Die Angreifer konnten zwar an etlichen Punkten die Front der Amerikaner durchbrechen, auch wenn sie die Verteidiger nicht aus ihren Stellungen werfen konnten. Brandenburger glaubte, dies läge daran, dass die Amerikaner ihre Reserven eingesetzt hätten, sodass die 7. Armee nun durchbrechen könnte, bevor neue Reserven

Ein deutscher Spähtrupp geht im Straßengraben an einer verlassenen amerikanischen Wagenkolonne vorbei. Dies ist ein weiteres Propagandafoto, das die Deutschen in der Schlacht zeigen soll, das aber in Wirklichkeit erst nach dem Angriff auf den Konvoi aufgenommen wurde.

Die Our spielte im deutschen Offensivplan eine wichtige Rolle, weil die Übergänge für den Vormarsch nach Antwerpen lebenswichtig gewesen wären. Obwohl die Deutschen Erfolge verbuchen konnten, war ihr Vormarsch zu langsam, sodass den Amerikanern Zeit blieb, zu reagieren.

herangeschafft wären. Gerade als sich Brandenberger dies überlegte, erzählte General Middleton General Barton via Telefon, dass er den Verteidigern ein Kampfkommando der 10. Panzerdivision zu Hilfe schicken wolle, welches bei Tagesanbruch aus dem Sammelgebiet aufbrechen würde.

Das Kampfkommando, welches zur 106. Infanteriedivision losfuhr, kam wegen des weiten Weges nicht rechtzeitig an. Das Kommando für die 4. Division hatte jedoch nur 56 km von der dritten Armee aus bis zur 12. Infanterie zurückzulegen. Damit sollte Brandenburges Truppen ein stärkerer Gegner als erwartet gegenüberstehen.

17. DEZEMBER

Brandenberger hatte die Stärke seiner Gegner unterschätzt; Oberst Rudder hatte noch eine Panzerkompanie vom 707. Panzerbataillon zugeteilt bekommen. Die Deutschen hatten mittlerweile Probleme, ihre Einheiten nach vorne zu bringen, da ihre Pioniere es nicht geschafft hatten, bis zum Morgengrauen des 17. Dezember Brücken über die Sûr oder die Our fertig zu stellen. Damit fehlte den Deutschen die Artillerieunterstützung.

Das Reservebataillon der 12. Infanterie wurde östlich des Ernz Noire zur Verteidigung der Straßenverbindung von Echternach nach Luxemburg losgeschickt, womit Oberst Robert H. Chance keine weiteren Truppen zur Verfügung hatte. Andererseits hatte General Barton eine Kompanie mittlerer Panzer vom Einsatzkommando A der 9. Panzerdivision zur Hilfe geschickt und mobilisierte darüber hinaus das Reservebataillon des 22. Infanterieregiments, seiner am weitesten im Süden stehenden Einheit. Das Kampfkommando A der 10. Panzerdivision (CCA) hatte sich ebenfalls aufgemacht, um in den Kampf einzugreifen, und sollte am Morgen des 18. Dezember einsatzbereit sein. Mit diesen Hilfsaktionen wollten Barton und seine Kommandeure am 17. Dezember die eingeschlossenen Einheiten entlasten, bedrohte Abwehrstellungen verstärken und die Ausgänge aus der Schlucht des Ernz Noire blockieren.

Ein amerikanischer Soldat in seinem Schützenloch beobachtet angestrengt die Bewegungen des Gegners. Die Aufnahme liefert eine gute Ansicht des M1-Garand-Gewehres, dem Standardgewehr der US-Army. Dieses präzise Gewehr blieb bis in 50er-Jahre im Einsatz.

RETTUNGSVERSUCHE

Im Sektor der 109. Infanterie versuchte Oberst Rudder, seine in Fouhren eingeschlossenen Leute zu retten. Die Aktion lief nicht nach Plan. Zwei Kompanien vermochten trotz Panzerunterstützung nicht, die deutschen Stellungen zu durchbrechen. Die Entsatzeinheit zog sich zurück; Rudder schickte einen Stoßtrupp, der die Ortschaft im Schutze der Dunkelheit erreichen sollte, aber auch das misslang. Schließlich erreichten ein Panzer und ein Spähtrupp der 109. Aufklärungsschwadron einen Punkt, von wo aus man den Ort am Morgen des 18. Dezember beobachten konnte. Der Kommandostand der Kompanie war zerstört und viele Deutsche waren im Ort. Zu Mittag war klar, dass man ihren Vormarsch nicht stoppen konnte, weil sie einfach durch Lücken zwischen den US-Stellungen vorrückten. Am nächsten Tag befand Oberst Rudder, dass er sich auf eine neue Verteidigungslinie zurückziehen müsste, und holte sich die Genehmigung von General Cota.

Das 60. Panzerinfanteriebataillon saß in der Klemme, da die Deutschen auf den Straßen vorrückten, die hinter ihre Stellungen führten. Daher setzte Oberst Thomas L. Harrold, der Kommandeur der CCA der 9. Panzerdivision, eine Kompanie leichter Panzer zum Schutz der Nordflanke in Marsch. Einige Panzer hatten die Aufgabe, auf der Straße zwischen dem Ernze Noire und Beaufort zu patrouillieren, während eine andere Einheit mit einer Kompanie Panzerjäger die beiden anderen Straßen blockieren sollte, die aus der Schlucht führten. Obwohl diese Schritte sehr wichtig waren, ließ sich nicht vermeiden, dass die Deutschen durch die amerikanischen Linien sickerten. Sie nahmen erst das Dorf Mullerthal ein, wodurch sie Zugang zu der Straße erhielten, die die Schlucht zweiteilte, und zu einer Bedrohung für die US-Artilleriestellungen wurden. Ein Versuch, die Deutschen am frühen Nachmittag zurückzuwerfen, scheiterte, als der Führungspanzer abgeschossen wurde und die Straße blockierte. Bei Einbruch der Nacht erstürmten die Deutschen Beaufort und Oberst Collins gab den Befehl zum Rückzug.

POSITIONSKÄMPFE

Die Lage der 12. Infanterie war deutlich besser, da man mit dem eingetroffenen Reservebataillon die gleiche Stärke wie die Deutschen hatte und über mehr Artillerie und Panzer verfügte. Die 212. Volksgrenadierdivision hatte nur vier Sturmgeschütze, die noch auf dem anderen Ufer standen. Die Pioniere hatten zwei Versuche unternommen, die Sûre zu überbrücken; der erste Versuch scheiterte, als ein Artillerietreffer die Brücke zerstörte, bevor das erste Fahrzeug übergesetzt war. Der zweite Versuch am 16. Dezember nachts musste wegen schweren Artilleriefeuers abgebrochen werden.

Während die Deutschen auf ihre Panzer warteten, schickte General Barton nach dem Fall von Mullerthal, das nicht weit entfernt lag, Verstärkungen zum Ufer des Ernz Noire. Dazu wurde der Kampfverband Luckett gegründet, der unter dem Kommando von Oberst James S. Luckett stand, der in den Divisionsstab gekommen war, nachdem er das 12. Infanterieregiment befehligt hatte. Er bekam neben acht Sherman-

Panzern auch den Mörserzug des Bataillons zur Unterstützung seiner Truppe und konnte auf das Reservebataillon des benachbarten Infanterieregiments zurückgreifen.

Als der Kampfverband eintraf, war man jedoch überrascht, dass die Deutschen keine Anstalten machten, das 12. Infanterieregiment anzugreifen; man wusste ja nicht, dass diese zur 276. Volksgrenadierdivision gehörten, die in eine andere Richtung vorstieß. Die 12. Infanteriedivision verbrachte daraufhin den Tag damit, Einheiten, die Hilfe brauchten, beizustehen oder Stellungen in Bereichen zu verstärken, in denen die Deutschen im Vorteil schienen.

Die B-Kompanie wurde zusammen mit vier Shermans und einer Schwadron leichter Panzer losgeschickt, um die F-Kompanie in Berdorf zu retten. Die Einheit kämpfte sich Haus für Haus durch den Ort, bis sie auf die Verteidiger traf, die in einem Hotel verschanzt waren. Die Deutschen waren zwar zurückgedrängt, konnten aber nicht aus dem Ort vertrieben werden, als die Nacht einbrach und alle Aktionen stoppte.

GIs auf Patrouille Anfang 1945 im Schnee in der Nähe von Wiltz. Der Mann im Vordergrund trägt eine Thompson-Maschinenpistole, der vor ihm den M1 Carbine. Beide Waffen waren sehr beliebt, wenn auch über lange Distanzen nicht so effektiv wie das Garand.

Während man die Gruppe in Berdorf verstärken konnte, blieb die Besatzung von Echternach abgeschnitten, weil die A- und G-Kompanien vor Einbruch der Dunkelheit kaum vorangekommen waren.

Am Ende des ersten Tages der Offensive stand die amerikanische Front noch, wenn auch der Frontverlauf korrigiert wurde. Die Stellungen in Osweiler und Dickweiler wurden so entschieden verteidigt, dass die Deutschen von weiteren Eroberungsversuchen absahen. Gleichzeitig war es der Kampfgruppe Luckett gelungen, die Front entlang der Ernz Noire zu festigen. Der Schwachpunkt der amerikanischen Front lag im Mittelabschnitt, weil eine Lücke entlang der Straße bestand, die von Echternach nach Luxemburg führte.

Verstärkung war jedoch unterwegs, womit die Lage nicht mehr trist schien. Es wäre übertrieben, zu behaupten, der deutsche Vormarsch wäre zum Stehen gekommen, denn die 7. Armee war immer noch in der Lage, druckvoll anzugreifen. Aber die Amerikaner waren vor dem Ansturm nicht zusammengebrochen, sondern hatten eine offene Pattsituation herbeigeführt. Anstelle des von Hitler erwarteten raschen Vormarsches hatte die 7. Armee zwar genau wie die 5. und 6. Erfolge erzielt, aber nicht genug, um den Eindruck zu erwecken, dass Hitlers Ziele erreicht werden konnten.

Ein deutscher Kübelwagen fährt durch die Trümmer eines belgischen Dorfes. Die Granathülsen im Vordergrund deuten darauf hin, dass hier kurz zuvor Artillerie, wahrscheinlich amerikanische, gelegen hatte.

105-MM-SELBSTFAHRLAFETTE M7 „PRIEST“

Die amerikanische Armee hatte sich schon vor dem Kriegseintritt um eine Haubitze auf Selbstfahrlafette bemüht und dazu 105-mm-Haubitzen auf Halbkettenfahrzeuge montiert. Die ersten Versuche ergaben, dass ein Ganzkettenfahrzeug die bessere Lösung sei, was zu der Entscheidung führte, die Haubitze auf das Chassis des M3-Panzers zu setzen. Die ersten Exemplare des M7 gingen an die britische Armee, wo man sie in Anlehnung an den berühmten „Pulpit“ mit seinem schweren Maschinengewehr als „Priest“ bezeichnete. Die weiteren Exemplare gingen an die US-Armee, wo sie bis Ende des Krieges im Einsatz blieben. Anders als die Deutschen ihre Sturmgeschütze setzten die Amerikaner ihren Priest nicht im Angriff, sondern als mobile Feldartillerie ein.

DIE BEWERTUNG DES 16./17. DEZEMBERS

Hitlers Pläne für die Ardennenoffensive waren zu hochtrabend, was fast allen seiner höheren Kommandeure klar war. Sie wussten, dass die Amerikaner kaum durch den Angriff gelähmt sein würden, wovon Hitler ausging, sondern rechneten mit vielen Problemen. Obwohl die Deutschen in den Ardennen eine Angriffsarmee zusammenziehen konnten, die den Verteidigern zahlenmäßig überlegen war, wussten die Generäle, dass es unmöglich sein würde, Antwerpen einzunehmen. Sie würden den Alliierten durchaus Probleme bereiten und vielleicht sogar die Maas erreichen; es konnte sogar passieren, dass die Alliierten so geschwächt wurden, dass sie bei ihrem Versuch, Deutschland vom Westen her zu besetzen, Probleme bekämen. Deshalb war die Offensive nicht zu verurteilen, auch wenn man Antwerpen nicht erreichte. Die ersten 24 Stunden der Offensive sollten zeigen, wie nahe die Deutschen ihren Zielen kommen würden. Das Ergebnis besagte, dass dies schwieriger sein würde, als Hitler annahm. Am 16. und 17. Dezember starteten die Deutschen massive Angriffe gegen die schwach verteidigte amerikanische Front. Der Stau, in den die 6. Panzerarmee geriet, war das vorzeitige Ende der Operation Greif und behinderte die Kampfgruppe Peiper erheblich. Manche Angriffe scheiterten, weil nicht mit genügender Entschlossenheit vorgetragen, andere wegen ungenügender Panzerunterstützung oder einfach aus Pech.

Das größte Hindernis für einen raschen deutschen Durchbruch am ersten Tag war der amerikanische Soldat. Trotz häufig prekärer Lage leisteten die amerikanischen Soldaten zähen Widerstand. Das Bild von US-Einheiten, die aufgelöst vor einem entschlossenen Gegner davonlaufen, hat sich zwar gehalten, entbehrt aber jeder Grundlage. Es mag zutreffen, dass sich kleinere Gruppen von Soldaten ungeordnet zurückzogen, aber die drei deutschen Armeen konnten nur wenige ihrer Zielsetzungen für den ersten Tag erreichen. Diese Verzögerung war wichtig, denn sie ermöglichte den Alliierten, zu reagieren und sich mit der feindlichen Bedrohung auseinander zu setzen. Damit soll nicht behauptet werden, dass die Ardennenschlacht am ersten Tage verloren oder gewonnen war. Die ersten 24 Stunden der Schlacht waren nicht entscheidend und behaupten zu wollen, dass das Endergebnis der Offensive aus den Ereignissen des 16./17. Dezember abzulesen war, würde diesen weit höheres historisches Gewicht beimessen als vertretbar. Was man aber sagen kann, ist, dass die Ereignisse des Tages den deutschen Generälen in der Annahme Recht gaben, dass die Offensive problematisch ablaufen würde und die hochgesteckten Ziele fast nicht zu erreichen waren. Ob man die Maas erreichen konnte, musste die Zeit zeigen. Der erste Tag der Schlacht ließ ahnen, dass diese nicht so bald zu Ende sein würde, sondern hart und blutig verlaufen sollte.

Die M7B1-Haubitze auf Selbstfahrlafette war ab 1942 die wichtigste mobile Artillerieunterstützung der Alliierten. Sie verwendete das Chassis des M4-Sherman-Panzers.

KAPITEL ACHT

DIE FOLGEN

Die für den ersten Tag gesteckten Ziele wurden nicht erreicht. Das bedeutete jedoch nicht, dass damit auch die Offensive gescheitert war. Die Alliierten blieben wegen einiger Schlüsselabschnitte an ihrer Front weiterhin besorgt, nicht zuletzt um Bastogne und Umbebung. Die tapfere Aktion der 101. US-Luftlandedivision in Bastogne wurde zur Militärlegende und darf als Ausgangspunkt für das Scheitern von Hitlers Plänen gesehen werden.

Peipers Einheiten hatten die Stellungen am Buchholzer Bahnhof aufgerollt und waren nun auf dem Weg nach Honsfeld. Seine Panzer trafen auf eine amerikanische Panzerkolonne mit dem gleichen Ziel, der man sich anschloss. Die US-Fahrzeuge rollten kontinuierlich in den Ort ein, ohne zu merken, dass man den Feind buchstäblich im Nacken hatte. Die Kolonne passierte einen US-Panzerwagen, der hinter dem ersten Haus stand, um herannahende feindliche Panzer aufzuspüren. Der Panzerführer Sergeant George Creel musste zweimal hinsehen, um sicher zu sein, dass ihn seine Augen nicht narrten, denn vor ihm stand ein Militärpolizist mit einer weißen Fahne, der in der Abenddämmerung die deutschen Panzer einwies. Creel sprang in seinen Panzerwagen, an dem jedoch ein Anhänger hing, der seine Kanone blockierte. Weiter die Straße entlang kam es zum Schusswechsel, als die Deutschen und Amerikaner in direkten Kontakt kamen. Die US-Infanterie hatte gegen die Panzer keine Chance und zog sich zurück. Creel und seine Leute ließen ihr Fahrzeug stehen und liefen nach Honsfeld hinein, um Alarm zu schlagen, gelangten aber nicht mehr bis ins Zentrum.

Männer der 101. Luftlandedivision verlassen am 19. Dezember 1944 das Dorf Haufelige, um bei Bastogne Stellung zu beziehen. Im Hintergrund sieht man zwei Halbkettenfahrzeuge und mindestens ein M7 Priest. Trotz massiver Angriffe der Deutschen ergab sich die 101. nicht.

> Nach dem Scheitern der Ardennenoffensive startete Hitler den Krieg eines Gefreiten. Es gab keine größeren Pläne mehr, sondern nur noch eine Menge kleinerer Gefechte.
>
> *General Hasso von Manteuffel*

Die ersten beiden Panther rollten in den Ort, gefolgt von drei Halbkettenfahrzeugen. Als sie in die Nähe des Zentrums kamen, eröffneten sie das Feuer auf Häuser, geparkte Fahrzeuge und Amerikaner, die das Pech hatten, in der Schusslinie zu stehen. Der Spitze folgten weitere Halbkettenfahrzeuge, beladen mit Panzergrenadieren. Die Amerikaner in der Stadt waren völlig überrumpelt und hatten zum Teil keine Chance, zu entkommen. Etliche ergaben sich, aber die SS-Leute in der Stadt waren nicht bereit, die internationalen Rechte Kriegsgefangener zu beachten, sondern schossen sie kaltblütig nieder. Danach nahm man ca. 100 Mann des 612. Panzerjägerbataillons, die sich ergeben wollten, unter Beschuss und Zeugen sagten später aus, dass mindestens dreißig davon erschossen wurden. Diese brutalen Verstöße gegen das Kriegsrecht waren nicht die ersten und auch nicht die letzten, welche die SS sich leistete; die Kampfgruppe Peiper hatte erheblichen Anteil an solchen Kriegsverbrechen.

Nach der Einnahme von Honsfeld rollte Peiper nach Büllingen weiter, wobei er den Weg nahm, den die 12. Panzerdivision hätte nehmen sollen, weil er wusste, dass diese Einheit immer noch im Stau bei den Ausgangsstellungen steckte. Um 7.00 Uhr hatten Peipers Leute die Amerikaner in Büllingen überrumpelt und zwangen ihre Gefangenen, ihre Panzer und Fahrzeuge aufzutanken. Die Kolonne rollte weiter, wurde aber von US-Jagdbombern angegriffen, die einen Wetterwechsel ausnutzten. Einige Fahrzeuge und danach ein halbes Dutzend deutscher Jagdflugzeuge, die in die Geschehnisse eingreifen wollten, wurden abgeschossen. Peiper formierte seine Einheit neu und fuhr auf die Kreuzung von Baugnez zu.

MASSAKER

An der Kreuzung stieß Peipers Führungspanzer auf die B-Batterie des 285. Feldartilleriebataillons und griff sofort an. Die nur mit Gewehren und MGs bewaffneten Amerikaner konnten sich nicht verteidigen und mussten sich ergeben. Die Gefangenen wurden zusammen auf ein Feld in der Nähe der Kreuzung geführt. Insgesamt 130 Gefangene wurden mit den Händen über dem Kopf in zwei Reihen aufgestellt . Zwei Panzer IV rollten in eine Position, von der aus sie alle Amerikaner übersehen konnten. Zum Entsetzen der Gefangenen gab dann ein Offizier einem Panzerkommandanten den Befehl, das Feuer zu eröffnen. Dieser lehnte ab und überließ es seinem Richtschützen, dem Soldaten Georg Fleps, der einen Gefangenen und dann noch einen erschoss. Die Maschinengewehre der Panzer eröffneten das Feuer und die Gefangenen brachen auf dem verschneiten Boden zusammen. Einige überlebten und verbargen sich unter den leblosen Körpern ihrer Kameraden. Die SS-Männer waren offenbar mit ihrem Werk zufrieden und fuhren weiter. Während der nächsten Stunden schossen vorbeiziehende Deutsche wiederholt in den Leichenhaufen neben der Straße. Als es ruhiger wurde, hörten die Überlebenden deutsche Stimmen. Männer des 3. SS-Pionierbataillons schritten durch die Toten und schossen auf alle, die sie noch am Leben wähnten. Als die SS abzog, beschlossen die Überlebenden des Massakers, zu fliehen, indem alle auf einmal aufsprangen und um ihr Leben liefen. Einige wurden im Laufen erschossen, andere, die in einem nahe gelegenen Café Schutz suchten, ereilte ihr Schicksal, als die Deutschen das Café ansteckten und alle erschossen, die aus den Flammen flohen.

Die SS hatte es trotz ihrer intensiven Bemühungen nicht geschafft, alle Gefangenen zu töten. Die wenigen Überlebenden brauchten nicht lange auf ihre Rettung zu warten. Am Rande der nahe gelegenen Stadt Malmédy hatte der kommandierende Offizier der 291. Pioniere, Oberstleutnant David E. Pergrin, die Schüsse gehört. Er wusste, dass die Artillerieeinheit, die er eben noch gesehen hatte, angegriffen worden war. Als die Schüsse verstummten, wollte er sehen, was passiert war und fuhr mit seinem Verbindungsmann, William Crickenberger, im Jeep nach Baugnez. Als sie die Flammen aus dem brennenden Café schlagen sahen, näherten sie sich vorsichtig zu Fuß. In diesem Moment kamen drei Überlebende aus dem Wald und liefen auf sie zu. Pergrin und Crickenberger halfen ihnen zurück zum Jeep und brachten sie rasch nach Malmédy.

Die Überlebenden waren tief geschockt; Pergrin brauchte mehr als 90 Minuten, um herauszubekommen, was passiert war. Er funkte sofort einen Bericht über die schrecklichen Vorkommnisse an General Hodges. Als der Tag zu Ende ging, verließen noch mehr Überlebende ihre Verstecke und gingen, krochen oder taumelten auf die eigenen Linien oder auf Häuser zu, in denen Zivilisten ihnen halfen. 86 Kameraden lagen tot auf dem Feld, zumeist dort, wo das Massaker begonnen hatte. Ihre Körper lagen offen, bis starker Schneefall sie zwei Tage vor Weihnachen mit einem weißen Totenhemd zudeckte.

Ein weiteres Propagandafoto, aufgenommen neben einem überfallenen amerikanischen Konvoi. Ein SS-Unteroffizier winkt seine Leute nach vorn auf einen Feind zu, der gar nicht da ist. Er trägt ein StG44 Sturmgewehr und eine Tarnjacke, die häufig auf Fotos der SS zu sehen ist.

Die Ardennenoffensive ist bekannt für die vielen Grausamkeiten, die von den deutschen Truppen begangen wurden. Diese Aufnahme zeigt belgische Zivilisten, die bei Stavelot ermordet wurden. Die Kunde von solchen Grausamkeiten steigerte die Entschlossenheit der Amerikaner.

Der Grund für das Massaker an den Amerikanern wurde nie klar: Die SS-Leute hatten bereits einige ihrer Gefangenen umgebracht, bevor sie nach Büllingen kamen, taten es aber nicht mehr, als sie da waren. Auf der Weiterfahrt ermordeten sie wieder ein Gruppe von Gefangenen. Was immer die Beweggründe waren, sie waren kontraproduktiv. Innerhalb weniger Stunden erreichte ein Bericht von General Hodges über die Massaker alle US-Einheiten in den Ardennen und darüber hinaus und steigerte ihre Entschlossenheit zum Widerstand. Von den SS-Leuten überlebten nach dem Malmédy-Massaker nur wenige als Gefangene. General Hodges' Botschaft erreichte auch das HQ von Generalmajor Elwood „Pete“ Quesada, Befehlshaber der IX. taktischen Luftflotte, der dafür sorgte, dass jeder seiner Jagdbomberpiloten informiert war. Man war empört. Und das Wetter, das am 16. Dezember so hilfreich für die Deutschen gewesen war, indem es die Flugzeuge am Boden hielt, begann aufzuklaren.

DIE NÖRDLICHE SCHULTER HÄLT

Im Norden hielt die 99. Division dem deutschen Angriff stand. Als das Gesuch General Gerows vom V. Korps, den Angriff der 2. Division in Richtung Wahlerscheid abzublasen und sich auf die Elsenborner Höhen zurückzuziehen, abgelehnt wurde, verlegte die 2. Division ihre Reservebataillone zu den Zwillingsdörfern Rocherath und Krinkelt. Die Deutschen trafen hier auf verbissenen Widerstand und am 18. Dezember waren die beiden Dörfer immer noch nicht gefallen. General Priess vom I. SS-Panzerkorps griff an diesem Tag in aller Frühe an; die harten Kämpfe hielten den ganzen Tag an. Die Deutschen verzeichneten zwar einige Erfolge, aber die Stellungen hielten und man warf die Angreifer sogar zurück. Ein weiterer Angriff am nächsten Tag, unterstützt von einer neuen Panzergrenadierdivision, wurde sofort gestoppt und einem dritten erging es nicht besser. Die 12. SS-Panzerdivision lag nun 72 Stunden im Zeitplan zurück und verzeichnete schwere Verluste. Sie wurde angewiesen, die Dörfer zu umgehen und sich Peipers Vormarsch anzuschließen. Am Abend des 19. Dezember zogen die 99., 2. und 1. US-Division aus den Dörfern ab und bezogen bessere Abwehrstellungen in den Elsenborner Höhen. Sie verschanzten sich hier zur Absicherung der Nordschulter und ließen sich nicht mehr verdrängen.

REAKTIONEN DER ALLIIERTEN

Der Vormarsch der Deutschen ging weiter; langsam begriff das alliierte Oberkommando das Ausmaß der Offensive und startete Gegenmaßnahmen. Als die Bedrohung von Stavelot und Bastogne offenkundig wurde, schickte Eisenhower Bradley zwei Luftlandedivisionen. Da mehrere höhere Kommandeure des XVIII. Luftlandekorps abwesend waren (man war ja überzeugt, dass kein größerer Angriff zu befürchten war), musste der junge Generalmajor James Gavin von der 82. Luftlandedivision das Kommando übernehmen. Er unterstand General Hodges und erhielt den Befehl, die 82. nach Werbomont zum V. Korps und die 101. nach Bastogne zu verlegen. Der Kommandeur der 101. Division, General Maxwell D. Taylor, war in Washington, weswegen Brigadegeneral Anthony C. McAuliffe das Kommando übernehmen durfte. Er bekam die Order, Bastogne zu halten, und verschaffte sich ein ruhmreiches Andenken in der Militärgeschichte, weil er diese Aufgabe erfüllte. Bastogne profitierte auch von einem eben angekommenen Bataillon mit M36-Jagdpanzern; mit ihrer 90-mm-Kanone konnte sich diese Weiterentwicklung des M10-Jagdpanzers mit jedem deutschen Panzer einlassen.

Ein SS-Unteroffizier holt Proviant aus einem verlassenen M8-Panzer, ein weiteres Propagandafoto des überfallenen US-Konvois. Der Soldat zeigt unabsichtlich einen anderen Aspekt des Krieges: die Deutschen, knapp an Verpflegung, „befreiten“ nur zu gern amerikanische Rationen.

Als die 82. und 101. ihre neuen Stellungen bezogen, zog General Hodges das VII. Korps aus der Frontlinie bei Düren ab und befahl General Lawton J. Collins, einen Gegenangriff mit zwei Panzerdivisionen und zwei Infanteriedivisionen aus dem Norden der Ardennen vorzubereiten. In der 21. Armeegruppe beorderte Feldmarschall Montgomery General Brian Horrocks mit seinem XXX. Korps in eine Position, von welcher aus er jedem deutschen Übergangsversuch über die Maas begegnen konnte. Die 29. Panzerbrigade wurde zum Schutz der Brücken bei Dinant abgestellt.

Am 19. Dezember setzte Eisenhower eine Konferenz mit seinen Truppenkommandeuren an, um über die Lage zu beraten. Eisenhower war keineswegs in gedrückter Stimmung und erklärte seinen Untergebenen, dass er keine langen Gesichter am Konferenztisch sehen wolle; die Offensive mochte zwar nach einem temporären Rückschlag aussehen, bot aber die große Chance, die Deutschen zu schlagen, vielleicht sogar endgültig. Er legte seine Ziele dar: Kein Rückzug hinter die Maas und Patton solle gegen die Südflanke der Deutschen vorrücken, während General Simpsons 9. Armee bereitstehen sollte, die Nordflanke anzugreifen. Patton sollte zuerst nach Bastogne vorstoßen, wo er sich dann mit der 1. Armee vereinen würde. Eisenhower wandte sich dann an Patton mit der Frage, wann er voraussichtlich angreifen könne. Pattons spontane Antwort war: in drei Tagen und das mit drei Divisionen. Eisenhower ermahnte Patton, nicht leichtfertig zu sprechen, aber Patton war es absolut ernst. Er erklärte, er habe bereits drei Pläne entwickelt, wie man das Problem angehen könnte und dass er nur seine Hauptquartiere anzurufen brauchte, um den Plan zum Vorstoß nach Bastogne umzusetzen.

> Nach dem 24. Dezember 1944 machten schwere Luftangriffe Transporte bei Tag fast unmöglich, ob es sich nun um Truppen oder Versorgungsgüter handelte. Durch das Bombardement wurde sogar das Umgruppieren von Soldaten in besetzten Stellungen extrem schwierig.
>
> *Generalfeldmarschall Gerd von Rundstedt*

Zwei deutsche Soldaten ruhen sich unter einem verlassenen M8-Panzerwagen aus. Der Mann im Vordergrund wurde vom belgischen Historiker Jean Paul Pallud als SS-Untersturmführer Steiwe identifiziert; der zweite Mann bleibt unbekannt.

MONTGOMERY AN DER MACHT

Nach der Konferenz kehrte Eisenhower zu seinem Hauptquartier in Versailles zurück, wo man ihn sofort wegen einer weiteren Entscheidung anrief. Seine Stabsoffiziere waren zu dem Schluss gekommen, dass General Bradley von seiner 1. und 9. Armee zu weit entfernt sei, um sie von seinem Hauptquartier aus zu befehligen, weil der deutsche Offensivkeil dazwischen lag. Man schlug vor, Montgomery temporär die Einheiten an der Nordseite des Keils zu übertragen, während Bradley die Einheiten an der Südseite befehligen solle. Dies war eine heikle Entscheidung, weil sie als ne-

gatives Urteil über Bradleys Fähigkeiten als Truppenführer gedeutet werden konnte. Hinzu kam die Gefahr, dass Montgomery diese Anordnung als Bestätigung für seine kontinuierlichen Bemühungen um den Oberbefehl über die Bodentruppen in Nordeuropa ansehen könnte. Eisenhower sah jedoch die Notwendigkeit ein und stimmte zu. Die Befehle zu diesem Führungswechsel gingen am folgenden Morgen hinaus – mit den vorhersehbaren Reaktionen. Bradley war wütend, während Montgomery sich in der Ausweitung seiner Befehlsgewalt sonnte. Mit seinem üblichen Mangel an Takt stieg er im Hauptquartier der 1. Armee ab „wie Christus, der kam, um den Tempel zu reinigen“, wie sich einer seiner eige-

Nach mehreren Tagen harter Kämpfe rollte eine US-Entsatzarmee von Süden an und nahm am späten Nachmittag des 26. Dezember mit der 101. Luftlandedivision Kontakt auf. Die Stadt kam nicht in deutschen Besitz, wodurch ihnen ein wichtiger Verkehrsknotenpunkt entging.

nen Stabsoffiziere ausdrückte und bestätigte damit das (nicht immer unberechtigte) Misstrauen der Amerikaner ihm gegenüber. Aber weder Bradley noch Montgomery waren so unprofessionell, dass sie persönliche Empfindungen über ihre Aufgaben gestellt hätten. Bradley gab zu, dass die Entscheidung sinnvoll war, und Montgomery mäßigte sein Verhalten. Obwohl Montgomery der Ansicht war, dass man St. Vith

GENERAL OMAR N. BRADLEY

Omar Bradley und Eisenhower waren zusammen in einer Klasse in Westpoint und seine Karriere war mit der seines Freundes unlösbar verbunden. Er machte sich erstmals in Nordafrika einen Namen, als Eisenhower ihn beauftragte, die US-Truppen zu mustern. Er empfahl die Ablösung des Kommandeurs des II. Korps und wurde Pattons Stellvertreter als Korps-Kommandeur. Als Patton befördert wurde, übernahm er das II. Korps und führte es durch Nordafrika und Sizilien, wo das Korps Teil der 7. Armee Pattons wurde. Eisenhower übertrug ihm dann das Kommando über die 1. US-Armee, die er bei der Landung in der Normandie befehligte. Bradley übernahm am 1. August das Kommando über die 12. Armeegruppe, als die US-Streitkräfte durch die Ankunft von Pattons 3. Armee verstärkt wurden. In dieser Eigenschaft war er für die Abwehr der deutschen Offensive verantwortlich, obwohl ein Teil seiner Einheiten temporär dem Befehl von Montgomery unterstellt war, um eine bessere Kommandostruktur auf der Nordseite des Geschehens zu gewährleisten. Die 12. Armeegruppe wurde die größte Einheit, die je ein amerikanischer General befehligt hatte. Im August 1945 gab Bradley seinen Posten ab und Präsident Truman beauftragte ihn mit der Versorgung der Kriegsveteranen. Anfang 1948 übernahm er Eisenhowers Amt als Stabschef des Heeres und wurde nach 18 Monaten in diesem Amt der erste Vorsitzende der Vereinigten Stabschefs. Er blieb für zwei Perioden in dieser Position und wurde zum General der Armee (Fünf-Sterne-General) befördert. Er leitete die amerikanischen Operationen im Korea-Krieg und zog sich 1953 in den Ruhestand zurück. Danach wurde er Konsulent in der Industrie und starb im April 1981 im Alter von 88 Jahren.

aufgeben sollte, war er doch taktvoll genug, dies nicht gegen den amerikanischen Entschluss, den Ort zu halten, durchzusetzen.

DIE VERTEIDIGUNG VON ST. VITH

In St. Vith treffen sich sechs Straßen, die das Verkehrsnetz der Ardennen bilden. Aus diesem Grund wollten die Amerikaner diesen Ort um jeden Preis halten und aus dem gleichen war er für die Deutschen wichtig. Das Einsatzkommando B der 7. US-Panzerdivision wurde am 17. Dezember nach St. Vith beordert, geriet aber in einen massiven Stau, der von Fahrzeugen verursacht wurde, die sich in den Westen absetzten. Bis Tagesende hatte man eine Verteidigungslinie um St. Vith aufgebaut. Dies geschah in Eile, obwohl man eigentlich Zeit hatte, denn die Deutschen hatten ebenfalls Probleme mit dem Verkehr, sodass sie nicht so schnell vorstoßen konnten wie gehofft. Trotz mehrerer schwerer Angriffe konnten die Amerikaner ihre Stellungen halten, was natürlich half, Montgomerys Empfehlung zum Rückzug „zwecks Aufräumen des Schlachtfeldes“ am 20. Dezember abzulehnen. Montgomerys Entscheidung, hierauf nicht zu bestehen, war taktvoll, aber die Frage wurde gegenstandslos, als am nächsten Tag das deutsche LXVI. Korps massiv angriff. Als sich der Abend herabsenkte, hatten die Deutschen die Stadt erobert und die Verteidiger mussten im Westen eine neue Verteidigungslinie aufbauen. Diese hielt zwar erneuten Angriffen stand, aber am Morgen des 22. Dezember hatten die beiden Einsatzkommandos (beide hießen Kommando B, eines kam von der 7., das andere von der 9. Panzerdivision) die Hälfte ihrer Panzer verloren. Am 23. Dezember zogen sich die Amerikaner unter Feindkontakt geordnet bis hinter die Salm zurück. Die Deutschen konnten ihren Erfolg kaum nutzen, weil sich ihre Transportkolonnen in den engen Gassen des Ortes hoffnungslos festfuhren. Darüber hinaus fingen die frierenden Soldaten an, in den Häusern Kleidung und Nahrungsmittel zu requirieren und sich aufzuwärmen. Dadurch verloren die Einheiten ihre Geschlossenheit, weil Männer zeitweilig verschwanden. Um das Problem noch zu vergrößern, fuhren Gruppen der 6. Panzerarmee nach St. Vith hinein, in der Hoffnung, damit den Verkehrsstau an der Losheimer Schlucht zu umgehen. Generalfeldmarschall Model wurde selbst Opfer des Verkehrs, denn er traf zu Fuß in St. Vith ein, weil er seinen Wagen einige Meilen vorher stehen lassen musste.

BASTOGNE

Die Kämpfe um St. Vith liefen parallel zu denen um Bastogne ab, wobei es ebenfalls um einen wichtigen Verkehrsknotenpunkt ging. Am 19. Dezember, als die Verteidiger noch gar nicht alle da waren, hegte von Manteuffel schon Zweifel, ob er sein Ziel erreichen könnte. Am nächsten Tag waren die Verteidiger einsatzbereit. Die Hauptlast trug die 101. Luftlandedivi-

Diese Aufnahme vom 22. Januar 1945 zeigt die Bedeutung von Bastogne als Verkehrsknotenpunkt. Fahrzeuge zur Versorgung der 90. Infanteriedivision und zum Abtransport der Verwundeten rollen durch die Stadt. Der logistische Vorteil machte die Alliierten überlegen.

sion mit ihren etwas über 10.000 Mann. Unterstützt wurden sie vom Kommando B, welches aber stark dezimiert war, nachdem zwei Einsatztrupps östlich von Bastogne schwer mitgenommen worden waren. Kommando B war aber noch in besserer Verfassung als Kommando R von der 9. Panzerdivision, von dem nur noch das Feldartilleriebataillon eine halbwegs geschlossene Einheit bildete. Die Panzer wurden Hauptmann Howard Pyle unterstellt und bildeten das Team Pyle, während der Rest des CCR – Infanteristen, Panzerbesatzungen ohne Panzer, Hilfstruppen und andere – einen gemischten Kampfverband bildeten. Mit schwarzem Humor taufte man diese Einheit „Team SNAFU" („Situation Normal, All Fouled Up", was soviel heißt, wie „Lage normal, alles zum Teufel", was noch markanter ausgedrückt werden konnte). Die Verteidiger waren mit ihrer Artillerie besser dran, denn sie verfügten über die Geschützkompanie der 101. mit 105-mm-Haubitzen und mobilen 75-mm-Haubitzen. Hinzu kamen vier Bataillone mit 155-mm-Geschützen; insgesamt hatte man 130 Geschütze. General McAuliffe stellte sie sorgfältig auf, sodass sie das gesamte Umfeld von Bastogne und die Vorposten in den Vororten bestreichen konnten.

Zwei müde wirkende Männer des 110. Infanterieregiments der 28. Division machen am 19. Dezember mitten in Bastogne Pause, nachdem sie sich, als der Feind ihre Stellungen überrannt hatte, in die relative Sicherheit der Stadt zurückgezogen hatten.

„ACH, IHR SPINNT WOHL!"

Am Nachmittag des 20. Dezember besuchte General McAuliffe General Middleton in seinem Hauptquartier in der Nähe von Neufchâteau. Auf die Frage, wie lange Bastogne gehallten werden könnte, antwortete McAuliffe, dass er die Stadt, selbst wenn sie völlig eingeschlossen würde, sicherlich zwei Tage halten könnte. Middleton war sich dessen jedoch nicht so sicher, weshalb er es für äußerst wichtig hielt, die Deutschen daran zu hindern, die Straße zwischen Bastogne und Neufchâteau zu unterbrechen. Als McAuliffe zurückfuhr, befahl er dem Fahrer, mit Höchstgeschwindigkeit zu fahren, für den Fall, dass die Deutschen die Straße schon genommen hätten. Dies war eine gute Überlegung, denn 30 Minuten nach seiner

Brigadegeneral Anthony C. McAuliffe, legendärer Kommandeur der 101. Luftlandedivision in Bastogne. Er übernahm das Kommando für den abwesenden Generalmajor Taylor und ging in die Geschichte ein für seine Ein-Wort-Replik auf die deutsche Aufforderung, sich zu ergeben: „Spinner!".

Ankunft im HQ war die Straße durch deutsche Einheiten blockiert. Bastogne war eingeschlossen.

In den nächsten zwei Tagen sondierten die Deutschen mehrfach das Gelände, griffen jedoch nicht an, sondern massierten ihre Kräfte für einen Angriff. Die Männer der 101. waren von der Meldung, dass sie eingeschlossen waren, keineswegs beeindruckt. Wie Hauptmann Richard Winters vom 506. Fallschirmjägerregiment treffend bemerkte, *erwarten* Fallschirmjäger, eingeschlossen zu werden. McAuliffe war besorgt, weil die Munitionsvorräte nicht aufgefüllt waren, sodass die Artilleriemunition rationiert werden musste. Verpflegung und medizinische Hilfsgüter wurden knapp. Doch die Verteidiger harrten aus. Gegen Mittag am 22. Dezember erschrak ein Vorposten, als man vier deutsche Soldaten mit weißer Flagge auf sich zukommen sah. Zwei Unteroffiziere verließen mit einem Deutsch sprechenden Soldaten den Gefechtsstand, um herauszufinden, was sie wollten.

Die deutsche Gruppe bestand aus zwei Soldaten und zwei Offizieren. Einer der Offiziere verlangte in gutem Englisch den kommandierenden General der Verteidiger zu sprechen. Die Deutschen wurden zu einem Bauernhaus geführt, in der der Befehlsstand für den Frontabschnitt untergebracht war. Die zwei Soldaten wurden unter Bewachung gestellt, während Leutnant Leslie E. Smith die Offiziere zum Kompaniegefechtsstand führte. Sie übergaben dem Kompanieführer Hauptmann James F. Adams ein Ultimatum, in dem die Amerikaner aufgefordert wurden, sich zu ergeben. Andernfalls würden die Deutschen Bastogne mit ihrer Artillerie dem Erdboden gleichmachen. Dies war eine kühne Behauptung, denn die 5. Panzerarmee verfügte gar nicht über die Geschütze, um dieses Drohung wahr zu machen; McAuliffe wusste davon aber nichts. Das Ultimatum wurde schließlich McAuliffe von seinem Stabschef Oberstleutnant Ned D. Moore überreicht. McAuliffe fragte, was darin stünde. „Sie wollen, dass wir uns ergeben", sagte Moore. „Ach, Spinner!", war McAuliffes Antwort. Er rief seinen Stab zusammen und fragte, was man auf das Ultimatum antworten sollte. Niemand wusste eine passende Antwort, bis Major Harry Kinnard meinte, dass es kaum eine bessere Antwort gäbe, als die, die er bereits gegeben habe. Der Stab stimmte zu und so gab McAuliffe die wohl berühmteste Antwort der Militärgeschichte auf ein Ultimatum. Es lautete:

„An den deutschen Kommandeur:
Spinner!
Vom amerikanischen Kommandeur"

Die deutschen Unterhändler wurden von Oberst Josef H. Harper, dem Kommandeur des 327. Luftlandeinfanterieregiments, zum Bauernhaus zurückgeführt. Er übergab den Deutschen die Antwort, die höflich fragten, was sie enthielt. Obwohl ein Offizier sehr gut Englisch sprach, verstand er diese Antwort nicht. Harper bemerkte seine Verwirrung und

Der wiederholte Befehl des Führers, in vorgelagerten Stellungen zu bleiben und sie zu halten, führte zu schweren Verlusten an Panzern und Artillerie, die nicht abgezogen werden konnten. Hier lag die Saat für den späteren Zusammenbruch der Westfront.

Generalfeldmarschall Gerd von Rundstedt

US-Transporter bringen Nachschub nach Bastogne. Für die amerikanische Luftüberlegenheit kam die größere Gefahr vom Wetter, nicht von den Deutschen. Das meiste Material fiel in den amerikanischen Teil, sodass die Verteidiger nicht aus Materialmangel aufgeben mussten.

erklärte ihm, dass „Nuts!" auf Deutsch soviel bedeutete wie: „Ihr spinnt wohl!" Damit entließ er die ziemlich verblüfften Deutschen, die zu ihren Linien zurückgingen

Das Ultimatum war ohne Wissen von Hasso von Manteuffel aufgesetzt worden, der wütend war, als er davon hörte. Wie er dem verantwortlichen Offizier, General Luttwitz vom XLVII. Panzerkorps, mitteilte, verfügte er gar nicht über die Artillerie, um seine Drohung wahr zu machen. Wenn er dies nicht konnte, liefen die Deutschen Gefahr, sich lächerlich zu machen. Die einzige Lösung war, die Luftwaffe aufzufordern, Bastogne zu bombardieren.

DIE LUFTSTREITKRÄFTE

Von Manteuffel wartete dringend auf Luftunterstützung. Dies war aber nichts im Vergleich zu der Dringlichkeit, mit der die Amerikaner sie herbeisehnten. Am 16. Dezember war das Wetter so miserabel gewesen, dass die Flugzeuge am Boden bleiben mussten, es besserte sich aber. Am 23. Dezember erwachten die Verteidiger von Bastogne bei strahlendem Wetter. Auf den Flugplätzen der 9. US-Air Force wurden die Maschinen vorbereitet und zu Mittag bedeckte eine Armada aus Jägern und Bombern, gefolgt von C-47 Transportern, den Himmel.

Den Soldaten in Bastogne wurde erst klar, dass Flugzeuge gestartet waren, als nach dem Frühstück Fallschirmjäger in der Stadt niedergingen. Drei Stunden später warfen die C-47 Versorgungsgüter ab. Mit Ausnahme des ersten Weihnachtsfeiertages wurden fast 1.000 Einsätze geflogen und 850 Tonnen Material abgeworfen, um Bastogne für die nächsten fünf Tage zu versorgen. Am zweiten Weinachtsfeiertag brachten Lastensegler Ärzte und medizinische Ausrüstung in die Stadt. Die Deutschen schossen zwar 19 Transporter ab, konnten aber die Versorgung nicht gänzlich verhindern.

Die Transporter waren nicht die einzigen, die die 101. und ihre Mitverteidiger unterstützten, denn die Jagdbomber hielten nach ihrer Beute Ausschau. Der verschneite Boden machte das Auffinden feindlicher Wagenkolonnen sehr einfach, das Auffinden einzelner Wagen ebenso. Die Jagdbomber und die nachfolgenden mittelschweren Marauder-Bomber richteten erhebliche Verwüstungen unter den deutschen Fahrzeugen an, was deren Probleme noch verstärkte.

DER LETZTE ANGRIFF

Auf von Manteuffels Anforderung hin griff die Luftwaffe Bastogne am Heiligen Abend an und verursachte schwere Schäden. Dies machte die Verteidiger nur noch entschlossener, was denen, die am 25. Dezember angriffen, nicht gut bekam. Ein deutscher Totalangriff brach an zwei Stellen nahe der Ortschaft Champs durch. Die Panzer rollten durch, stießen aber auf vier Panzerjäger des 750. Panzerjägerbataillons. Zwei amerikanische Panzer wurden zerstört, die anderen beiden schossen jedoch drei deutsche Panzer ab, während die Fallschirmjäger, durch diesen Erfolg ermutigt, einen weiteren mit einer Bazooka vernichteten. Ein fünfter fiel einem weiteren Bazooka-Team zum Opfer, während ein sechster auf den Ort zufuhr, aber bei der Ankunft zerstört wurde. Die Mannschaft eines siebten Panzers verließ ihn und ergab sich. Der Weihnachtsangriff war fehlgeschlagen.

Der Kommandeur der 26. Volksgrenadierdivision, Oberst Heinz Kokott, war auf Druck von von Manteuffel zu einem weiteren Angriff am zweiten Weihnachtstag bereit. Er wusste, dass durch herannahende US-Verstärkungen ernste Gefahr bestand. Am Nachmittag kamen tatsächlich Männer der 4. Panzerdivision, die sich vier Tage lang durch die feindlichen Linien gekämpft hatten, in die Nähe der Stadt. Die Vorhut der 4. Division bestand aus dem 37. Panzerbataillon und dem 53. Panzerinfanteriebataillon. Am 26. Dezember erreichten sie um 15.00 Uhr eine Kreuzung kurz vor Clochimont, von wo aus sie nach Nordwesten zum nächsten Dorf, Sibret, abbiegen wollten, das von deutschen Kräften besetzt war.

Die Kommandeure der beiden Einheiten, Oberstleutnant Creighton W. Abrams und Oberstleutnant Greoge L. Jacques, hielten auf der Kreuzung an, um sich zu beraten. Von der Aussicht, sich durch Sibret zu kämpfen, waren beide nicht begeistert. Der Anblick einer C-47, die im Tiefflug auf Bas-

Am Silvesterabend 1944 warteten die Panzer von General Pattons 3. Armee auf den Befehl zum Vormarsch aus Bastogne. Empfindliche Stellen des Panzers werden auf der Seite durch Platten abgedeckt, was gute deutsche Panzerschützen wussten und deshalb auf sie zielten.

togne zuflog, machte Abrams klar, dass es wichtiger war, Bastogne zu entsetzen. Er schlug vor, Sibret zu vergessen und auf der Straße nach Bastogne vorzurücken. Jacques stimmte zu und sie fuhren weiter, vergaßen dabei allerdings, Oberst Wendell Blanchard, dem Kommandeur der Kampfgruppe R (zu der sie gehörten), mitzuteilen, dass sie seinen Plan geändert hatten. Abrams Leute gingen voran und in der Abenddämmerung rollte eine Gruppe von sechs Sherman-Panzern unter der Führung von Leutnant Charles P. Boggess nach Assenois, das zwischen ihnen und Bastogne lag. Boggess und seine Panzergruppe rollten (in Begleitung von Halbkettenfahrzeugen mit Infanterie darauf) durch den Ort, aber die nachfolgenden Einheiten stießen auf Widerstand und es entbrannte ein heftiger Kampf. Inzwischen fuhr Boggess mit seinen Panzern auf der Straße weiter durch den Wald, der hinter der Stadt lag. Die drei ersten Panzer fuhren so rasch durch, dass die Deutschen im Wald Zeit hatten, ein paar Minen für das Halbkettenfahrzeug dahinter auszulegen.

Abrams Einsatzleiter, Hauptmann William A. Dwight, der mit der zweiten Gruppen von Boggess' Panzern fuhr, beorderte alle von der Straße, um die Deutschen mit MGs in Schach zu halten. Die Infanterie auf den Halbkettenfahrzeugen schwärmte aus, entfernte die Minen und bestieg wieder

Soldaten der 101. Luftlandedivision unter einem Schild, das an ihren Widerstand erinnern sollte. Die 101. wurde am 26. Dezember entsetzt, aber wie der Historiker Stephen Ambrose bemerkte, hätte keiner der „Schreienden Adler“ zugegeben, dass sie Hilfe brauchten.

> Jeder Schritt vorwärts in der Ardennenoffensive verlängerte unsere Flanken in gefährlicher Weise, die zunehmend zu Gegenstößen einluden. Ich wollte die Offensive frühzeitig stoppen, als feststand, dass sie ihr Ziel nicht erreichen konnte, aber Hitler bestand wütend darauf, dass sie weitergeführt werde. Es wurde unser zweites Stalingrad.
>
> *Generalfeldmarschall Gerd von Rundstedt*

ihre Fahrzeuge, um der Spitzengruppe zu folgen. Als Boggess aus dem Wald kam, bemerkte er einen kleinen Unterstand einige 100 Meter voraus, der gerade von US-Truppen angegriffen wurde. Er beschloss, zu helfen, und sein Kanonier gab einen Schuss auf den Unterstand ab, der ihn zerstörte. Die Amerikaner sprangen in Deckung. Boggess öffnete die Turmluke und winkte den GIs zu, die zum 326. Luftlandepionierbataillon gehörten. Es war 16.50 Uhr am 26. Dezember, als die Belagerung von Bastogne aufgehoben wurde.

DIE SCHLUSSPHASE

Der Entsatz von Bastogne war wohl der Moment, an dem die deutschen Siegeshoffnungen schwanden. Natürlich sah Hitler dies etwas anders. Er gab zu, die Offensive auf den Ostufern der Maas etwas dämpfen zu müssen, wollte aber niemals einwilligen, Antwerpen als Ziel aufzugeben. Hitlers Ansicht basierte auf unbegründetem Optimismus. Seine Soldaten hatten ihr Bestes gegeben, vermochten jedoch nicht, den vernichtenden Schlag gegen die Alliierten zu führen, auf den Hitler gehofft hatte. Entlang der ganzen Front brachten die amerikanischen und englischen Truppen den deutschen Einheiten schwere Verluste bei; bis Weihnachten hatten die Panzerverbände erheblich gelitten. Die alliierte Lufthoheit machte es für die Deutschen äußerst gefährlich, sich tagsüber zu bewegen. Während des Kampfes um den Kessel von Celles wurden die Panzerdivisionen 2, 9 und Lehr durch den Einsatz der Typhoon-Jagdbomber der RAF erheblich mitgenommen. Nach drei Tagen Kampf hatten die Deutschen 82 Panzer und 441 Fahrzeuge sowie einige Geschütze verloren. Mehr als 3.000 Mann fielen, wurden verwundet oder gerieten in Gefangenschaft.

Nach Weihnachten wuchs bei den Alliierten die Zuversicht, dass das Schlimmste vorbei war. Hitler bestand immer noch darauf, Antwerpen zu erreichen, und befahl seinen Kommandeuren, das Unternehmen Nordwind zu starten, welches vorsah, die feindlichen Kräfte von der Saar aus anzugreifen. Die Idee dahinter war, mit diesem Angriff Pattons Einheiten von der Südflanke der Ardennenfront abzulenken. Wenn man dies erreicht hatte, sollte man – so Hitler – die Ardennenoffensive und ihre ursprünglichen Ziele wieder aufnehmen. Wenn Hitler gewusst hätte, dass ein Teil seines Planes aufgegangen war, hätte ihn dies ermutigt: Die Ardennenoffensive hatte zu erheblichen Differenzen zwischen den alliierten Befehlshabern geführt, wenn dies auch keine direkte Folge des deutschen Angriffs war, sondern auf Meinungsverschiedenheiten darüber zurückging, wie man die Offensive beenden sollte.

STREIT

Die Amerikaner wollten einen Angriff gegen den deutschen Frontvorsprung starten, aber Montgomery hatte Bedenken. Er befürchtete, dass die Deutschen einen letzten Vorstoß unternehmen könnten, und wollte davon nicht überrascht werden. Am zweiten Weihnachtsfeiertag eröffnete er Eisenhower, dass er einen Schlag gegen die Deutschen erwäge. Man einigte sich darauf, sich darüber am 28. Dezember zu unterhalten. Eisenhower fand Montgomery nicht besonders kooperativ, weil er seine Ansicht wiederholte, die Deutschen hätten noch genügend Reserven für einen weiteren Angriff. Diese Vorsicht entsprach in keiner Weise den Erkenntnissen aus Funkentzifferungen von Bletchley Park, wonach die Deutschen extrem knapp an Treibstoff waren und ihre Panzereinheiten erhebliche Verluste erlitten hatten. Als Eisenhower einwandte, Montgomerys Einschätzung sei zu vorsichtig, sicherte ihm der Feldmarschall zu, dass er am 3. Januar angreifen würde, wenn bis dahin kein deutscher Angriff erfolgt war.

Damit schien die Sache beigelegt, doch bevor Eisenhower ging, ergriff Montgomery die Gelegenheit, erneut seinen Anspruch auf den Oberbefehl über die Bodentruppen zu erheben, wenn die Alliierten ihren Vormarsch fortsetzen sollten. Montgomery glaubte, Eisenhowers Einverständnis erhalten

Ein Soldat der 101.Luftlandedivision bringt Verpflegung in seinen Unterstand. Er trägt die Standard-Kaltwetterbekleidung der US-Armee, hat aber zusätzlich ein Handtuch unter seinem Helm, um sich vor der bitteren Kälte zu schützen.

Ein GI bewacht drei deutsche Kriegsgefangene. Die Ardennenschlacht war bekannt dafür, dass beide Seiten viele Gefangene machten. Die Deutschen verloren allein im Dezember 50.000 Mann, die in Gefangenschaft gerieten – ein Verlust, den sie kaum verkraften konnten.

zu haben, und schrieb einen Brief, um die Details festzulegen. Probleme ergaben sich daraus, dass Montgomery den Brief dazu benutzte, seinem Oberbefehlshaber zu erklären, was er zu tun habe. Er kritisierte Eisenhowers bisherige Politik und formulierte sogar den Funkspruch, der seine Ernennung zum Oberbefehlshaber der Bodentruppen bestätigte. Es ist ziemlich sicher, dass er glaubte, mit seinem Brief Eisenhower nur zu helfen, es ist aber auch verständlich, dass diese Interpretation von niemandem sonst geteilt wurde. Montgomerys Brief war einfach zuviel.

Eisenhower entwarf einen Brief an die Mitglieder des Vereinigten Stabs, in dem er schrieb, dass er nun „genug habe“ und er die Angelegenheit in ihre Hände lege. Die Bedeutung war klar: Entweder Montgomery oder Eisenhower hatte seinen Hut zu nehmen. Allerdings gab es kaum eine Wahl. Im Hinblick auf Eisenhowers Position musste es Montgomery sein, der das Feld zu räumen hatte. Montgomerys Stabschef, Generalmajor „Freddie“ de Guingand, erfuhr von dem drohenden Desaster von Freunden aus Eisenhowers Stab. Er meinte, er könnte die Situation entschärfen, die durch die Selbstherrlichkeit seines Feldmarschalls entstanden war – und dies nicht zum ersten Mal. De Guingand fuhr zu Eisenhowers HQ, um zu deponieren, dass Montgomery völlig unklar war, was für eine Situation sein Brief heraufbeschworen habe. Er bat Eisenhower, sein Ultimatum an die Stabschefs 24 Stunden später abzuschicken; in der Zwischenzeit wolle er mit Montgomery reden. Eisenhower willigte ein.

De Guingand kam in Montgomerys Hauptquartier an, als dieser gerade seinen Nachmittagstee genoss. Montgomery leerte seine Tasse und ging in sein Büro. De Guingand trank seine Tasse leer und folgte ihm. Er kam gleich auf den Punkt und erklärte, dass Montgomerys Brief eine solche Bestürzung ausgelöst hatte, dass er wahrscheinlich zu seiner Entlassung führen würde. Wie De Guingand später erzählte, war Montgomery höchst überrascht. Zum ersten – und wohl auch zum einzigen – Mal schien er nicht zu wissen, was er tun sollte. De Guingand hatte die Antwort schon in Form eines Briefes an Eisenhower parat, den er für Montgomery entworfen hatte. Er enthielt eine ernsthafte Entschuldigung, die beiden Seiten entgegenkam. Montgomery bemühte sich zu erklären, dass er lediglich seinem Oberkommandierenden seine Ansichten frei mitteilen wollte, weil er annahm, dass Eisenhower dies wünschte. Er beeilte sich hinzuzufügen, dass er Eisenhower voll unterstütze und dass er sehr betrübt wäre, falls sein Brief Ungemach verursacht habe (was er natürlich hatte). Er hoffe, dass Eisenhower ihn zerreiße und die Sache vergessen würde.

Der Brief erfüllte seinen Zweck. Eisenhower war besänftigt und sein Briefentwurf an die Stabschefs folgte Montgomerys erstem Brief. Weiter kam Hitler mit der Spaltung des alliierten Oberkommandos durch seine Offensive nicht.

NORDWIND

Das Unternehmen Nordwind startete am 31. Dezember 1944 kurz vor Mitternacht. Als Eisenhower davon hörte, verursachte er unbeabsichtigt eine weitere Führungskrise, als er General Devers befahl, Straßburg aufzugeben. Die Franzosen waren wenig begeistert und erklärten, dass ihre Truppen dort blieben, um ihr Land zu verteidigen, egal, was der Oberbefehlshaber dazu zu sagen hatte. Dies führte zu einer Diskussion zwischen dem Stab von General de Gaulle und Eisenhowers Stabschef, General Walter Bedell Smith. Das Problem wurde am 3. Januar gelöst. Die Atmosphäre war zwar gespannt, weil Eisenhower damit drohte, die Versorgung der Franzosen zu stoppen, wenn sie nicht kooperierten, doch das war keine sehr ernste Drohung, weil die deutsche Offensive schon am Neujahrsabend von der 7. Armee aufgefangen worden war. Eisenhower versprach de Gaulle, die Grenzen seiner Armeebereiche neu festzulegen, sodass die Franzosen Straßburg verteidigen könnten, worauf sich der Franzose erleichtert verabschiedete.

Der verzweifelte Charakter der deutschen Angriffe wurde nun sichtbar. Am 1. Januar startete die deutsche Luftwaffe die Operation Bodenplatte, einen Großangriff auf die amerikanischen Fliegerhorste, an dem mehr als 1.000 Flugzeuge beteiligt waren. Obwohl die Deutschen zahlreiche alliierte Flugzeuge vernichteten, verloren sie selbst über 300 und viele ihrer Piloten. Die Alliierten ersetzten jedes zerstörte Flugzeug innerhalb von Tagen, die Luftwaffe erholte sich nie von ihren Verlusten – ein weiteres Opfer der Ardennenoffensive Hitlers.

Nordwind dauerte bei schlechtem Wetter bis 25. Januar 1945. Die Deutschen kamen bis auf 16 km an Straßburg heran. Weitere 25.000 Mann wurden Opfer der Offensive, ohne die amerikanischen Aktionen in den Ardennen zu mindern.

RÄUMUNG DES ARDENNENBOGENS

Am 8. Januar 1945 gab Hitler erstmalig zu erkennen, dass sein Plan fehlgeschlagen war, und genehmigte den Rückzug einiger Einheiten aus dem Ardennenbogen. Am 12. Januar beorderte er seine SS-Einheiten zurück, angeblich um amerikanische Angriffe gegen die Basis des Frontbogens aufzufangen, in Wirklichkeit aber, um der 6. Panzerarmee den Rückzug zu

Anfang 1945 gönnt sich diese Besatzung eine Pause zwischen ihren Feuerunterstützungseinsätzen. Der Panzer wurde auf einen Holzstapel gefahren, um den Richtwinkel der Kanone zu vergrößern. Die zusätzliche „Panzerung" durch Sandsäcke schien sich zu bewähren.

ermöglichen. Als Hitler diese Entscheidungen traf, warfen die Amerikaner mit – häufig ignorierter – Hilfe von britischen und Commonwealth-Truppen die Deutschen zurück. Als der Himmel am 22. Januar nach einer Schlechtwetterperiode aufklarte, sahen die alliierten Piloten die Straßen voller deutscher Fahrzeuge auf dem Rückzug und richteten furchtbare Massaker unter ihnen an. Am 28. Januar 1945 waren die letzten deutschen Einheiten vernichtet.

Die Ardennenschlacht war vorbei.

Nach der Begradigung des Frontbogens widmeten sich die Alliierten wieder der endgültigen Vernichtung Deutschlands. Der erste Schritt war der Übergang über die Rur (was so abrupt durch die Offensive vereitelt worden war), um dann weiter zum Rhein vorzurücken. Am 15. Januar griff das XII. britische Korps auf ganzer Front im Roermond-Dreieck an. Ihnen gegenüber waren zwei deutsche Divisionen in starken Abwehrstellungen verschanzt. Der folgende Kampf war sehr verlustreich, da die britischen Einheiten versuchten, die Minenfelder und Bunkerlinien zu durchbrechen. Es dauerte zehn Tage, bis man die Deutschen zurückgeworfen hatte.

VERITABLE UND GRENADE

Eisenhowers Plan sah vor, dass die 21. Armeegruppe den Weg zum Rheinufer gegenüber von Wesel freikämpfen sollte. Im ersten Teil dieser Operation Veritable sollte Horrocks XXX. Korps von Nijmwegen aus durch den Reichswald vorrücken; dann sollte die 9. Armee durch Mönchengladbach vorstoßen und mit den britischen Truppen Kontakt aufnehmen. Dies war die Operation Grenade. Die Armeegruppe sollte sich

Der Fehlschlag der Offensive kann auf folgende Gegebenheiten zurückgeführt werden:

a. Hauptursache war die schlechte Gruppierung der Truppen durch das OK und die ungenügende Anzahl an Divisionen, die den Kommandeuren zur Verfügung standen;

b. Unzureichende Treibstoffvorräte und mangelhafte Transportmöglichkeiten;

c. Die absolute Luftherrschaft der Alliierten im Kampfgebiet und im Hinterland war ein entscheidender Faktor, wobei auch das Scheitern der Eroberung von Bastogne eine sehr wichtige Rolle spielte;

d. Die unerschöpflichen Reserven der Alliierten, ihr gutes Straßennetz, ihr hoher Motorisierungsgrad und ihre Reserven an Treibstoff und Munition waren entscheidend.

Generalfeldmarschall Gerd von Rundstedt

dann ausruhen, bevor man den Rhein überschritt, wodurch man dann das Ruhrgebiet umgehen und durch die norddeutsche Tiefebene vorrücken konnte. Die Ebene war gutes Panzerterritorium und sollte Montgomery erlauben, im Rahmen der weiteren Operationen nach Berlin vorzustoßen.

Während die 21. Armeegruppe im Norden angriff, sollte die 12. Armeegruppe in der Operation Lumberjack südlich von Montgomerys Einheiten den Zugang zum Rhein von Köln bis Koblenz öffnen. Patton sollte dann mit seiner 3. Armee den Kontakt zur 6. Armeegruppe bei Mainz herstellen. Danach sollten Brückenköpfe auf dem rechten Rheinufer erobert werden. Patton und Bradley waren mit der geringen Rolle der amerikanischen Streitkräfte im Gesamtplan unzufrieden, weshalb Eisenhower seine Schwerpunkte in den weiteren Aktionen anders setzen musste.

Die Operationen liefen am 8. Februar an und das XXX. Korps stieß auf erbitterten Widerstand. Die Deutschen öffneten den Ruhrdamm, wodurch die 9. Armee bewegungsunfähig wurde und sie Zeit gewannen, dem britischen Angriff durch Truppenverlagerungen entgegenzutreten. Das XXX. Korps geriet in einen harten Materialkampf, während die Operation Grenade bis zum Ablaufen des Ruhrwassers ausgesetzt werden musste. Als sie schließlich am 23. Februar begann, traf sie auf relativ schwachen Widerstand. Der Kontakt zu den britischen und kanadischen Einheiten wurde am 3. März hergestellt; damit hatten die Alliierten freien Zugang zum Rhein. Montgomery arbeitete dann seine Pläne zur Rheinüberquerung aus, die für die letzte Märzwoche vorgesehen war. Da es keine intakten Brücken mehr gab, musste man sich im Norden auf ein Übersetzen im Kampf einrichten.

Die 12. Armeegruppe startete ihre Operationen am 28. Februar und kam gut voran, weil viele deutsche Einheiten wegen der Angriffe der 21. Armeegruppe in den Norden verlegt worden waren. Köln fiel am 6. März und der Vormarsch endete mit der Einnahme der Brücke von Remagen am folgenden Tag. Man hatte nicht damit gerechnet, die Brücke intakt zu erobern, dies war auch nicht im Plan vorgesehen. Doch konnte man die Chance, die die Brücke bot, nicht ignorieren, und die Amerikaner rückten über sie vor, bis sie am 17. März zusammenbrach. Die Einnahme der Brücke machte Patton neidisch, der einigen seiner Leute befahl, über den Fluss zu setzen. Am 22. März paddelte das 11. Infanterieregiment in kleinen Booten hinüber. Zu dieser Zeit war Montgomery immer noch am Vorbereiten der Überquerung. Auch Patton kommentierte schadenfroh das langsame Tempo von Montgomerys Vorgehen, obwohl dies unfair war, weil die Deutschen mit einem Angriff im Norden gerechnet hatten und deshalb viele ihrer Einheiten dort standen. Montgomery

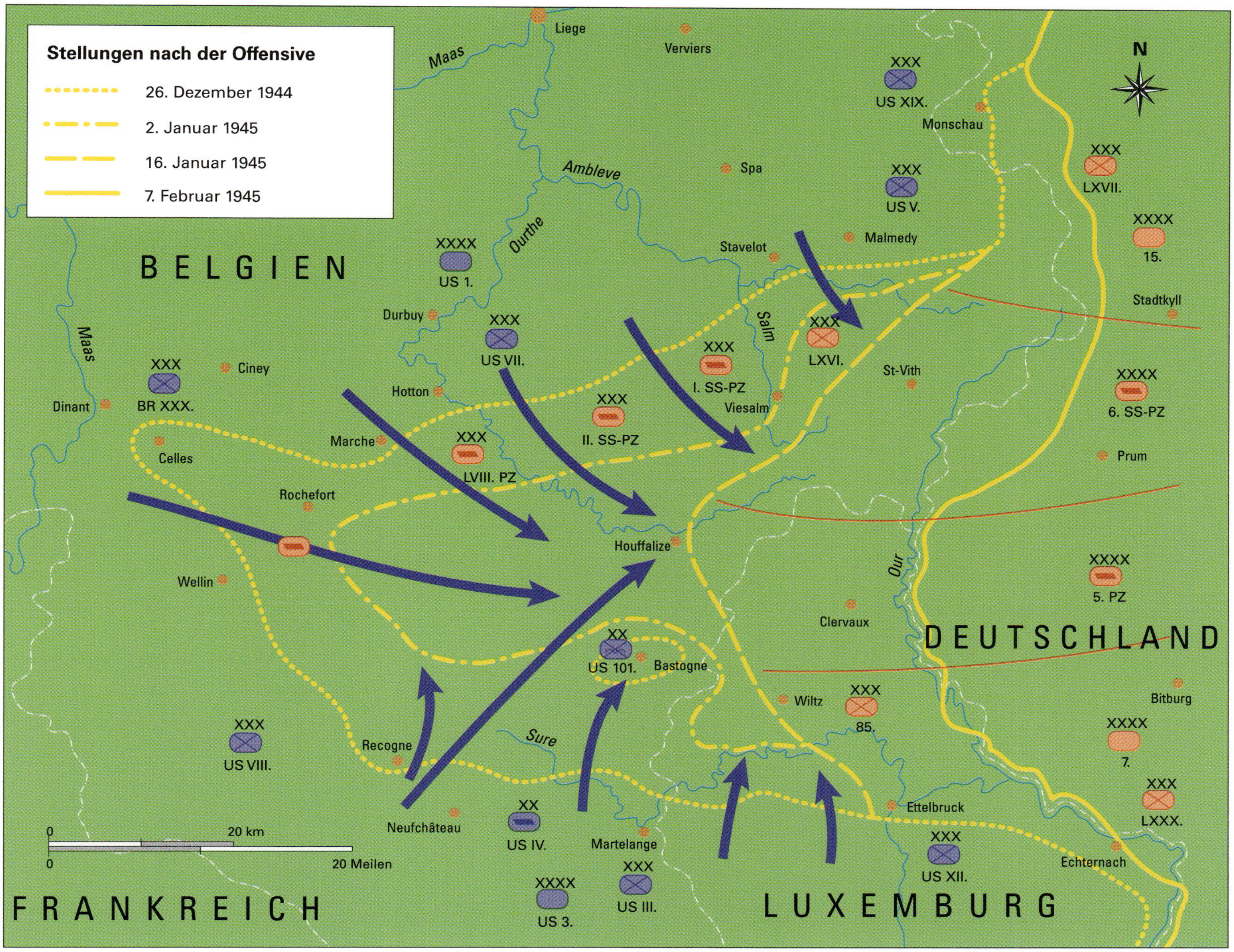

Dem erste Angriff vom Süden aus zum Entsatz von Bastogne folgten rasch alliierte Angriffe entlang der ganzen Front, wodurch die Deutschen zurückgedrängt wurden und der Ardennenfrontbogen zunehmend verflachte.

glaubte deshalb, es sei unverantwortlich, einen Angriff ohne vorheriges Bombardement durch Artillerie und Luftstreitkräfte vorzutragen. Die Vorbereitungen waren so gründlich, dass die Überquerung am 23. März wenig dramatisch ablief. Bis zum nächsten Morgen errichtete man fünf Brückenköpfe am rechten Rheinufer. Eine Luftlandeaktion sicherte das Erreichte und der Rhein war definitiv überschritten. Das Ende des Krieges war zumindest in Sicht. Die Alliierten rückten in Richtung Berlin vor, wo man sich mit den Russen treffen wollte, die vom Osten aus mörderischen Druck ausübten.

DER RUSSISCHE VORSTOSS

Während die Alliierten über den Rhein setzten, stand die russische Armee nicht mehr weit vor Berlin. Anfang 1945 hatten die Russen ihr Land fast vollständig von den deutschen Truppen befreit und rückten durch Polen, die Tschechoslowakei und Ungarn vor. Die Russen waren zu diesem Zeitpunkt massiv an Menschen überlegen und realistisch gesehen gab es kaum eine Möglichkeit, sie daran zu hindern, ihr Ziel zu erreichen. Dies bedeutete nicht, dass die Deutschen aufgegeben hatten; wegen ihrer Angst vor den Russen musste jeder Meter Boden mit schweren Verlusten auf beiden Seiten erkämpft werden. Der russische Angriff startete am 13. Januar und führte nach sechs Tagen zum Einschluss von Königsberg. Dies war ein eindrucksvoller Erfolg, aber gar nichts im Vergleich zum Vormarsch der Truppen von Marschall Georgi Schukow an der 1. weißrussischen Front. Hinter massivem Artillerie-

Ein M16-Vierlingsflak-MG mit Halbkettenantrieb bewacht die Zufahrt zur Brücke von Remagen, der ersten, die den Alliierten in die Hände fiel. Der M16-Aufbau bestand aus vier 12,7-mm-Maschinengewehren, die in einem Ein-Mann-Turm am Heck montiert waren.

feuer schoben sich seine Truppen von Warschau nach Berlin vor (mit einer Granatendichte von 250 Schuss pro Kilometer, von Raketenbatterien unterstützt) und erzielten am ersten Tag einen Geländegewinn von 16 km. Im südlichen Teil ihrer Front waren die Russen noch besser, wo sie bis zu 50 km vorrückten. Die 1. polnische Armee rückte am 17. Januar in Warschau ein. Schukow hatte nun eine Bresche von 290 km Breite in den deutschen Linien geöffnet, durch die er seine Panzer in Richtung Westen schickte. Die Russen pflügten sich regelrecht durch die deutschen Einheiten und erreichten am letzten Tag des Monats die Oder. Eine Woche später war das Feuer der russischen Artillerie in Berlin zu hören. Schukows Armee vereinigte sich einige Tage später mit der 1. Ukrainischen Armee von Marschall Koniew.

AUF NACH BERLIN

Das Vergnügen Berlin einzunehmen, räumte Eisenhower den Russen ein, weil er meinte, sie seien dazu besser formiert. So kamen die deutschen Einheiten jenseits von Oder und Neiße am 16. April unter massives Artilleriefeuer und ein erbitterter Kampf begann. Die Deutschen fochten mit großer Verbissenheit und versuchten verzweifelt, die Russen aufzuhalten.

Schukows Einheiten kamen am ersten Tag nur 12 km voran. Koniews Soldaten trafen auf weniger Widerstand, kamen aber auch nicht schneller voran; sie unternahmen aber kühne Vorstöße in die Vororte von Berlin. Am 19. April trieb Schukow seine Leute nach vorne, weil er Koniews Truppen die alleinige Einnahme der Stadt nicht gönnte. Sie schafften 32 km am Tag, wobei sie die 9. deutsche Armee fast völlig vernichteten. Am 25. April – Berlin war von den Russen völlig eingeschlossen – trafen sich die russischen und amerikanischen Truppen in Torgau. Fünf Tage später zog sich Hitler mit Eva Braun in seine Gemächer zurück. Seine Berater hörten einen Schuss. Als sie darauf den Raum betraten, fanden sie Eva Braun vergiftet und den Führer mit einer Schusswunde am Kopf.

Der Krieg war fast vorbei. Berlin kapitulierte bedingungslos am 2. Mai; zwei Tage später nahm Montgomery die Kapitulation der deutschen Einheiten im Norden entgegen. Am 7. Mai wurde die bedingungslose Kapitulation Deutschlands in Kraft gesetzt und der 8. Mai 1945 zum VE-Tag (Victory in Europe) erklärt. Der Krieg in Europa war vorüber; das 1.000-jährige Reich hatte etwas mehr als zwölf Jahre bestanden.

RESÜMEE ÜBER DIE ARDENNENOFFENSIVE

Hitlers Entscheidung, die US-Truppen in den Ardennen anzugreifen, war ein Vabanquespiel, und die Ziele, die er setzte, waren viel zu hoch gesteckt, wie ihm seine Generäle klarmachen wollten. Er ignorierte sie, wodurch Deutschland mehr Soldaten und Ausrüstung verlor, als es sich leisten konnte. Antwerpen war nie bedroht, obwohl es zeitweilig so aussah, als könnten die Angreifer große Erfolge erzielen. Die Schlacht endete mit dem deutschen Rückzug unter Luftangriffen der Alliierten. Der Feldzug zeigte, dass Hitlers Sinn für die Realität bestenfalls bescheiden war. Die Amerikaner mussten unter der Wucht des Angriffs zurückweichen, zerfielen aber nicht in

> Ich würde sagen, dass der Deutsche als militärische Kraft an der Westfront … ein besiegter Feind ist.
>
> *General Eisenhower, Pressekonferenz, 28. März 1945*

chaotische Haufen, wie Hitler es prophezeit hatte. Ebenso wenig konnte die Offensive die Allianz zerstören, sie führte aber zum Tod von 81.000 Amerikanern sowie über 100.000 Deutschen und zu einer irreparablen Schwächung der deutschen Armee im Westen. Am 28. Januar gab es die letzten Gefechte, der Schlussstrich war damit aber noch nicht gezogen.

43 SS-Leute, darunter Peiper und Dietrich, wurden wegen Kriegsverbrechen im Zusammenhang mit dem Malmédy-Massaker angeklagt. Peiper wurde zum Tode verurteilt, aber nach heftigen Konflikten über das Verfahren und die Art der

Ein Haufen Benzinkanister säumt eine belgische Landstraße. Die Amerikaner hatten Nachschub im Überfluss, während der Treibstoffmangel bei den Deutschen ein ständiges Problem war, das sie nicht lösen konnten. Die Kampfgruppe Peiper kam wegen Spritmangel nicht weiter.

Ein bedeutender Faktor bei der Abwehr der deutschen Offensive war die Luftüberlegenheit der Alliierten, wie sie hier von amerikanischen P-51-Mustang-Jägern über Deutschland Anfang 1945 demonstriert wird.

Befragung zu 35 Jahren Haft begnadigt. 1956 wurde Peiper freigelassen und zog sich ins Elsass zurück. 1976 wurde sein Haus angezündet, nachdem seine Identität zwei Wochen zuvor in einem Zeitungsartikel aufgedeckt worden war. Polizei und Feuerwehr durchsuchten die Überreste und fanden Peipers verkohlte Leiche. Die Trauer um ihn war nicht groß.

Der Schlussakt der Ardennenschlacht fand erst 1981 statt. In seinem Buch *The Bitter Woods* erzählte John S. D. Eisenhower 1969 zum ersten Mal die Geschichte von Lyle Boucks Aufklärungszug. Dies führte zu einer Medienkampagne zur Ehrung der Leute, die sich so tapfer gewehrt hatten, sowie zu der Forderung, William Tsakanikas die Ehrenmedaille zu verleihen. Die Kampagne hielt über seinen Tod 1977 hinaus an. Die Behörden waren der Ansicht, dass der Einsatz des Aufklärungszuges Anerkennung verdiente.

Die Empfehlung zur Verleihung der Ehrenmedaille wurde zwar nicht befolgt, Tsakanikas erhielt aber immerhin das „Distinguished Service Cross". Bouck lehnte jede Ehrung für sich selbst ab, aber die Behörden ignorierten seine Proteste. 1981 kam es zu einer Ordensverleihung, in der die Überlebenden des Aufklärungszuges und die Angehörigen der Toten mit vier DCSs, fünf Silbersternen und neun Bronzesternen ausgezeichnet wurden. Dadurch wurde dieser Aufklärungszug zu einer der höchst dekorierten Einheiten der amerikanischen Militärgeschichte.

Die Ardennenschlacht war mit Heldentaten der Soldaten beider Seiten gespickt. Es gab aber auch die unverständliche Brutalität der SS gegenüber ihren Gefangenen. Wenn Hitler auch grandiose Pläne entwickelte, umzusetzen waren sie nicht. Vielleicht sollte man Winston Churchill das letzte Wort lassen, der sich dazu am 18. Januar 1945 an das britische Unterhaus wandte. Er wollte dabei gleichzeitig zu einer weiteren Provokation von Montgomery (der auf einer Pressekonferenz mit Nachdruck den Sieg in der Ardennenschlacht für sich beanspruchte) und zur englischen Presse Stellung nehmen, die sich erlaubte, Eisenhower zu kritisieren, damit er Montgomery beförderte. Gleich mit welchen Hintergedanken, waren seine Worte an das Unterhaus ehrlich:

„[Die Schlacht ist] zweifellos die größte amerikanische Schlacht des Krieges und wird – wie ich annehme – immer als großer amerikanischer Sieg dastehen."

Dem kann man nicht widersprechen.

SCHLACHTORDNUNG

16. Dezember 1944

WEHRMACHT

OB WEST
Generalfeldmarschall Gerd von Rundstedt

HEERESGRUPPE B
Generalfeldmarschall Walter Model

5. Panzerarmee
General Hasso von Manteuffel

XLVII KORPS *(von Luttwitz)*
2. Panzerdivision *(von Lauchert)*
26. Volksgrenadierdivision *(Kokott)*
Führerbegleitbrigade *(Remer)*
Panzer-Lehr-Division *(Bayerlein)*

LXVI. KORPS *(Lucht)*
18. Volksgrenadierdivision *(Hoffman-Schonborn)*
62. Volksgrenadierdivision *(Kittel)*

LVIII. PANZERKORPS *(Kruger)*
116. Volksgrenadierdivision *(von Walenburg)*
560. Volksgrenadierdivision *(Langhauser)*

6. Panzerarmee
SS-General „Sepp" Dietrich

I. SS-PANZERKORPS *(Priess)*
1. SS-Panzerdivision *Leibstandarte Adolf Hitler (Mohnke)*
3. Luftlandedivision *(Wadehn)*
12. SS-Panzerdivision *Hitler-Jugend (Kraas)*
12. Volksgrenadierdivision *(Engel)*
150. Panzerbrigade *(Skorzeny)*
277. Volksgrenadierdivision *(Viebig)*

II. SS-PANZERKORPS *(Bittrich)*
2. SS-Panzerdivision *Das Reich (Lammerding)*
9. SS-Panzerdivision *Hohenstaufen (Stadler)*

LXVII. KORPS *(Hitzfeld)*
272. Volksgrenadierdivision *(Kosmalla)*
326. Volksgrenadierdivision *(Kaschner)*

7. Armee
General Erich Brandenberger

LXXX. KORPS *(Beyer)*
212. Volksgrenadierdivision *(von Sensfuss)*
276. Volksgrenadierdivision *(Mohring)*

LXXXV. KORPS *(Kniess)*
5. Luftlandedivision *(Heilmann)*
352. Volksgrenadierdivision *(Schmidt)*

Die folgende Schlachtordnung repäsentiert die Zuordnung der Streitkräfte zu den amerikanischen Korps, wie sie beim ersten deutschen Angriff am 16. Dezember 1944 aufgestellt waren. Im Laufe der Kämpfe wurden einige Divisionen dem Kommando anderer Korps unterstellt und andere Divisionen trafen von anderswo ein, um die US-Streitkräfte zu verstärken.

OBERKOMMANDO DER ALLIIERTEN EXPEDITIONSSTREITKRÄFTE (SHAEF)

General der Armee:
Dwight D. Eisenhower

US-ARMEE

12. ARMEEGRUPPE
Generalleutnant Omar N. Bradley

1. Armee
Generalleutnant Courtney H. Hodges

V. KORPS *(Gerow)*
1. Infanteriedivision *(Andrus)*
2. Infanteriedivision *(Robertson)*
78. Infanteriedivision *(Parker)*
99. Infanteriedivision *(Lauer)*

VII. KORPS *(Collins)*
3. Panzerdivision *(Rose)*
5. Panzerdivision *(Oliver)*
9. Infanteriedivision *(Craig)*
83. Infanteriedivision *(Macon)*

VIII. KORPS *(Middleton)*
4. Infanteriedivision *(Barton)*
7. Panzerdivision *(Hasbrouck)*
9. Panzerdivision *(Leonard)*
10. Panzerdivision *(Morris Jr)*
28. Infanteriedivision *(Cota)*
106. Infanteriedivision *(Jones)*

BIBLIOGRAFIE

ARNOLD, JAMES R. *Ardennes 1944: Hitler's Last Gamble in the West.* London: Osprey, 1990.

COLE, HUGH M. *The Ardennes: Battle of the Bulge.* US Dept of the Army, 1965.

CROOKENDEN, NAPIER. *Battle of the Bulge 1944.* Shepperton: Ian Allan, 1980.

CROSS, ROBIN. T*he Battle of the Bulge 1944: Hitler's Last Hope.* Havertown, Penn: Casemate, 2002.

EISENHOWER, JOHN D. *The Bitter Woods: the Dramatic Story of Hitler's Surprise Ardennes Offensive.* London: Hale, 1969.

ELSTOB, PETER. *Hitler's Last Offensive.* London: Secker & Warburg, 1971.

FORTY, GEORGE. *The Reich's Last Gamble: the Ardennes Offensive, December 1944.* London: Cassell, 2000.

MACDONALD, CHARLES B. *Battle of the Bulge: the Definitive Account.* London: Weidenfeld and Nicolson, 1985.

MERRIAM, ROBERT E. *The Battle of the Ardennes.* London: Souvenir Press, 1958.

NOBECOURT, JACQUES. *Hitler's Last Gamble: the Battle of the Ardennes.* London: Chatto & Windus, 1969.

PALLUD, JEAN PAUL. *Battle of the Bulge, Then and Now.* London: Battle of Britain Prints International Ltd, 1984.

PARKER, DANNY S. *To Win the Winter Sky: the Air War Over the Ardennes, 1944–1945.* London: Greenhill Books, 1994.

PARKER, DANNY S (ed). *The Battle of the Bulge, the German View: Perspectives from Hitler's High Command.* London: Greenhill Books, 1999.

PARKER, DANNY S. *Battle of the Bulge: Hitler's Ardennes Offensive, 1944–1945.* London: Greenhill Books: 1999.

RUSIECKI, STEPHEN M. *The Key to the Bulge : The Battle for Losheimergraben.* Westport, Conn.: Praeger Publishers, 1996.

SCHADEWITZ, MICHAEL. *The Meuse First and then Antwerp: Some Aspects of Hitler's Offensive in the Ardennes.* Winnipeg: J J Fedorowicz Publishing, 1999.

STRAWSON, JOHN. *The Battle for the Ardennes.* London: B T Batsford, 1972.

REGISTER

Kursive Seitenangaben beziehen sich auf Abbildungen und Karten, **fett gedruckte** auf Kästen oder Biografien.